教育部人文社会科学研究规划基金项目"古太原民居塈头砖雕研究"（17YJA760067)资助

光明社科文库
GUANGMING DAILY PRESS:
A SOCIAL SCIENCE SERIES

·历史与文化书系·

古太原墕头研究

严文刚 ｜ 著

光明日报出版社

图书在版编目（CIP）数据

古太原堰头研究 ／ 严文刚著. -- 北京：光明日报
出版社，2021.11

ISBN 978 - 7 - 5194 - 6375 - 5

Ⅰ.①古… Ⅱ.①严… Ⅲ.①民居—古建筑—研究—
太原 Ⅳ.①K928.71

中国版本图书馆 CIP 数据核字（2021）第 228975 号

古太原堰头研究
GUTAIYUAN CHITOU YANJIU

著　　者：严文刚			
责任编辑：杨　茹		责任校对：冯秀婷	
封面设计：中联华文		责任印制：曹　净	

出版发行：光明日报出版社

地　　址：北京市西城区永安路 106 号，100050

电　　话：010 - 63169890（咨询），010 - 63131930（邮购）

传　　真：010 - 63131930

网　　址：http：// book. gmw. cn

E - mail：gmrbcbs@ gmw. cn

法律顾问：北京市兰台律师事务所龚柳方律师

印　　刷：三河市华东印刷有限公司

装　　订：三河市华东印刷有限公司

本书如有破损、缺页、装订错误，请与本社联系调换，电话：010-63131930

开　　本：170mm×240mm

字　　数：287 千字　　　　　　印　　张：16.5

版　　次：2022 年 6 月第 1 版　　印　　次：2022 年 6 月第 1 次印刷

书　　号：ISBN 978 - 7 - 5194 - 6375 - 5

定　　价：95.00 元

前　言

　　本书将通过考察和比较的方法解答以下问题：古太原地区古民居上的墀头是什么样子的，它们分布在哪些范围，它们的特点是什么，以及它们在民居类型的辨识上有无价值。以上这些待解的问题，是在因对造型的好奇而催生的对古民居进行观看的过程中产生的，对于这些问题，笔者会用本书的大部分篇幅来揭晓，但在这篇序言中，笔者将简要回顾自己究竟是如何从一个晋南农村少年变成了对建筑遗产特别感兴趣的人的历程。

　　笔者人生的最初阶段，生活在一个大场门上嵌着写有"梦多鱼"字样木匾的大场院中，"梦多鱼"这三个字的真正含义，笔者至今不大明了。曾经的梦多鱼场院是一座建造于1920年的普通民居院落，位于山西省南部曲沃县的城小村浍河南岸，现在此处为侯马市凤城乡柳沟坡村。20世纪初或在其之前相当长的一段时间里，晋南曲沃一带的人们对有着高大宽阔场门的场院院落情有独钟。在这种院落内，可以容纳一个家族的多个家庭，而且这种院落中间的宽阔场地，有利于晾晒当地人民生存的命脉性粮食作物——小麦。晋南作为小麦的主产区，在旧时代亩产一百市斤即为高产，而这在今天属于严重的灾难性的歉收了。

　　梦多鱼场院的大门位于院落之西北，全部木构，门上悬一匾，浮雕出"梦多鱼"三字。门之东有北房五间，南向；门之南有西房若干，东向。该院房屋内部有简单的木构框架，后墙体为夯土墙，其他墙体主要为胡基（通过夯打堆放在模型中的黄土而制成的土坯）砌成，根部有砖包的下碱。门有两层，分为外层门和内层门：外层门薄，装饰意味强，向外开，此即所谓"风门"；内层门厚重，向室内开。窗户分上下两部：下部为三个大格，可装玻璃；上部为直棂，裱糊白色窗纸，上贴窗花。为保护怕水的土墙，屋顶样式为悬山顶，全部覆盖仰瓦，檐瓦有滴水，上有雕饰，是本院房屋上仅有的建筑装饰。

　　梦多鱼场院是再普通不过的晋南民居了，院落布局对于封建宗法制度没有过多呈现，它所体现的是著名小麦区的基本农耕生产文化，笔者的祖辈和父辈就是这个场院的主人，笔者的祖辈是兄弟二人，他们是笔者的爷爷严祥和二爷爷严云，他们都是粗识文字、循规蹈矩的农民，没有系统地遵循封建社会家族管理规范的条件。他们的种植生产方式单一、落后，效率低下，他们的生活很有规律，简朴整洁，没有丝毫的粗俗迹象，但因为生产方式的落后，也都承受着非同一般的生活压力，并且也没有其他的谋生手段，百亩田产只能让祖辈们在温饱线上挣扎，长期的社会动荡让这个家庭疲于躲避兵燹（xiǎn）和劳役。到笔者记事起，梦多鱼场院已经主要由笔者的父辈们居住。而二爷爷严云逝世后，二奶奶与其二子住于西房，北房住笔者大伯与三叔，笔者家则住后来加盖的东屋。笔者于 1973 年出生于东屋，东屋是单坡二开间悬山土屋，南开间前檐墙设门，是为外屋，北开间前檐墙有窗，是为内屋，后檐墙全封闭。后檐墙全封闭的房屋是那个时代晋南地区的民居房屋形式。后来，笔者知道在广大的北方区域，后檐墙不开窗是传统民居遵循的基本准则。

梦多鱼场院的建筑规格实际上极低，基于这样的事实，梦多鱼场院传统文化含量较低，由于并不通晓烦琐的礼教，并且建屋出于实用的目的，院落没有中国传统民居的秩序感，也无力对建筑进行过多的装饰。少有的几处，如"梦多鱼"门匾和北方屋瓦上的滴水，也都在特殊年代被砍砸破坏。梦多鱼场院是典型的建材决定民居寿命的实例，由于财力所限，该院房屋使用了大量的胡基，后檐墙完完全全是黄土夯筑而成，皆无法抗拒蛇鼠、雨水、风雪的侵蚀，不足百年便已经岌岌可危，终在其建成九十年之际彻底拆除。

20 世纪 80 年代，梦多鱼场院中居住着的严家兄弟进行了"分家"，梦多鱼场院场门上的门匾被拆了下来，匾上文字虽已经被人为凿去，但字迹仍清晰可辨，因为初中学校不提供床，此匾作为床板跟随笔者度过了初中学习的岁月。

1980 年，笔者父亲按当时农村的"较高规格"择他处建造了北房五间，其做法是四面墙有包砖下碱，以砖砌柱代替木柱，墙体全用胡基砌筑，由于需要保护胡基墙体，房顶为悬山式，建此屋时，梦多鱼场院东房的拆除木料也嵌入其间，现在已逾四十载。几年后，大伯又以经过发展的"较高规格"营建新房，此时的房屋形式被称为"一砖到顶"，其特点是四面墙体全部包砖，这种技法进步使房屋的抗雨性大增，屋顶形式遂改为硬山式，但晋南硬山民房的做法，是自古至今基本不做墨头墙的，而以高大的象鼻子单元来处理山墙与连檐的连接。"象鼻子"是需要对砖块进行雕琢的，砌筑象鼻子，是彼时兴建房屋的全部过程中最令人好奇的环节，因为可以看到人们对砖块的塑造。不过，在后来的见识中，笔者见到了太多的真正的民居砖雕，拿它们与大伯家硬山房屋上的"砖雕"

相比，才知道当年把笔者深深吸引住的一砖到顶的象鼻子实际上是一种非常严重的砖雕技术的倒退，而且这种倒退一直持续到今日。2010 年左右，留守梦多鱼场院的三叔完全拆除了该院的所有旧建筑物，使用晋南农村新的民居建造的"最高规格"——钢筋混凝土结构兴建了二百余平方米的楼房。

简单地回想并概括现在已经不再存在的梦多鱼院中的民居，就是不甚讲究，这是由主人的文化层次、知识结构和经济能力所决定的，至于讲到格局的问题，则又与地形和用途等方面的因素息息相关。而在柳沟坡村北 1.7 千米之外、浍河对岸的南杨村，有一户远近闻名的张姓家族，因经商致富，所以他们有能力营建出一片功能齐全、礼教森严的张氏宅院，至今遗留有男学堂、祠堂和花园中的砖雕门楼一座。南杨张家所开的店铺从曲沃至河南连绵不绝，张氏人员有出差到河南者，无须住宿于其他客店，留宿于自家店铺即可，可见其当时的财力十分雄厚。

小时候，并没有任何人或任何渠道告诉笔者任何关于民居的文化遗产或艺术设计的概念，只有一种自发的个人的对于造型的敏感与好奇，直到专业学习了绘画之后，才有了些朦胧的建筑是艺术的意识。如今反观晋南家乡民居，能够称得上历史文化艺术遗产的民居确实不多，但对于普通民居的看法，不应以其建造规格和建筑装饰作为判断其价值的根本标准。其地域性、对文化习俗的反映以及布局与结构，都需要认真地去进行认识。20 世纪早期，日本人曾对华北各地的简陋民居做过调查，后刘敦桢先生的《中国住宅概说——传统民居》中多有引用。此两种文献中的研究对象多有简陋不堪者，都是以地域性、社会学（风俗、习惯）等情形的价值揭示为研究的动力，所以民居研究不是单纯的美术问题研究，而是相当复杂的跨学科研究。而以美术知识为知识结构主要部分的人（笔者）来说，以造型为研究的出发点和终点也是情有可原的，但这会导致在研究中忽视造型较为简单、建造规格较低的对象，这对全面而准确地了解民居文化是不利的。

20 世纪 90 年代，笔者经历了一生学习历程中的最重要时期，笔者在省城接受了专业的美术训练，毕业后来到距梦多鱼老院三百余千米的晋中榆次工作，遂常有机会深入晋中农村，对晋中与晋南民俗与生活习惯的差异感受颇深。当时观察晋中农村民居，觉得现在的晋中人民对灰背平房情有独钟，但村中每每有硬山古民居遗存，风格与新式民居迥异，后来醒悟，发现平房是财力不济之后的正确选择。经过了 20 世纪的种种战乱、动乱，曾经以豪奢著称的晋中人民不得不告别雕梁画栋、文质彬彬的古民居时代，在民居建造上将就了起来，于是在村中就形成了旧的不维护，新的盖起来的，风格迥然不同的新旧民居杂处的局面，大片的农村都只是以棚户区的标准把新屋建起来。这种棚户新居便于放置新式的家具，院内可以驻停机动的车辆，满足人们新式的生活。旧民居因无财力、建筑手法失传、审美趣味改变等被人们抛弃，任其倾圮，风雨飘摇，时日不多，但余韵仍在。虽旧民居被有识之士当作珍贵的历史遗产，亦难挽其逐渐湮没的进程，保存的现状很差，难以用言语表达。

晋中地区遗留的老建筑很多，加上恰在遇到这些老建筑时，笔者读了几本入门的古建筑知识读物，使笔者在观察古旧建筑物时，稍稍脱离了以前的懵懂状态，而常常会有几分思索。对古建筑物的兴趣，使笔者从绘画技法的纠结中脱离而出，来到了一个有可能发现和创新的新的领域。于是笔者着魔一样地开始了古民居的探险之旅。

得益于汽车的普及，笔者在探访古太原摞头的游历中没有遭受太多奔波之苦。笔者们迎来汽车时代虽比发达国家晚了几十年，但好在这个时代终究来了。汽车绝非是一个让人偷懒的东西，而是高效率的生产工具，驾着汽车奔波的人和骑着毛驴奔波的人也许一样勤奋，但驴子的速度对人的帮助无法跟汽车相提并论。徐霞客如果拥有一辆汽车，可以轻松地写出十本游记。距离自己如此之近的地方竟然有如此之多的古代民居，而以前竟浑然不知，这种叹息都是在有能力驾驶汽车之后所产生的，笔者真正的所谓"科研"也正式开始于学会驾驶之后，现在想来，当年学习驾驶的决定真是"英明"。享受着现代文明所带来的便利的人们，对观照被现代文明所冲击的传统文化，是现代文明对传统文化的损失的一种补偿吗？游历中的得力伙伴杨嘉伟，是笔者的同事，对古民居有着同样的好奇是我们能够同游的前提，他所给的建议与帮助使笔者受益良多。有时，笔者的妻子郭小艳随笔者一起出行，她是太谷县人，她的口音可以迅速地拉近我们与民居主人的距离，在寻访摞头时比笔者还有耐心，这真使人佩服，在旅途中对笔者的帮助非常大，笔者真庆幸有她能与笔者同行。笔者的女儿嘉驰也常常与笔者一起出行，她的主要工作是帮笔者拍照片，每次回来之后，笔者都发现她所拍的照片能更合理地展现建筑物的细节。

目 录
CONTENTS

第一章

古民居的研究

第一节　容易消逝的古民居

山西在中国古建筑史上拥有令人骄傲的地位，何止因为那几座唐代的木构建筑仍然屹立？早在春秋时候，夸赞建筑物之美的成语"美轮美奂"就在这里诞生。我们为今天能够在山西看到唐代遗构，感到十分庆幸，但如果不是因为它们是佛教建筑，恐怕也不会有如此长久的存世时间，毕竟佛教建筑是公共建筑的一种，其宗教功能性使其得到民众的保护，普通民居则不可能奢望这样好的命运了。

古代民居究竟能够留存在世间多长时间？从实际情况来看，大部分不超过五百年。我们现在能够看到的最早的民居，元代为十分罕见，20世纪拆除北京城墙时，发现过城墙内掩盖着的元代民居残基，如今可见的元代民居，全国仅在山西高平存有一例，可称化石。明代的民居，因十分难得而可贵，清代的民居则庆幸得多，在山西各地的古村旧城中总是可以不期而遇，但它们身上风霜雨雪的痕迹告诉我们：如果得不到适当的保护，它们也将不会久存于人世。断壁残垣已经与黄土混作一处，残留的雕饰，也难掩新时代的人们对它们的漠视。清代民居的特点是建造技艺高超，但它们外形笨重，颜色土灰，室内空间狭小且黑暗，如此种种，皆带给人类无法承受的压抑感。

民居建筑之所以有大约五百年之大限，原因如下：

第一，古民居的建造者们所选择的建筑材料和结构决定了民居的寿命。民居建材，规格与质量历来无法与庙堂比拟，这不光是由建筑物等级规格所决定的，更是由用途、舒适度和财力所决定的。民居相对于庙堂来说，要的是小、坚固、舒适、安全这几方面。屋小，建材亦小，对于古建筑的重要结构材料来

1

说，小就是树龄小，人们就近取材，用的都是司空见惯的树种。古民居在新建成时，坚固都不是问题，影响其持久度的主要问题是屋顶漏雨或虫蚀导致的木材朽坏、雨水溅蚀导致的墙砖酥碱，因此，防雨、防虫、防火是古民居维护的主要内容，但雨水溅蚀不好处理。山西古民居墙体外表大多包砖，多数会受雨水之害，近年有民众自行用水泥涂抹砖造墙体，更有甚者在古砖墙上贴现代瓷砖，都是为了预防雨水对墙体的伤害，这样做大大破坏了古建筑的原有风貌，但对那些并不被认定为文物的古民居来说，要么选择这种粗糙的保护，要么面临倒塌湮没的结局。

第二，房屋易主，原有的维护习惯产生了变化。山西境内的古民居，受主人迁居、社会变革等因素影响，大多经历了被出卖、没收等情况，导致房屋易主，众多原本完整的古民居建筑群化整为零，一家独居变成多家杂处，房屋维护不再统筹进行，私搭乱建、拆除重建等都在原本的建筑群内进行，经济能力稍好者反而更容易对原有民居进行拆除和破坏，加速传统民居建筑的消失。

第三，时代变迁，生活方式改变，原有的房屋不能适应。特别是近代以来，人们居住习惯的改变使人们不再维护旧民居，而是彻底推倒旧屋，建筑新巢，这也是决定了民居寿命的一大原因。人们在近代以来，在生活方式的改变上主要有以下三点：一是卫生起居观念与习惯的改变，主要涉及水源的获得与废水的排出，以及人们对居住空间的新的需求，人们现在需要有完备的上下水系统的居住环境，且空间宽敞明亮，否则会压抑难耐；二是能源使用方式的变化，人们为了取暖和烹饪所需，原来主要靠零散收集柴火与自行购买煤炭，现在已经更改为使用统一供应的天然气和取暖热源；三是交通方式的大变革，现在的机动车辆尺寸较大，古民居的格局大多无法满足其停靠、出入所需，原有的地面处理也无法抵挡现代机动车的碾压。

人之善变导致民居建造观念改变，且改变周期较建筑物的寿命轮回来得更快，所以人总是能够引领民居的改变。在古时，民居的湮灭也许是人们能够坦然接受的正常事件，况且这些建筑物在兴修之时，财力就决定了它们的命运，必须承认一条规律：建筑物投资大小一般与建筑物的正常寿命成正比。

以历史的眼光来观察目前的现实情况，留存至今日的民国及民国以前的民居，在砌筑工艺和建筑装饰等手工性质的建筑技艺方面大大优于新建造的民居，这是砌体建筑及其之前的时代所具有的特征。随着智慧和财富资源的流失，传统文化全面中断在民居建造上有着较为集中的体现。我们引以为傲的五千年文化传承过程如何继续向前发展成为一个世纪难题。对历史资源的搜集、整理和保护在没有较好的传承策略的情况下，有其紧迫性，这种紧迫性强于以前的任何一个时代。

为了写成这本书，笔者探访了众多即将永远消失的残旧民居。事实上在很长的一段时期中，它们的消逝被人们当作一种自然而然的现象，直到这样的进程使人们感到自身因此失去了历史的厚重内涵，而变得单薄空虚时，人们的痛惜之情才逐渐提升。但是挽留它们于世的愿望有时被无奈所击倒，因为涉及产权问题和经济与文化利益的权衡等错综复杂的因素，众多的古民居如何被有效保护仍然无解。

根据现存古民居的年代情况，可以罗列的大致的民居建造情况如下：

雍正：1723—1735，现存古民居罕有早于此时者。

乾隆：1736—1795，山西人开始富，兴起建造民居之风。

嘉庆：1796—1820，

道光：1821—1850，

咸丰：1851—1861，

同治：1862—1874，以上四代，晋商富，大兴土木，各地民居大多建于此期间。

光绪：1875—1911，晋商开始乱离，民居建造渐止。

民国：1911 年之后，民居建造偶有余绪。但由于人民穷困、战乱以及外来文化和建筑技术冲击等因素，包括古民居在内的中国古建筑体系终止。

没有确切纪年的山西古民居，在参酌有明确纪年的个例的基础上，基本应在以上的时间线中进行建造年代的大致对位。在此期间，行政区划大致稳定，政治、文化、生产力水平发展缓慢，没有产生影响，所有的改变都因财富的积聚而发生。

所以通过以上的简单梳理，山西各地民居的主要建造年代是在 1796 年至 1875 年这 79 年间，向上溯，乾隆遗存为稀，雍正遗存为珍，以此认识应不为过。在嘉庆至同治年间，不管中国当时是多么纷乱，山西商人的经商业绩却稳如磐石，至光绪以降，山西人与国家同衰，古民居建筑亦无新生了。以现在遗存来看，虽不知此一时段所建民居墀头的简繁程度是否与年代的前后有相对应的逻辑，但可以相信的点有两个：一是仅以形制简繁论时代远近并不可取，二是形制简的墀头比较繁的出现得早的可能性很大。

对于古太原及周边的各种类型的墀头造型，如何确定它们之间的互相影响，以及它们之间的前后关系，笔者曾想求助于考古类型学。但是从最早墀头到最晚墟头的演变，随着传统民居建造活动的结束而结束，全部年代跨度至多一百余年，这对于考古类型学想要解决成百上千年的器物类型问题来说，简直有"杀鸡焉用牛刀"之感，况且，墟头不是出土文物，年代判断没有地层学来做支撑。总之，墟头类型的分辨和年代的考证不必过于像煞有介事地跟考古学看齐，但考古类型学中的许多道理又是那样逻辑严密，进行适当的借鉴是有益无害的。

因不方便而拆除是古建筑消失的一个方面的原因，其他还有：（1）被战乱所坏；（2）被天灾所毁；（3）因需要利用古建筑上的建材营建新的建筑而拆除；（4）建筑本身的材料与结构寿命终结。

第二节　古民居研究的理论创新观

对于山西的古民居遗存，人们已经关注得够多了，尤其是关于民居建筑装饰方面，许多像笔者这样长期学习美术但缺乏系统建筑专业知识与实践的人，也都能勇敢地提出许多"真知灼见"，但稍具经验之后，即可察觉在这个领域，有许多见解可能是不自觉的人云亦云或老生常谈罢了，没有什么创新，对于现实也不会有任何帮助。

古民居建筑与当下日常生活需求脱节，使古建筑遗留变成一种有疏离感的存在，其研究的人文社科的特性越来越浓，其自然科学、工程技术的色彩越来越被稀释。在建筑文化断层的现实下，人们主要通过挖掘古建筑的人文内涵来保障中华传统建筑文化的现实与精神上的延续，所以，主要掌握着历史知识的历史学者和主要掌握着造型知识的美术家，应该在起码的建筑结构知识之下，基于传统建筑文化的自觉，对古建筑进行不同角度的研究与认识，在寻找已经迷失的真相的过程中担负起自己的责任。

作为技术和艺术实践的产物，建筑物是蓬头垢面的工人和风度翩翩的艺术家共同创造的，所以建筑物上凝结有对于安全性有较高要求的实用产品所需要的技术，也有所有艺术品所能够承载的艺术审美和历史文化信息。这些信息在建筑物建成之后就开始了慢慢失传的历程。总体来讲，建筑物存在于世的时间长于其承载的正确信息被人所掌握的时间，如指导其建造的技术规定，其建筑造型所依据的具体的文化与审美意识，在建筑物仍存在于世时有可能就已经消失或者模糊，后人如果想要还原这些信息，需要通过对客观的建筑物的调查，运用自认为尽可能"科学"的研究方法进行挖掘，但总归也少不了一些主观的揣度，这就免不了会有一些误解。不过，误解的存在，使某种经过如上的过程得到的观点可能无法说服所有人，这就给针对历史的建筑进行人文社会研究提供了宽广的空间。

以上所说的这些话是在表达以下的意思：我们无论掌握多么先进的研究方法，可能都无法获取古建筑原来所承载的人类意识和知识的原本真相。历史事物中的许多因素早已变成了密码、谜语，今天的挖掘成果只适用于今天之后，而还原历史可能永远是一种无法达成的奢望，所以，对已经建成的建筑物的研究，有属于自然科学的结构与工程技术的方向，也有属于人文社科的历史、文化、艺术等切入角度和研究目标，前者因为实践性较强，容易进行也容易取得令人信服的成果，而后者却容易陷入"各说各话"的境地，所以，人文社科的古建筑问题，与技术因素多多结合，也许会使其所得出的结论更为准确且更有意义。

关于古民居建筑的研究，既易陷入老生常谈而不自知，又有开拓创新无限空间的判断，提醒我们在观察和研究山西古民居时要利用可以对民居进行抵近细观的优势，并加强对民居地域性的注意，对于文献要适当适量地利用，并与自己的观察勤加对照，这样就一定会发现理论创新的可能性，也一定得出对现实社会有益的结论。因有充足的研究资源，笔者对自己的研究抱有信心。尽量以科学的、新的方式方法来发现尘封的"真相"，这是很有乐趣的事情。古建筑的研究对象均为历史遗产，经过了历史的洗礼，带着残缺，其真实情况永远无法复原，给人们提供了见仁见智的空间。即使努力提高自身的研究方法和手段，研究人员也无法在这样的情况下穷尽其研究意义，研究者如果有自己的方法体系和研究方向，并且抱有解决问题的愿望和力求创新的思维，定会有所收获。

实践有多成熟，理论就有多成熟，它们之间一定是互相匹配的，但理论成果的记录与保存却不一定和实践的产物形影不离，理论失传在历史上时有发生，人们并不一定会惋惜。当实践需要理论印证与概括时，如果找不到原本文本形式的理论，就只得通过遗留的实践产物进行揭示，中国古建筑就是如此。伊东忠太的《中国建筑史》被称为最早的中国建筑史著作，但中国建筑史只可由日本人发明吗？中国建筑史是存在于中国建筑遗存之上的，是建筑物本身所记录的历史，但同时作为人为编撰的历史，它注定掺杂着自己的主观思维，并落实在最终的文本中。也就是说，在进行理论揭示的过程中，人的主观思维多少会与事实有一定的偏差。

历史上，建筑基本上是由文人设计，由匠人做（营造），建筑生产实践所需要的"学术"从未缺席，但容易失传是古人的学术意识淡薄而造成的。"学术"失传使重新建构起来的中国建筑学术仍然显得年轻。建筑学成为学科之后，日益骨肉丰满，拓荒已经不再是我们的使命，但身处古建筑遗留丰富的地域，守护它们是我们的责任，也是我们的使命。事实上，我们的唯一优势是我们生活在古太原区域，对"古太原地区的古民居"这种"濒危"的遗存材料的掌握更为具体而细腻，所有的结论都建立在充分调研之上。这让我们拾起对一个已经貌似密不通风的领域进行创新探索的信心，并且因感知到众多的研究对象处于"濒危"而激发我们的责任感，这是处于相当偏远的地域的"地方性"回馈给当地人员的一种优势力量。而有赖于现代媒介下方便快捷的知识传播，我们不因处于地方而丧失共享当下的宏观学术繁荣的便利，观察的视角不至于十分地偏执。

历史遗产包括历史典籍和历史遗迹、遗物，但是典籍都是经过记载和编撰历史的人员选择和修饰之后而形成的，所以遗迹、遗物的真实性远高于典籍。古老的遗留物得以存在，有很大的偶然性，在当今大多奉为宝物，无法也没有必要发挥其原本的实用价值了。那些已经不具有实用价值的历史遗物，如果不努力地使其成为历史之宝，并尽可能地以历史的面貌继续存在，就无法阻止其被抛弃而逐渐消亡的进程。

被当作包含艺术因素的实用物来创造，古民居在落成之时给建造者带来了很大的骄傲，被当作艺术品来欣赏，古民居可以长久地感染有心的观看者。然而，当古民居的建造缘起和建造过程的技艺详情逐渐被人们遗忘，决定古民居的文化因素和文化氛围的建造意识逐渐消散，古民居与现实有了明显的隔阂。古民居本身的朽坏，除了它不能适应人们新的居住观念之外，还因为民居建造意识层面的巨大改变。现如今，居住在古民居之中的人主要是高龄的亚健康人，本来高贵的古民居已经与贫穷和老旧联系在一起。对古民居而言，"物以稀为贵"其实是个悖论，因为孤立的一座古民居，完全无法呈现民居之美的重要方面——成片古民居群所形成的统一而有变化的大片独特人文风景，这种"风景"有类似于自然景观的高低、迂回等的空间要素，也有人工创造物所体现的符合"构成法则"的景观元素，不过民居所构成的景观毕竟是人文的，以人工的产物为主要构成手段。从风景角度来理解和认识古民居，应该知道，中国人认可的风景是自然中有人工，人工中有自然，完全的人工或自然均不符合"可行、可望、可游、可居"的要求，从不在其作品中画点景人物的倪瓒①却在其山水画

---

①　倪瓒（1301—1374），元代画家，元四家之一。

中常画一座人盖的亭子即是此理。回到关于古民居的讨论，虽然成片的古民居所带给人们的震撼非同凡响，但如果这种震撼因历史变迁变得无法奢求时，人们只能通过珍惜仅存的房屋来构建对古民居总体景观的想象，房屋建造年代越早越是如此。不同时代建造的民居随机交错在一起，因它们的差异明显，总是让人觉得怪异，却少有人能够拗得过这样的现实，难道不是这样吗？在古太原府地区的乡村城镇走一走，可以发现这种现象比比皆是。

明清时农村赤贫阶层所建的房屋基本不会留存至今，因为赤贫者在意识形态和经济能力上处于劣势，建造的房屋无力遵循一定的规范，其技术相当之原始，所以它们根本经不起这么长时间的风吹雨打。我们今日之所以能够有古民居可以欣赏和研究，是因为在明清时农村经济曾经有过局部发达的事实，这里所说的农村经济不是单纯指农业经济，也包括官僚经济和商业经济，那么则应相信古时确有局部经济的繁荣。在我们的印象中，中国古代农村的经济向来薄弱，但通过古民居观察则不尽然，农村经济曾经的繁荣完全能够让今天的我们瞠目结舌，从而怀疑所谓的"城乡二元结构"是否符合历史实情，这些也使我们更加确信今日农村的衰落是一个不争的事实。

所以，当我们亲临现场面对古民居，要多一些对古民居真正的崇敬，少一些猎奇的心态，多一些经济和文化层面的思考，像对待父母亲一样对待农业社会场景，不要被越来越明显的城乡二元差距所误导，去寻找古民居所呈现的文化与社会真相。

开始持续注意古民居建筑的某一个局部，是对古民居真正感兴趣的标志，旅游者与考察研究者重要的不同是后者具有非常明确的目的性，并对古民居的某个局部倾注"过敏"一般的注意力，使之成为观看、比较和思考的焦点，到一定程度后，他每看到这个焦点部位就会打一个激灵。

山西古民居的研究并不是一处荒芜的处女地，如果对新的发现信心不足，大可不必勉强从事这个领域的研究工作，但是，研究活动最少应该起到改善传统民居保护的作用，在保护好的基础上能够发现真正符合现实需要的继承和发扬策略。如果在看似热闹的研究过后，古民居的保护仍不容乐观，要么是研究得不够，要么是方向有问题。古民居是越来越旧、越来越少的传统文化遗产资源，现实的紧迫情形反而更容易激发对其内在规律的研究，如果把一座古民居看作一个人，那他的身形慢慢地变得清瘦，灵魂逐渐地出窍，不过，他的灵魂是可以通过考察和研究固定的。如果一座建筑在现实中消失，而在文献中存在，那么这座建筑物就"魂魄犹在"，但如果在现实消失了的建筑物，也没有留下文献资料，那么该建筑物就是"形神俱亡"，魂魄在者或许有朝一日可以通过重建还魂，形神俱亡者则永别人间矣。

建筑物庇佑人的活动，保障人的休憩，人们在其上投入极大的精力和智慧，使其美观而坚固，使之可亲可爱，完全符合人的身心需求。

梁思成、林徽因二先生在《晋汾古建筑预查纪略》的报告中，因对民居的注意而在文末辟出了篇幅很小的一个章节《山西民居》，分门楼、穴居、砖窑、磨坊、农庄内民居、城市中民居和山庄财主住房等单元进行了备忘一般的记述，字词间流露出无暇细考民居的歉疚，并提出了"详细分类研究，只能等待以后的机会了"① 的未来计划。从具体内容看，先驱们观察民居的眼光准确得让人折服，只是"以后"已经来了，大师们却带着他们的满腹经纶和锐利慧眼远去。所幸，除了磨坊无迹可寻之外，列举的其余民居各有实物仍然存在于世间，虽然，民居数量和质量肯定不可与当时同日而语，大致的类型应该基本完备，这是我们的机会，我们不敢与前辈大师争智慧，但我们有大师之基可恃，有数字工具可凭，别开生面一定可期。

山西的古建筑可以生动反映山西的经济与文化特点。山西有可以进行丰富的建筑文明创造的山西之富，又有有利于古建筑保存的山西之贫，也就是山西在适当的时候富起来，又在适当的时候穷下来，造就了山西古建筑丰富留存的现实。只是这贫富变换带给山西人心理上的变化在自豪与自卑间无法自处。晋商之外，山西人素不喜出游，外省人对山西人的印象并不具体，导致山西成了一个容易被忽略的地区。

山西曾经有"海内最富"之名，这一点山西的民居可以证明。说起山西之穷，却也是名声在外。如果想探究这样一个文化与自然资源丰富的省份多年来GDP（国内生产总值）在全国排名靠后的原因，看一看山西人那怡然自足的神态就能明白太半，历史上山西农民就不善于赚取自己生活所需之外的财富，若因经商或做官致财力大增时，用民居的形式固定下来是首选的财富处置之道。光绪三年（1877）发生大旱灾的时候，又把山西人带到另一种极端贫困的困境之中，但山西人的性情，极平顺而木讷，即便在大灾之中人之将死的关头，他们也没有什么极端的疯狂行为（《亲历晚清四十五年：李提摩太在华回忆录》中有记），山西人就是这样一群平顺的、善良的（将情绪深藏于心的温顺的）人，

---

① 梁思成. 梁思成全集：第二卷［M］. 北京：中国建筑工业出版社，2001：349.

这样的基因传承至今，对普通山西人来说，GDP与天上的浮云有什么区别呢？在山西由富转贫之后，贫穷对古民居的留存是弊大于利的双刃剑，比如太谷县东里村，人们可以因贫穷而使旧民居继续存在，也可因贫穷拆除之，这逻辑是挺讽刺的。

第三节　中国古建筑与大地相融合

人们对建筑施工工作的认识是很准确的，根据工作的对象和所使用的材料称其为"土木工程"。建筑物需要土地来提供建筑场所，建筑所需的砖瓦是用黏土加工而成的，石块是土壤风化之前的样子，各种金属也是从矿石中提炼而来的，植物生长在土地上，被加工为建筑材料，所以建筑物上非土即木。

我国传统的民居建筑，与土地的关系尤为亲密，在以木料为主要材料的基础上适当使用石料和砖块，其目的是隔绝可能侵蚀建筑材料的水分，而不是隔绝土地。西方以石料为主的古建筑，是以众多石块组成一个整体来把自己与大地做的分离。古罗马发明了混凝土，实际上是一种化土为石的举动，弥补了石材供应上的不足，并解决了不同石料之间的黏结问题，把自己的房屋搞成一个全石头的东西。

同属东方建筑体系的日本古建筑，虽受我国古代建筑的影响极大，但他们却不太喜欢高大的台阶，为了把建筑物与土地隔开，更大量地使用木材，同时结合干阑手法把木材组合体从大地上抬起来。不少日本传统建筑物在屋顶上舍弃瓦片，使用植物材料覆盖椽檀，那就是所谓的"桧皮葺"，这样，日本的房屋就是一个全木头的东西，所以我们总能看到日本人拿着抹布，跪在地上把他们的地板擦了又擦，这在中国传统的房屋中是不太可能实现的，我们打扫房屋是"洒扫庭除"，也就是无论室内室外，都需要先通过洒水把尘土降到地下，然后再用扫帚打扫。中国建筑物与尘埃的关系就是轮回的关系，以木柱梁为骨，以土坯为肉，土坯来自土地，土地是尘埃下降所形成的，所以中国古建筑来自尘埃，最终也归于尘埃。

中国和日本传统建筑，因建材的侧重不同，各自与土地建立了不同的联系，明白了这一点，也就更容易理解中国民居与大地相融合的关系。中国传统民居建筑与土地的关系过于紧密，严重影响了民居的卫生状态的维护，也严重影响了人们对古代民居的珍惜之情，这是古民居保存的不利因素，怎么见得呢？因树木生于土中，砖瓦由土制成，石风化后亦为土，木料与砖瓦重新化为土的过程较快，在现实中，中国北方古民居室内室外的尘埃总是挥之不去，倘若破败之后听任其向更为破败的方向发展，那要不了多久就会彻底与泥土重新混在一起。

第四节　古民居自然与人工结合的景观属性

以下是笔者关于古民居与旅游关系的观点。旅游需要景观为基础，古民居旅游开发，就是使古民居成为一种景观，与景观连接之后，古民居就有了引起人们观看兴趣的原始属性，并由此引发不甘于走马观花的人们的"研究"冲动。

古民居从人工实用物转变为旅游资源，是因为它们具有景观的属性。旅游的根本规律是其活动必须在景观中进行，在成片的古民居中旅游，人们的心态值得探究，当游客欣赏古民居，并且认同自身处于某一类可以带给自己不同于日常感受的景观之中时，他才会为门票买单。由于有经济价值存在，人们研究古民居的必要性提高了，其目的也功利了，但也多了一些可以解决实际问题的角度。

在已经开发的古民居中，认真分析进行旅游人群的行为和心理，他们究竟是在欣赏作为人工制作的艺术品的房屋，还是在欣赏作为风景的多个建筑所组成的整体环境，就可以找到古民居建筑的最值得被利用的根本价值在何处。一般游客应该倾向于后者，因为成片的传统民居营造出的时空氛围，会使置身其中的人们产生恍若隔世的感受，此时，人的消费冲动会受到刺激。旅游在本质上是一种经济活动，它的基本动力是商业利润。以物品来看房屋，眼光略狭窄，以风景来看建筑，眼光较宽广，而人工的属性是在无论眼光宽广还是狭窄都可看到的民居的共同属性。

百分之百由建筑物组成的景观，是一种纯人工的景观，建筑装饰在此时即开始发挥与自然连接的作用。为了与自然很好地结合，古民居建造者们设计了自然题材的装饰纹样，在适当的地点安排植被，并且给最典型的人造自然——园林留下一块空间。

古人认为，宜居之处必须是自然与人工的有机结合，这样的理念在中国山水画中也是一样。纵观中国历代山水，虽古人极为崇拜自然，但仅表现自然山水而毫无人工痕迹的山水画几乎没有，古代画家为了在山水画中显示人工，要么直接表现人物在山水中的活动，要么画人所建造的建筑物或人的活动场所以及人的工具等，诸如道路、桥梁、农田、屋宇等，如倪瓒，画山水虽从来不画点景人物，但必有一亭，即是此理，如果其画中不画亭，那就只能靠笔墨语言本身已经具有的人文性来体现其画中的人工性了。

民居是典型的人工物，古人建造房屋如作山水画，着力营造大幅的山水画和有趣的小世界，以此理念建造的民居，画面感很强，所以令人赏玩不尽，此乃绘画与民居的相通之处。

第五节 古民居调查与研究方法

一、掌握砖构古建筑的尺寸和体量

在中国古建筑大式建筑的研究领域，人们总是从结构角度翻来覆去地解剖梁架。我国的建筑史拓荒者梁思成、林徽因等先生凭借坚实而系统的建筑研究方法，在考察古建筑之后得出令人惊叹的精美测绘资料，使许多业已消失的建筑物在这些档案中有了永久的生命，使这些已经作古的建筑魂魄犹存。只是山西虽然曾是梁思成重点考察之区域，但今日所称之古民居在彼时却未必为"古"，至多是有地方特色的民间建筑，且到处都是，物不稀则不贵，民居在大师们的考察顺位中处于较后的位置，所以记录下来的并不多，这样，许多民居的消失是彻底地灭失。到了 21 世纪，古民居研究逐渐引起人们注意，但考察方式并不统一。如果像梁思成他们那样考察，也许并不必要，因为以砖构留存为主体的清代古民居建筑结构简单，虽有部分梁架可循，但讨论的意义不大，至于形制体量，以砖块之大小为标准单位即可感知。中国古建筑的尺寸，一向以某个建筑部件的尺寸作为基本的测量单位，比如"斗口"。在有斗拱的大式建筑施工与研究上，掌握了斗口就掌握了整座建筑物的尺寸，因为其各个部分的尺寸都是斗口的倍数。而清代的砖造硬山民居房屋，因为是民用建筑，其规格决定了大多数并没有斗拱，所以也不会有什么斗口，不能再依此法，但并不意味着没有简便的方法推算，砖造房屋有更为便利的条件，那就是每块砖块的大小。

中国传统建筑中，一向信奉木构架的结构作用，在房屋上使用砖最初是为了防雨、防水，而不是承重，所谓"甃"，即用砖来贴在土质建筑的表面使建筑物更持久。用砖垒砌起来的柱形物，其承重性能有限，也只能在承重要求不高的民房中使用。

不过，明清时的民居用的砖大小虽貌似相同，实则尺寸不一，只是砖的长、宽和高的比例较一致，这也导致房屋体量和外形比例存在着差异。因此，在具体研究中可以根据研究的目的灵活处理，如果想要与研究达成的目标关系不大，对于现实中砖的尺寸就采用"差不多"主义来处理了。

将古民居中的审美和人文分析抛在一边，除了把握体量外，古民居的结构分析也完全可以通过以单个砖块为单位来进行推测。这也决定了考察古民居的具体方法，把握住砖的数量与叠压组合方式就可以把握民居的总体体量和各个砖造局部的形制，这虽然代替不了精确的测绘，但对于人文考察和研究来说已经足够了。如果在古民居考察中当真需要测量的话，只测量房屋上的一块砖的长、宽和高，然后拍摄整座房屋的全貌，就可以根据这些信息推测房屋的真正规模。最重要的是可以对感兴趣的部分进行细致分析而不需要担忧数据不详。

二、卫星地图的利用

考察古民居之前最好通过卫星地图对目的地进行观察，了解古民居所在位置的交通情况，在自驾已经普及的今天也要注意判断道路是否艰险，量力而行。在现阶段的交通基础设施条件下，利用自助驾驶深入田野，效率和自由度都很高，这种方式梁思成先生也采用过，民国时期他们在晋南考察时就开过福特车，但当时的能源保障和道路条件与现在的当然不能同日而语。

在研究卫星地图时也要注意地图拍摄的时间，确保在地图上观察到的古民居仍然存在，至少在古太原府地区，不是所有的古民居都是所谓被挂牌保护的文物，更何况即使挂牌也不能起到保护的作用。大量的传统民居处于不被保护的状态，被盗、被拆是家常便饭。古民居之所以能够在卫星地图中观察到，是因为古民居与新修的民居在色彩和院落布局上有明显不同，且新修的民居院落内树木少且树龄小。新修的民居院落由于宅基地政策的约束，其比例和大小不同于古民居院落，古太原地区的古民居宅基地反映了民居建造时的土地政策，院落面积取决于财力，但不管业主取得了多少面积的宅基地，总是分割出固定大小的院落，面积大则院落多，面积小则院落少，所以在一个院落内难以感受主人真正的经济实力。财力较小者也能够盖得起内部细节不亚于大户人家的单个院落，财力雄厚者则成片地修建多个院落。这些古民居院落比例狭长，布局多为一至多进合院，在卫星地图上一目了然。还有一个规律，院落的正房越明显，这座院落越是位于平坦之地。山区的正房多为窑洞，屋顶为平顶，多呈现自然的土色，并有植被，所以并不容易与其周边的自然环境形成区别。

三、古民居建筑照相

今天，照相术已经十分普及，这给古建筑的考察带来极大的便利。照相术的运用，似乎是近现代古建筑研究一开始就利用到的技术，但在胶片时代，因为不经冲洗无法成为图片资料，这给考察者造成较重的经济负担。照相术的数字化是视觉资料采集的一大福音，也成为所有收集资料类型中的最大宗或是唯一一宗。古建筑考察是无法收集实物的，零散建材或可偶然获得，但是过于沉重并且支离破碎。建筑物的图像，让我们不必在真正的研究对象跟前过多地逗留，但是研究过程必须包含研究者实地考察研究对象的环节，对没有亲眼见过的东西发表评论需要慎重。照相术是技术性术语，摄影是照相术作为艺术门类的名称。不以摄影艺术创作为目的的建筑物照相，其档案价值高于艺术价值。

四、3D 建模在建筑研究中的运用

在建筑物研究过程中，利用 3D 建模技术对墀头进行建模，对理解这一部件的形制有非常积极的作用。在实地观察时，由于墀头砖雕所在的位置较高，一般情况下需要仰视，会有错觉和信息的缺失，如果要从各个角度对其进行细致的研究，只能通过数字技术来实现。3D 技术在建筑设计领域早就发挥了积极的作用，在古建筑研究中利用的是 3D 技术的再现功能，利用 3D 软件对墀头建模等于亲自把墀头砌筑了一遍，其形制自然了然于胸，也自然把关于墀头的研究带入了更加具体而细腻的层次。在个人的实践中，因笔者没有非常专业的建筑学背景，在研究的各个环节喜欢亲力亲为，但掌握的计算机硬件又不是太强悍的时候，则选择使用开源的 3D 软件是明智的。笔者在这里想向开源的 3D 软件 Blender 的开发人员表示感谢，用这个软件所创建的墀头模型完全实现了笔者想要亲自砌筑墀头，并从任何角度对其进行把握的愿望（图 1-1）。

图 1-1　太原墀头的 3D 模型

第六节　中国古建筑风格特征的单位

一、纵向的朝代特征

中国古代的建筑，总是随着朝代的改换遭受一次次总体的大规模毁灭，这些大规模的建筑物建成时不可谓不壮丽，其灭失之程度也不可谓不完全，这在古代中国是历史的必然，不是任何人有能力可以避免的，好在历史上总不会缺乏有心人，能够将其盛时情景作一记载，使后人能够想象其存在时的面貌。当然也有一种人，喜欢在遗迹上嗟叹凭吊，做一种于事无补的惋惜，为什么这么巧合？每一个朝代存在的年数并不相同，但都能够作为包括建筑在内的历史事物风格区别的一个单位，并使人们认识到这些具有不同的以朝代为单位的建筑物的根本特征，这说明政权的改换对人们如何创造建筑物有着深刻的影响，能够以朝代为单位，把握历史事物的发展变化，是因为政权改变所带来的各种制度改变不仅推动着人的思想改变，而且影响着人的生产实践。

二、横向的地域特征

朝代是建筑遗产纵向特征单位，地域则是其横向特征单位。从大的方面讲，中国人习惯用南方和北方来作为划分地域特征的最大单位，殊不知根据中国古代建筑风格流传的情况，昨日的南方可能是前日的北方，今日的北方就是昨日的南方，北方建筑南传、南方建筑北传，历史上多有发生，但不管如何传来传去，中国建筑一向南北有别是不争的事实。横向观察建筑物的风格特征，寻找有明显风格特征区别的最小地域单位，大部分可以以古代的州府为单位。准确来讲，古建筑的风格特征单位大于一县，但小于或等于州府，在一县之内再做细分几乎是不可能的。这取决于当时的生产力水平和人员流动情况，生产力水平和人员流动是把某种建筑风格特征推广出去的驱动力，再加上地理的自然因素和行政区划的政治因素促成的人们心理上的地域认同，决定了在营造建筑物时采取何种风格特征的建筑，从而形成了一个个有共同风格特征的建筑集中的地域。具体来说，决定民居建筑营造的生产力水平是某地建筑业工匠的生产活动范围、他们所掌握的技艺以及他们所能够熟练落实的建筑设计。而人员流动范围，常常是由人们在行政区划制度下形成的稳固的地域认同来决定的，以此范围来掌握建筑风格，需要事先通过考察对地域的准确范围进行框定，这对有较大量遗存且风格较为雷同的民居建筑尤其适用。

第七节　美术与民居建筑

一、美术与建筑的关系

建筑的造型属于美术范畴，造型优美的建筑物总是由优秀的美术家所创造的，并有持续吸引其他门类的美术家注意的魅力。他们对建筑物的关注源于自身被训练过的敏感的造型意识。欧洲文艺复兴时期，画家们在学徒时的学习内容包括绘画、雕塑和建筑设计，诸如米开朗琪罗①那样的大师热衷于建筑设计，

---

① 米开朗琪罗（Michelangelo Buonarroti，1475—1564），意大利文艺复兴时期三杰之一，雕塑家、建筑家、画家。

把建筑作为自己创作的最重要的作品呈现给世人，是美术史上画家与建筑师合二为一的实例。几乎是同时代，我国明代的画家文徵明①以及清初的画家石涛②也都积极地投身于园林的设计之中，他们的作品今天仍然有迹可循。众多的美术门类与建筑的共同特征就是造型，而它们之间最大的隔阂是基于结构和材料的安全责任，建筑之外的其他美术门类，现在在学科分类上被归为文科，其中聚集了大量的对数学和物理充满了畏惧的"纯艺术"人才，他们只对建成物感兴趣，对于进行建筑创造则不太在行。

中国历史上的美术创作，美术家与作品紧密相连可能始于东晋的顾恺之③。在此之后，人们对于杰出的绘画作品总是希望知道它是出自何人之手。宋代的绘画作品上，画家们小心翼翼地在画面一隅题写自己的姓名；元代以后，画家们索性通过把诗书画印融为一体的方式将自己的姓名大方地题于画面上，这实际上成为彰显作品价值的必要环节。

而建筑物与绘画作品不同，尤其是古民居建筑，较低的建造规格和较雷同的建筑风格，使其建造者的姓名自始至终都没有被铭记，我们只能把这些建筑物的建成归功为前人"集体的智慧"。时至今日，我们身边的大部分建筑物只是工业产品，而非艺术作品，人们之所以需要知道建筑物出自谁手，主要是为了当建筑物出现安全问题之后，方便追究建造者的责任，而不是要记住他们进行了什么艺术上的创造。

山西古民居的建筑留下了许多艺术元素，这些精美元素的品质足以让今日的许多艺术家汗颜，而把它们创作出来的都是些无名工匠。今天研究与关注它们的人大多有一定的美术背景，他们能够对民居建筑产生浓厚的兴趣，说明民居建筑是有很强的美术属性的。今天的美术家在学习美术的过程中，掌握了对包括建筑物在内的一切造型艺术对象进行认识、分析的要领，并具有把它们表达出来的能力，让民居建筑能够以学术研究对象的身份登堂入室，这与许多其他非物质文化遗产类似，它们基本都在这个过程中从司空见惯的日常实用物变成了需要加以特殊呵护的艺术观赏物，与周围的环境从协调到不协调，到现在又正努力地通过复原和重建的方式重回到协调中来。

技巧高超、名人效应和档案价值，是一件艺术品能够具有价值的三大要素。

---

① 文徵明（1470—1559），明代吴门画派画家，"明四家"之一。
② 石涛（1642—约1707），清初画家，"四僧"之一。
③ 顾恺之（348—409），东晋画家。

古民居的建造者都是一些匠人，而不是今日意义上的美术家，那时的匠人也从来没有想到自己的营造活动属于艺术创造活动，他们追求的最高境界在于一个"巧"字，虽然他们的劳动与今日的美术创作活动有许多相似的地方，但他们所提供的，只是规格、风格和技术都经过了习俗和环境检验的、约定俗成的，为满足业主需要而生产的实用品。对自己的"作品"满意与否并不重要，只要房屋的主人满意即可，也从来没有想到这些作品会给自己个人带来文化艺术领域的声誉，所以古民居的美学声誉主要归于其拥有者——某位晋商或晋官，他们才是古民居建筑物的作者的代表。实际上，古民居创建也还是依赖于许多普通的人民，民居如果是艺术品的话，它们的具体作者只能是匠人集体，或称之为"劳动人民"。古民居是一件非常巨大的艺术作品，它的面貌呈现绝非一院一屋所能胜任，而是一定区域、一定时代所有民居共同呈现的面貌，唯有这样整体考虑，古民居才能够具备类似于一件今天有意义的艺术作品的所有必备要素。

在一定区域、一定时代内的古民居有着相似的质量标准和共同的审美取向，在较高的规格层次上，其中必然包含或依赖着今日我们所谓的美术的重要形式——绘画和雕塑。绘画主要体现在建筑物的彩画部分，雕塑的用武之地是在诸多建筑材料如木、石、砖、瓦上进行雕饰的。彩画和雕塑使建筑具备了艺术作品的最大的功能，那就是主题表达，使人们的意识形态可以清楚地得以展现。而在今天的造型艺术认识体系中，建筑本身也是美术的重要的内容，对于艺术作品所需要的主题的呈现，如果通过建筑装饰达成，可以用具象的形象来表现，如果是通过建筑物整体的造型来表现，建筑设计者需要通晓抽象和隐喻的技巧。传统古民居建筑在前一种主题表现形式中，相当具体并容易理解，而第二种主题表现形式，当时的建造者可能并无此初衷，但今人可以根据自己的观感进行附会，由于众多遗留至今的民居建筑有相当高的质量标准，并遵循美学的原则，古民居具备了今日艺术认识体系中作品的各种要素，其固化下来的历史文化信息又使其具有了档案的价值，使古民居跳脱了实用品的层次，而成为值得珍视的美术作品。

虽然这并非古民居建造者的初衷，但是古民居如果因此能够备受珍视，倒是符合建造者的期待。在这种现实之下，古民居极有可能突破其在自然状况下存世时间的极限，以实物形式更长久地保存下去。

二、加诸建筑构件上的美术手段

建筑物建造者所重视的首位问题是结构问题，而不是美术问题。结构问题是技术的，依今日学科分类是工科的，所以由此可以确定，古代的营造工匠接受过技术与艺术的双重训练，只有如此，他们方能将技术与艺术进行如此完美的结合。

典型的美术活动，如绘画和雕塑是如何参与到古民居建造过程中的？首先要讨论的是梁架结构，梁架是古建筑物最重要的结构，在砖尚未成为主要的建材（所谓砌体结构）的时候，雕梁画栋（木雕与彩画）与石雕是人们可以实施的对建筑物进行装饰加工的全部。直接在基本结构建材上进行装饰，主要是因为这些建材暴露在外。未经彩画油漆的斗拱和彻上露明造的梁架本身也具有相当高的装饰性，木雕与对材料的砍斫的界限在此并不十分明显。斗拱的加工过程几乎不可以称作木雕，木雕与木料的形状加工的区别在于是否让木料变成一种象形的东西。为了搞清楚对于木料的加工在何时变成了可称为美术活动的木雕，以下的比较非常有必要：斗拱中的斗像斗（量器之一种），但并不是真的要模拟斗，只是形状之巧合；如果把木料雕为龙，其目的就是要表现龙的形象，而不是经过加工的木料与龙的形象巧合，虽然龙是虚幻的事物，但人们的意识中有龙的基本概念，并有分辨其形象特征的能力。斗拱是中国古建筑上结构与装饰因素完美结合的一个奇迹，为保障中国古建筑的基本特征造型发挥了巨大的作用，但斗拱长期被庙堂等高规格建筑物所垄断，直到封建时代后期，在民居宅门、堂门等建筑物上才常被运用，且在多处由砖雕、石雕来模拟，体现了斗拱精巧的美学魅力和高端规格象征对人们所产生的吸引力，美丽、吉祥和尊贵是所有建筑装饰想要达到的共同目标。

当经过木雕之后，材料的某些部位呈现出其他事物的形象特征，木雕的作用就会有根本的提升。木雕如此，石雕和之后的砖雕也是如此，本书要研究的主要对象罪头，就是砖雕，其形制构件有些是砖雕，有些只是对砖块的形状进行了加工。

描画与雕刻等传统的美术活动对建筑结构的作用不外乎美化和保护，如果建筑物的某一部分并非建筑所必要的结构性的构件，而纯粹是一个装饰于建筑物上的美术品，那么这一部分将是附加物，反过来，建筑非结构的附加物必定是一件用来装饰的美术作品，这是美术与建筑关系的巧妙之处，在民居上也不例外，罪头砖雕实际上就是此类物件。所以，中国古建筑中的外露的构件之装饰性来自本身的形状与相互间的组合形式，或在一定的部位嵌入起纯装饰作用的构件，直至形成一个美观的整体。因此，不妨把古建筑的构件分为内部不可视构件（不外露且在结构上必需，只要其结构坚固，无须美化）、可视构件（外露且是结构上所必需，需要美化）和纯装饰构件（在结构上不需要，只为美化建筑物而设）。

内部不可视构件是不需要任何雕琢和粉饰即运用到建筑结构中的构件，这些构件一般存在于不可目睹之处，一般来讲，只要暴露在外的中国古建筑结构均会有所装饰，直接呈现材料的原始状态实属罕见，而这些加工的最低标准，也得是把一个天然物变成一个人工物。三雕构件往往有其结构的功能，属于经过美术加工的可视构件。中国古建筑中的每一个构件原本都有其实际的结构性用途，到明清时，却有诸如斗拱等结构部件因其美学价值演变成以装饰为主或纯装饰的构件，由主要发挥结构的作用转变为主要发挥装饰的作用，当然它们损坏或缺失之后也都带来一些结构上的损伤，虽不至于大厦将倾，但总归是蚁穴之溃。

可视构件上的装饰是这种构件被装饰，还是用它来装饰整座建筑物，就犹如究竟是这种构件被保护了，还是这种构件的存在保护了整座建筑物的结构完整性的逻辑一样，这是人们对装饰和结构的主观认识的不同方向，在根本上没有区别。通过彩画装饰的可视构件，大部分是木质材料，彩画一方面是对其进行装饰，一方面是对其进行保护，但在形状上做出改变，从而成为一件可以装饰建筑物的建筑构件，必定要经过砍、凿、刨、削、刻等加工过程。为了更加强烈的视觉效果，工匠们会将这两种手法在可视构件上结合使用，究竟如何结合，仍然需要考虑最终是否有很好保护建筑构件的效果，其中的技与艺的穿插交错，是分不清也不必分得太清的。

纯装饰构件并不多见，硬山房屋上的墀头砖雕是其中的一种。从纯结构的意义上来看墀头砖雕，加装墀头砖雕对墀头的强度没有什么帮助，只会减分。但实际情况是，墀头砖雕的保存情况在大部分实例中是很好的，除非遭到人为的破坏，这是墀头砖雕作为纯装饰构件的实际状态，有它很好，没有就很丑，但也仅限于很丑，房屋的结构不会受到多少影响。为了使墀头砖雕专注地发挥其纯粹的装饰作用，墀头的许多实例中加装了分散墀头结构压力的挑檐，这就更表明了墀头砖雕的纯装饰属性。

第八节　山西古民居建筑装饰刍议

一、建筑装饰的依附对象与其建造者

晋中城乡有大量清代的古民居留存至今，这些民居不是简单的普通的民房，而是凝聚了建造者最大宗财富积累和最高端文化意识的不可移动的实物，人们把货币形式的财富转化为住房形式的财富，把自身的生活理念物化至建筑装饰中，这种习惯仍然被今天的人们所秉持，只是在具体的形式上有了不小的转变。建筑装饰是建筑物重要的文化信息承载体，同是建筑物的规格层次的标签。笔者初到晋中时，人生地疏，并没有多少机会接触晋中地区的古民居，对于周边存在着如此之多的传统民居浑然不知。2000 年，与太谷籍的妻子结缘，有了深入晋中农村的机会，才看到真实的晋中古民居实物。笔者所看到的古民居，依当前的地域来划分，是晋中古民居，事实上大部分是古太原民居，是山西古民居的代表，现在又常被人们称为晋商大院，从这些称谓上，就可知道人们对于其属性的认识是多么模糊。

随着 20 世纪末乔家大院开发的成功，在世纪之交，晋中地区又陆续开发了几处比较集中的古民居，诸如灵石王家大院（开发时间 1996 年）、榆次常家庄园（开发时间 2003 年）等，随后也都获得了相当的知名度。在参观这些景点的过程中，了解到旅游开发活动对这些景点的原貌进行了较大的变动，并且在旅游开发过程中的收购古建筑材料和移建别处建筑等行为，对周边的古民居造成了一定的破坏性影响。迁建的山西古民居虽然总体上没有被破坏，但离开原地的古建筑，总给人一种失魂落魄之感。笔者曾对这些景点开发之前的原样展开过访问，越问越怀疑那些经过旅游开发活动洗礼的古民居的真实性，反而对那些零散、破败但真实的古民居有了更多的兴趣。这使笔者对古民居的感性认识上升为理性认识，晋中古民居的建筑装饰的"真相"也不断在笔者面前显现。

零散的古民居，不是一开始就处于零散状态的，而是古民居从全盛时期到支离破碎到零散再到完全消失的全过程中的一环。零散是遗存个例原有周边其他同期建筑失去之后所呈现的不真实、不和谐的状态，虽然随着社会发展，古民居周边有了很多现代的建筑，但由于古民居仍在原地，至少未失去其地理地域属性，被改变的是其人文属性。民居建筑物的人文属性是会随着时代变迁而

模糊或丢失的，但古代建筑物在现实中持续存在于原地又是恢复其人文信息的物质基础。

古民居的保护至今仍充满困境，在城镇中，一方面宏伟高大的新建筑如雨后春笋般地拔地而起，另一方面凝结着宝贵的历史文化信息的古民居日渐破败；在乡村中，不断有古民居被遗弃，在自然风雨和人为破坏的双重夹击下加速消失。

清代古民居是山西境内历史造型艺术遗产的重要内容，是不可再生的文化资源。在民居中保存至今的建筑装饰主要是各种雕饰，因为建筑彩绘相对来讲不容易保存，户外"雕梁画栋"的痕迹已经普遍随着岁月侵蚀变得影影绰绰，几乎失去辨识度，而在未被风雨侵蚀的房屋内部也许还能找到痕迹。

在建筑上添加雕、绘装饰，自古以来就是建筑活动中必不可少的部分，但需要所建建筑处于一定的规格上，建筑装饰不是所有建筑物的必须具备的组成部分。整座建筑物本来就是为解决实用需求而进行造型和结构的创造，而恰当地、艺术地对建筑物进行装饰，对参与建造建筑物的人们的文化水准和生产手段是有相当要求的。我们今天面对古民居时，认为它们是优秀的文化遗产，这是对建造者的文化水准和生产手段极大的肯定。古人在民居建筑物的整体设计上，是在有通用性的地域规范下进行的，也就是说，具体到一座院落的设计上，在地方流行的通用方案上略做变通即可开始施工，所以我们能够找到一个地域民居的共性，却又不能够找到有哪两座院落完全相同，总会发现格局上的少许变异，尤其人们镶嵌在建筑物上的装饰构件，虽然题材和图案可以相同或类似，但由于是纯手工制作，这些构件往往具有独一无二的特性。

创造出顶尖的民居艺术美的建造者，并不一定是本时代的造型艺术精英，但其作品一定能够代表其所处时代的技艺水准。建筑物装饰是经过普通用户和普通工匠在长期生产和生活中创造、检验、改造、选择后，通过艰辛劳动所呈现出来的。以我们现在的观感，山西民居的创建者们可以被认为是那个时代顶尖的造型艺术精英，他们所缺少的只是留下自己的姓名。

二、建筑物装饰的安排与设计

与现代建筑物的建筑装饰与建筑物本体呈现"两张皮"的情况不同，传统建筑物基本是通过修饰建筑构件来达到装饰建筑的目的，也就是说古建筑装饰的是建筑物本体。人们在安排和设计建筑装饰之时，可能会认真考虑以下事项：

1. 装饰会在建筑物的什么部位进行。过多的装饰无疑会推高建筑工程的造价，但适当的装饰是一个时代内一定规格的建筑物所必需的、约定俗成的建筑标准，在业主决定修建什么样档次的建筑时，即会有相应的建筑装饰来做配套，样式和内容或可变通，但数量和质量大致不能够轻易更改。

2. 如何根据被装饰的部件的形状对图案进行适应性的设计。图案的设计至今属于很具体的美术技巧，实用于建筑物上的图案必须考虑自身最终会适应在哪种形状之内，在清代民居三雕实物上，高超的图案变形技巧比比皆是，种种巧思闪烁着智慧的光芒。

3. 建筑装饰的内容与位置可能会受到风水理论的指导。在古代，风水无疑是古建筑建造者在营造活动各个环节和各方面最为敬畏的指导原则，自然会影响到建筑物的方方面面，包括建筑装饰。

4. 主题性装饰图案须完成吉祥寓意的表达，所谓"有图必有意，有意必吉祥"反映的就是这个原则。在民居建筑物装饰图案的主题中，大致表达的是人们的"福""禄""寿""喜"等美好的生活和人生愿望，有些部分则是比较单纯的美感呈现，凝结着古代艺匠的机巧和灵思，其中的许多设计手法至今都不过时。

5. 匠人们不但掌握精湛的手艺，同时也具有高超的审美能力。如今经过系统美术训练的具有完整现代美学知识结构的人们仍然为古民居装饰所呈现出的美丽与精巧所折服，说明古时匠人们的美学修养凝结于美轮美奂的建筑装饰之中，已经通过实物明白地反映出来了。也许建筑装饰构件的设计制作与建筑施工由不同的人员分工完成，但总体上可把他们称作"能工巧匠"。传统建筑业工匠尊鲁班为行业祖师，而鲁班的最大特点就是"巧"，在《说文解字》的解释中，巧就是技，技需要大量练习获得，可见，熟能生巧是建筑工匠成长的必由之路，建筑物是一个生产行业，其质量标准决定了它不太容许个人风格发挥的特点。

有一点必须注意：中国建筑装饰无论如何都是属于实用的工艺产品，每一个局部无论如何精彩，都不能被看作一件独立的艺术作品，因为工匠们并没有单独创作一个装饰部件的动机，所以也没有艺术创作的心态，这与罗丹①的《地狱之门》是不相同的，罗丹的创作是在完全的艺术创作心态下完成的，而民居工匠的建筑装饰作品完全附庸于建筑物，即使运用复制、批量生产等手段也无可厚非，雷同也是正常的。

6. 在观察古太原民居内的建筑装饰时，很容易感受到约定俗成的力量，在部位、技巧、原则等方面，都可以感知到建筑装饰全民族范围内的共性。虽然每座院落甚至每座房屋都与其他个体有所不同，但做到标新立异并不容易。

---

① 罗丹（Auguste Rodin，1840—1917），法国雕塑家。

第二章

地域和人文问题

第一节　从晋南来到晋中

晋南和晋中是笔者长期生活过的主要区域，本书指的古太原实际上大部分位于现在的晋中区域内。晋南是笔者各种认识的出发点区域，是心理上的原点；晋中是笔者各种认识得到加强、修正和阐发的区域，言晋中而提及晋南，其逻辑就在此。

晋南遗留的古民居数量比晋中少得多，古村落也较为稀疏。山西省古村落多的地方，晋东南、晋中二地区应可称雄。晋南有古屋的古村少的原因是在人们生产经营活动以农业为主的时代，晋南地区以土地肥沃、气候温和而在粮食生产上具有明显的优势，经济富足，可以营建规格不高但足以遮风避雨的民居，并且有能力以一定频率更新。所以晋南人一向以耕读二事传家。相比之下，晋中地区的无霜期短，土地无法在年内复播，这是天然的不足之处，即便土壤肥力雄厚、水利条件良好，也于事无补。粮食生产不如晋南，所以晋中、晋北人民在饮食上注重粗粮细作，也曾经对盛产白面的晋南无限艳羡。晋南的农民，把自身的各种智慧悉数挥洒在自家的那片庄稼上，但庄稼侍候得再好，最好的结果也就是"连年有余"，他们一年年，一代代，生活过得平淡无奇，大部分人平生不远行，把自己的生活圈经营成与世隔绝的小世界。而晋中、晋北的人们，因为经商所需，养成了不辞奔波的习惯，在走西口的过程中把山西中北部的文化和习俗带到了中国西北的大片区域。

晋中、晋北人民为弥补农业生产上的短板，把大部分精力逐渐转向经商，涌现出不少晋商，晋商不依托土地之利，却积累了土地上的农民无法企及的财富，有能力修建规模巨大、质量上乘的成片民居，这些民居的建造标准较高，使其能够存世时间较长，能够经历好几代人，包括晋中人又失去商业上的优势的世代，这就造成了棚户与高墙大院杂处的局面。

晋南曲沃县，在中华人民共和国成立后分出了侯马市，这是行政区划变革的一个具体事例，行政区划的重新分割对当地人民的地域认同心理产生了一定的影响。行政区划的调整对区域文化的影响会在本书中做出讨论，因为这是古民居研究不得不考虑的因素。曲沃一带的地理、特产和风俗习惯，完全不符合外省人对山西的一般印象。外省人对山西的印象大部分是煤炭、晋剧、民歌、晋商和中北部的方言，而曲沃、侯马是非典型的山西县市，这里既不产煤炭，也不唱晋剧，既不能歌，也不善舞，艺术细胞被深深地隐藏在平淡的日常生活之下，所说的方言属于中原官话，语调平淡，语义易懂，人们的生活情调整齐而又不乏细腻，这里的人民所建的房屋是以悬山砖跺柱胡基墙房屋为主。前些年莫名其妙地流行过一段时间的平房，终因水土不服而昙花一现，近年民居营造趋势为硬山砖混或钢筋混凝土楼房，高大、坚固、宽敞，但都没有什么艺术设计或创造的成分在内。晋中农村中平房民居的流传早于晋南，至今仍然不衰，晋中平房民居的屋顶与晋南的大不相同：晋中的平房为灰背梁架屋顶，晋南的平房可以做到不用一寸木头，房梁也改为水泥浇铸，屋顶使用预制板铺就。晋中、晋南的平房流行，都是因为降雨减少、建材改变以及民房建造技术革新，而晋南人逐渐抛弃了平房的原因是全砖混结构的平房在保暖和避暑上的性能太差。

从晋南到晋中，跨越了不同的行政和文化地域，各有不同的文化传承和风俗习惯。以笔者之切身感受，20世纪七八十年代以前甚至可以说是不相往来的，文化上很难互相影响。文化要相融，语言相通是前提，各操自家方言的晋南人和晋中人，初次见面是没有办法领会对方言语所表达的准确意思的，这就是地域差异。在言语差异之下，审美、习俗等方面亦存在差异，这些是地域间的软差异；软差异造成建筑物的不同风格特征，是地域间的硬差异，是人为的。所有的人为的软、硬地域差异，都存在于地理的天然差异和区划的政治差异之上，构成了地域差异的整个体系。以晋中和晋南为地域差异单位，接近但大于封建年代的州府单位。在人文科学研究中以此为单位稍显模糊并且吃力，与历史事实也不尽相符，所以，以"古太原"为山西中部古民居研究的地域单位就显现其必要性和合理性了。

第二节　古太原的地理与人文

一、古太原之"古"

本书所谓"古太原"专指的是砌有本书的研究对象——太原墕头的硬山房屋建成时的清代的太原府所管辖的区域，不只限于当年太原府城墙之内的城市范围，这里所说的是一个行政范围。"古太原"之古也并非太古，但对比今日之太原又古意盎然，而且范围更大。今日的太原越是现代，昨日的太原古意越浓，这一点，可能放之于有古可鉴的任何地方皆准。其实，古字所形容的许多事物，在时间距离上不一定全都够古，古在近现代之前是一个相对的时代观念，历史上的古人也经常讲古，其古就是指过去，但今人所讲之古，有绝对的时间节点，那就是民国建立之前。清王朝的终结是中国古代社会彻底结束的标志，在此之前的所有中国事物随后皆可用古来形容。这个标准的古还跨着一段近代，但1840年之后所生之事物，虽在近代中国，今日称其为古某某人们并不觉得奇怪，民国所造之物，冠以古某某则会有不妥的感觉。清太原府说古不古，但可称古，所以有"古太原"之说，有了20世纪做参照，我们可知，整个古代中国的发展是何等缓慢，人们的生活习性、生产方式、政治体制等不光没有长足的进展，甚至还时时倒退，就拿民居建筑来说，砖块在后期越用越多，这并不是建造技术的进步，而是木料的短缺使然，现在能够看到大量建于清代的民居，不是它们的材料持久，只是因为年代较近。所以，在追溯古太原的历史时，基本上只看到各种政治力量在这片土地上持续较量，普通人只是一代代日复一日、年复一年地过着差不多的生活，这保障了古民居的传承性，有利于通过了解古太原的沿革来理解清代的太原人因何造出了留存于今的古民居建筑。

古代太原与当今太原在位置上并未有大的改变，皆在现在的太原人的脚下，古太原以古物和遗迹的形式零散地存在，是能够摸得着看得见的碎片，能够沟通古人与今人，这是这些古物和遗迹的神奇之处，因为由古人创造且又经过古人摩挲的古物，在人们的主观世界中仿佛已经"通灵"，从而引起人们对它们的敬畏和遐想，从而能使人们将"古太原"这一概念在人的意识中补充得完整一些。笔者每当徜徉在保存较完整的平遥古城中时，总能有一种如痴如梦的时空错觉，所以认为所有的古东西，以古建筑最为基本。遗迹的主要形式就是建筑，现代人可感受到的客观物质的古太原，是古太原地理范围内古建筑的集合，古民居是古太原建筑集合体的重要内容，若古民居消失则古太原彻底失去骨肉，古太原也将完全变成不可捉摸的泡影。

太原在山西省的位置不偏不倚，选作省府是情理之中的事，明清之前的太原府所管辖的区域占后来形成的山西省域面积的比例要大，作为如此广大面积内的人民心目中的中心城市，已经累积了足够的作为首府的资本。山西省形成后，这种感觉就延续了下来。而在山西省内部的其他地区，人民虽然能够收到并遵守来自太原的政令，但在地域文化上，作为地方的太原仍难以对其他地区形成影响，至今，以农耕业为主的民众无故不会离开家乡去往外地，且终生未曾离开家乡者颇多，笔者的祖父即如此，终其一生，除了作为支前民工在解放战争时去过宝鸡之外，未曾离开曲沃、侯马，而这二地以前同属一县，出县对他们来说是一件大事，无故不会发生。在这种状态下，地域文化之间难以相互影响，这也是各地保持鲜明地域文化特色的原因。地域文化越是鲜明，越说明人民之间的交流的限制因素越多，根据对历史社会的状况的了解，这些因素可能是交通和行政区划所形成的鸿沟，当然也有地理因素形成的阻隔在起作用。

中国人处在古代的状态之下无法自拔，可分为被动和主动两种。所谓被动是清末的普通大众没有条件接受新的信息、新的知识以及新的技术，而主动则是指那些有条件接触新信息、知识和技术的人因循守旧，拒绝走向近代。以人之自私本性论，担心既得利益被剥夺是当时首要的原因，排在其后的是脑子中"内存"已满，无处容纳指引中国走向近代与现当代的新的内容，最后则应该考虑的是民族主义的原因，在文化思维上固守古代规范对其他领域起到示范的作用。例如，在光绪年间，众多地方的方志编写不愿采用世界上最先进的测绘、统计等技术，最后的成品均古意盎然。甚至在民国时撰写清史仍然使用与千年前的《史记》一样的思路和体例，最终连编纂者自己也只能把这部史书称为《清史稿》。

二、1783—1892

古太原究竟是如何一步一步地发展演变的，这里将通过志书进行揭示。

清乾隆四十八年（1783）版《太原府志》的编纂时间应该早于现在可以看到的大部分古太原民居的建造时代，因为山西商人差不多是在道光年间（1821—1850）开始取得了商业上的成功，然后开始在家乡大兴土木的，虽然不能确知每座现存古太原民居的确切建造时间，但基本上不会早于乾隆。通过乾隆版《太原府志》来了解那些建造了古民居的太原人民，虽对位并不太精准，但这一版是距现在最近的一版古太原地方志，是了解古太原人的很有价值的文献。光绪十八年（1892）修的《山西通志》在时间上处于山西人遭受天灾与人祸而遇挫之后，此时大部分晋商即将或已经衰落。这两本志书编写时间跨度为109年，此期间之内的太原人，正是现存清代古民居的主人，包括许多位置偏僻的村庄中的小户。他们从开始掌握积累财富之道，到逐渐没落而无力再进行大规模、高规格的民居营造，这个过程只剩下民居能做见证，太多的细节已经随着时光流逝而消散。

现存的古民居昭示着在清代曾经有过民居建设的热潮，这个热潮就在本节标题所示的这段时间（1783—1892），热潮出现的原因是财富的富足与社会的稳定。此段时期经济发展的受益者不局限于巨贾豪宦，也惠及平民，在诸本方志中，都有编纂者对清代社会的长期平稳的夸赞，但这样的状态结束于光绪时代完结的时刻。所以，光绪是一个重要的节点，光绪之后，全面地影响到中国每个平民的极具破坏性或革命性的变革开始主导中国的社会，大量的已富阶层在此时返贫，贫民队伍也越来越大，成为当时中国社会极大的不稳定因素，无事可做、无饭可吃的大量平民的存在对社会稳定来说永远是个威胁。在光绪之前，中国人留恋于古代的状态之下无法自拔，无论发生过什么样的动乱与灾害，对于普通人来说，都是局部的、暂时的，都没有直接而深刻地影响他们那极具惯性的古老的生产、生活与思维方式，特别是包括光绪三年（1877）的特大旱灾，对山西的摧残前所未有，人们也基本持逆来顺受的态度。但之后的社会革命，催促着人们脱离古代走进现代，经历了纷纷扰扰之后，重获平静的人们再检视中国大地，曾经的一切都发生了不可思议的改变，古代的中国已经完全地"作古"了。

三、乾隆版《太原府志》

（一）沿革和疆域

乾隆朝是清代承平日久的一个时期，《太原府志》说道："太原有陶唐氏之遗风焉，山西拱卫神京，表括千里，幅员之广，倚山带河，民生其间，沐浴太平之日久，迄今风俗茂美，奢俭得中，斯殆柳柳州所称'思深恭让，恬以愉者'欤？"① 这是一位名叫汪新的封建官僚所作的序言中的一段，序言中透露出一些

---

① 凤凰出版社. 中国地方志集成·山西府县志辑：第一卷［M］. 南京：凤凰出版社，2005：1.

古太原经济状态的信息，所谓的人民生活"奢俭得中"的经济成果，最主要是得益于"沐浴太平之日久"，这是封建年代在较长时间和平环境之中所应该达到的一种社会发展境界，但百姓的经济能力此时还未达到能够建成成片高质量民居的程度。

《太原府志》的第一篇是时任山西巡抚农起①所作的序言，序言中如此介绍太原：

"太原为山西首郡，汉之并州刺史、唐之河东节度，其治所皆在于此。宋初虑其恃险，乃徙州治，而犹为重镇。元、明以来，仍为大吏治所，盖一都之会，非他郡比。"②

这段话把北宋初年赵光义对晋阳古城先火烧后水淹这一历史上对古太原最重大的打击轻轻地称为"徙州治"，这场变故使古太原几乎消失，得以存续者，是因为太原是恃险重镇，不过，在整个山西范围内，太原未必为最重要，太原真正发展为山西省最重要之城市，得益于山西省域之形成。

宋代的"河东路"颇具山西的雏形。《太原府志》卷十七风俗中说"宋史曰：河东路，其地东际常山，西控党项，南尽晋绛，北控云朔"，这不正好就是今天的山西吗？在这样的范围之内，太原不偏不倚，位于正中，是成为中心城市的不二之选。

以下是一大段的《太原府志》中的原文，之所以把它抄录在此，是方便读者对太原感兴趣之后，能够对照原文抚今追昔。从第一段我们可以得知，太原的历史从汉代开始沿革，在长期的相似的政治体制下，形成了长期稳定的地域范围。

（《太原府志》　卷三　地表）

原文：

古者有图有谱。龙门司马氏改谱为表，囊括一书，纲举目张。郑渔仲曰：表者，一书之要也，不可记繁；表者，一书之本也，不可记末节，班固不达其旨，后世因失其传。然郡县之分合、地名之沿革，支离琐碎，将欲揽千里于寸眸，罗百世于尺幅，合表奚由而考核乎？太原自秦以前，史籍散亡，仅存大略，其舆图之可得而详者断自汉始。

---

① 农起（？—1785），清代满族官吏。
② 凤凰出版社. 中国地方志集成·山西府县志辑：第一卷［M］. 南京：凤凰出版社，2005：2.

志地表：

昔在黄帝，画野分州，得百里之国万区。尧遭洪水，天下分绝，为十二州，禹平水土，更制九州（先儒皆为禹治水之后，舜分十二州，然幽、并、营之名，夏书以前无所依据，今从班固地理志或以十二牧，终舜之世不改，由舜增治三州无疑。夫举舜三载而陟位，其时禹功未竟，既已，按州置牧矣。水土虽平，何由更黜三州之牧？州虽九，而牧则十二，于说自可通也），而太原在冀州之域（春秋元命曰昴华散为冀州，分为赵国，其地有险有易，帝王所都，乱则冀安，弱则冀强，荒则冀丰），太原者，帝尧旧都之地也，先是金天氏之裔曰台骀，为颛顼元冥师，实处太原。尧在帝位，迁于平阳，徙高辛之季曰实沉于此。夏商之世，陶唐氏之苗裔唐人之所居也，周为并州（元命包曰：营室流为并州，分为卫国，并之为地，记云并州，不以卫水为号，又不以恒山为称，而言并者，盖以其在两谷之间也，一曰在卫水、常水之间）。成王灭唐，封母弟虞为唐侯，其子燮改国号曰晋，是为晋侯。晋侯之孙成侯服人南徙曲沃，而太原复为畿甸之地。宣王三十九年，王料民于太原，襄王十七年，与晋以阳樊、温原、攒茅之田，晋于是始启南阳，此晋复有太原之始，是年，文公以赵衰为原大夫，古史考曰赵衰居原，今原平县（西汉时县属太原郡），此赵氏有太原之始。衰之子盾感赵姬之舍其子而立巴也，以原让赵同（赵姬，文公女，同，姬之长子），故赵同称原同，亦曰原叔。晋景公十七年，杀赵同，以其田与祁奚（原近祁），既而立赵武，反其田。顷公十二年，赵鞅为晋卿，六卿以法诛公族，祁氏分其田为七县：邬、祁、梗阳、涂水、盂，皆太原也。定公十五年，鲁定公之十三年，晋阳始见于《春秋》，晋阳，赵鞅之宗邑也，亦曰大卤（见昭公元年，《左氏》《谷梁》二传，杜注以为即晋阳县）。赵孝成王十八年，秦庄襄王使蒙骜击赵，拔榆次、新城、狼盂，得三十七城。十九年，秦初置太原郡，二十年为秦始皇帝元年，秦拔晋阳（秦并天下，分为三十六郡，始以郡为重）。太原郡：北境雁门，南境河东，东境上党，西境河，自汉以下则属邑可考而知矣。①

---

① 凤凰出版社. 中国地方志集成·山西府县志辑：第一卷［M］. 南京：凤凰出版社，2005：31-32.

太原郡设立之初，其版图就基本定型，其"四至"延续了几千年，在长期而稳定的版图范围内，形成稳定而独特的地域文化，是必然的结果。毕竟在太原郡形成时，山西省的概念还没有踪影。因此，中国以郡县乃至之后的州府为单位的地方区域历史远长于省域，但在省一级区域形成之后，因其适应了人口规模变大后的现实，所以行政效率大于郡县州府时代，使其得以延续至今。就太原来说，其与少数民族活动区域接壤并与之时常发生冲突的千年历史使该地域的民风剽悍程度强于其南部的地区，话音语调高低铿锵的变化是不是也表明可能是中原官话受到了少数民族语言的影响？方言、生活习惯、风俗、民居建筑是体现地域文化的主要方面，这四个方面中民居为硬件，却是最容易被改变的。反而方言、风俗和生活习惯这些"软"的因素更容易被传承。

现代的考古学研究揭示了虞封唐之唐在太原一带是不可靠的，但赵氏对太原的开发则比较确凿，赵国建立后的"胡服骑射"就发生在包括太原在内的赵国的北部边陲，与胡为邻是太原的长期现实，这些造成了其文化与中原地区不同的局面。

（《太原府志》卷四　沿革）

原文：

九邱之书逸矣，所传次州、农州之名，荒远而不可据，故稽古者，必以六经为断，尧分天下为九州，曰冀、兖、青、徐、扬、荆、豫、梁、雍，舜益以并、幽、营为州十二，禹仍尧旧，商亦因之，诗所谓"帝命式於九围"是也。周亦名为九州，然考职方所掌，非复禹迹之旧矣。秦、汉以降，郡县天下，称名各别，或名同而地非旧壤，或地古而名有殊称，若不细为考核，曷免贻讥于寡昧耶？志沿革：

太原府

汉高皇帝元年二月，太原郡为代王赵歇国（项羽分赵为二，张耳为常山王，都襄，国而徙，故赵王歇为代王，都代）。二年十二月（汉初以十月为岁首）为代王陈余国（余击走张耳，尽收赵地，迎王歇于代，复为代王。歇德余，立以为代王，余留传赵王而使夏说以相国守代，后九月，汉遣韩信破代，擒夏说），三年十一月属汉，复为太原郡（十月韩信击斩陈余，灭赵）。六年春为韩王韩信国（韩信故王颖川，至是以太原郡为韩国，徙信以备北边，都晋阳。信上书言，晋阳去塞远，请治马邑，许之，秋，信反），七年为代王刘仲国（仲者，高祖兄，名喜。高祖自击信，还自平城。樊哙定代，立仲为代王。八年，边事急，代王刘仲弃其国，于是陈豨以赵相国并将赵代边兵守代，十年八月，豨反），十一年三月为代王恒国，分赵常山以北、代雁门以北皆属代，都中都（按：《高纪》言都晋阳，《文纪》及《韩王信传》言都中，似迁都于中都也，代王即位十七年入为孝文帝），文帝前元二年为太原国（于是分代国为二，子参为太原王，都晋阳），四年复为代国（徙代王武为淮阳王，以太原王曰代王，实居太原），武帝元鼎三年为太原郡（汉广关以常山为阻，徙代王义于清河，始复为郡），县二十一：晋阳（郡治），葰人、界休、榆次、中都、于离、兹氏、狼孟、邬、盂、平陶、汾阳、京陵、阳曲、大陵、原平、祁、上艾、虑虒、阳邑、广武，东境上党常山，西境西河，南境河东，北境雁门。元封五年，初置十三部刺史，太原郡属并州（复以州为重）。

东汉光武帝建武二年，封兄子章为太原王，十一年徙封齐王太原郡，十六城析，广武、原平二县属雁门郡（凡前志有县名，兹所不载者，世祖所并省也）：晋阳（刺史治、郡治）、界休、榆次、中都、于离、兹氏、狼孟、盂、平陶、京陵、阳曲、大陵、祁、虑虒、阳邑、北境雁门新兴（献帝建安二十年立新兴郡），建安十八年省并州、太原郡，属冀州。

晋为太原国（自晋以后封国者，更易不常，遥领空名而已，故所封之人不复载，其可考者颇见于封爵中），县十三：晋阳（侯、相）、阳曲、榆次、于离、盂、狼孟、阳邑、大陵、祁、平陶、京陵、中都、邬，东境上党乐平（晋武帝泰始中置乐平郡），愍帝建兴四年太原属石赵（刘琨弃并州时石勒尚为刘聪臣，然非刘渊之世也），穆帝升平二年属前燕慕容儁（赵将张平据太原降于儁，以悦，绾为并州刺史，抚之），帝奕太和五年九月属符秦（秦王猛入晋阳，执燕并州刺史慕容庄），孝武帝太元十年符丕称帝于晋阳，十一年属西燕（丕为西燕慕永所败灭），十九年属后燕（慕容乘杀永，得所统八郡），二十一年属北魏（魏击燕取并州）。

北魏太原郡领县十，析阳曲隶永安郡（敬宗永安中改新兴为永安郡）：晋中、榆次、祁、中都、邬、平遥（旧曰平陶）、沽（汉属上党，晋属乐平，真君九年罢乐平，属焉）、受阳（晋属乐平）、长安

（太宗泰常二年置）、阳邑。

北齐并州置省，立别宫。后主武平七年十二月，高延宗自立于晋阳，改元德昌，二日而为周师所破。

周置并州六府，后置总管，废六府。

隋开皇二年置河北道行台，三年废诸郡，时天下州多至二百一十一，郡五百八。废郡则太原直谓之并州，不复有属郡，名为州而职事同于郡守，无复刺举之责，九年改为总管府（上上州刺史，置府，始以府为重），大业初改州为郡，复为太原郡，废并州之名，乃置刺史，分部巡察而本史不分别所，领诸郡（按：唐高祖本纪大业十一年拜山西、河东慰抚大使，十三年拜太原留守，则太原之为统辖如故矣）（笔者注：山西一词在本志中的首次出现），太原郡统县十五：晋阳、太原、交城、汾阳、文水（旧曰受阳）（笔者注：原文如此，但考虑应为寿阳县注）、祁、寿阳、榆次、太谷（旧曰阳邑）、乐平（旧郡）、和顺（旧曰梁榆）、辽山（后魏曰辽阳）、平城（开皇十六年置）、石艾、盂。

唐武德元年置并州总管府，三年废总管，四年复置，改为上总管，五年改代、石二总管，又改上总管为大总管，六年改朔州总管，七年改为都督府，贞观元年分天下为十道，并州、太原郡属河东道（始以道为重）。初并州，汉统郡九，晋统郡国六，魏统郡五，皆以太原为刺史治。隋废郡为州，唐系郡以州，于是并州始专系诸太原郡。龙朔二年进为大都督府，天授元年，置北都，神龙元年罢。开元八年置天兵军节度使，治太原。十一年，复置北都，改并州为太原府，河东道有二府，一河中府，采访使治其，一则太原也。十八年改天兵军为河东军，天宝元年改北都为北京，至德初复为北都。上元二年，罢太原府。太原郡县十三：太原（赤）、晋阳（赤）、太谷（畿）、祁（畿）、又水（畿）、寿阳（畿，本受阳）、乐平（畿）、（畿，本石艾）、清源（畿，武德元年置）、交城（畿）、阳曲（畿）。

五代初，李克用为唐河东军节度使，据太原，其子庄宗灭朱梁国，仍号唐，同光元年十一月，以太原为北都（亦称北京），晋、汉皆为北京（《出帝本纪》拜金紫光禄大夫行太原尹北京留守知河东节度事）。周太祖郭威广顺元年正月，汉太原尹、北京留守刘崇称帝于太原，仍称乾祐年号，是为北汉（五代史称东汉），至宋太宗太平兴国四年五月刘继元降，太原入宋。

宋太平兴国四年，复曰并州，太原郡降为紧州军事，毁北汉旧城，移州治于榆次，七年移治阳曲南唐明镇（今太原府治），至道三年领于河东路经略安抚使。嘉祐中，韩琦议并州建军为节镇，升为府（按：欧文《胡宿墓志》，当在嘉祐中，宋史志曰元丰为次府，则后嘉祐十余年。次府者，次于大都督府也，《明志》嘉祐中复为太原府，兼河东军节度，《通考》作嘉祐四年），大观元年，升大都督府，是为太原府。大都督府太原郡河东军节度（河东路大都督府始在隆德，后在太原与平阳为三府）始废，太原县为平晋县，以平定、乐平二县属。平定军领县十：阳曲（次赤）、太谷（次畿）、榆次（次畿）、寿阳（次畿）、盂（次畿）、交城（次畿，初属大通监，开宝元年来属）、文水（次畿）、祁（次畿）、清源（次畿）、平晋，监二：大通、永利。

金为河东北路（天会六年，析河东为南、北路），太原府（上）、武勇军兵马都总管府置转运司，县十一、镇八：阳曲（倚 镇五：阳曲、百并、赤塘关、天门关、陵井驿）、太谷、平晋（镇二：晋宁、晋祠）、清源、徐沟（大定二十九置）、榆次、祁（镇一：团柏）、文水、交城、盂、寿阳。

元为河东山西道（道有宣慰使司，治大同，肃政廉访，治太原）太原路上总管府（府设录事司），山西为腹里，属中书省（立中书省一，行中书省十有一，始以省为重）。大德九年以地震改为冀宁路，县十：阳曲（中倚郭）、文水（中）、平晋（下）、祁（下）、榆次（下）、太谷（下）、清源（下）、寿阳（下）、交城（下）、徐沟（下）。

明洪武元年十二月改冀宁路为太原府（太原为九镇之一，置太原左右前三卫），二年四月置山西等处行中书省，九年改为承宣布政使司，领四府四直隶州，太原府领州六，县二十二，万历二十五年升汾州为府（从都御史魏允贞请），割永宁州、临、宁乡二县隶焉，遂领州五、县二十：阳曲（倚）、太原、榆次、太谷、祁、徐沟、清源、交城、文水、寿阳、盂、静乐、河曲、平定州（领县一）乐平、忻州（领县一）定襄、代州（领县一）五台、繁峙、崞、岢岚州（领县二）岚、兴、保德州。

国朝仍明置，凡州所领县皆直隶于府。雍正二年平定州、忻州、代州、保德州升为直隶州，析乐平、寿阳、盂属平定，定襄、静乐属忻，五台、崞、繁峙属代，河曲、兴、属保德，八年仍以兴县属府。乾隆二十九年省清源县入徐沟，于是太原府领州一县十：阳曲（要，附郭）、太原（中）、榆次（要）、太谷（简）、祁（中）、徐沟（要）、交城（简）、文水（中）、岢岚州（简）、岚（简）、兴（简）。①

根据《太原府志》的记载，明白可信的太原行政区划形成是以汉代太原郡形成为节点的，汉代之前的太原在《地表》部分阐述。数千年来，太原无论是郡、府（太原）、州（并）、路（冀宁），其属地一直大于今日之太原市，面积最大时占今日山西几乎一半，不知道其行政效率是如何保障的。后来太原面积渐小，也许就是为了提高行政效率吧？

这段沿革并无难以理解之处，我们可以借此获取古太原的发展脉络，这片土地从西周到明代，都是需要加强军事戒备、防范北患侵袭的区域，可以说并没有多少安宁的日子，这中间只有元代稍好些。元代以前的太原，行政机关的军事色彩极浓，元代的大一统虽削弱了太原地方的军事属性，但明代塞北烽火再燃，农耕者和游牧者的冲突在这里重新上演，太原府置左右前三卫，少不了金戈铁马的嘈杂扰攘，长城之上机警戒备，烽火台上狼烟时起，肯定演绎了太多征战故事，战争对建筑物的破坏力很大，所以元、明民居在太原地区罕见，只有晋东南和晋南还有一些该时期的古民居留存。明代的军事遗迹在太原府境内比比皆是，军事活动必定不少，需要在太原府的统一指挥下才能发挥效率，这可能是明太原府远大于清太原府的原因。清朝建立后，妥善地处理了蒙古、满、汉之间的关系，边患消除，故有所谓"承平日久"的情况出现，古太原人民得以安享和平，这是务农经商取得成功的前提，而财富积累又是古民居的大量留存的基础。清政府能够执政二百余年，与民族问题得到妥善处理有莫大的关系。北患既已解决，太原府的管辖范围终于可以重新规划，太原府的版图与太原郡建立时相同的情况直到雍正年间才得以发生改变。雍正二年（1724）后太原府的范围大大地缩小，这样的太原府时期也就是如今仍存的古民居建成的时期，同时也是距离现在最近的古太原阶段，是古太原府的最后时光，也是在地域范围上与古民居类型划分相当匹配的一个时期。这是维持了相当长的和平

① 凤凰出版社. 中国地方志集成·山西府县志辑：第一卷［M］. 南京：凤凰出版社，2005：34-36.

状态的一个时期，太原府人民的文化艺术创造力在这一时期得到了充分的发挥，并在民居的建造和装饰上得到集中体现。本书的"古太原"即是此一时期之古太原。

（二）地理

在地理研究方面，现代先进的测绘手段所能达到的精确度是古人无法企及的。所以古人在描绘一个地方的地理环境时，以今天的眼光来看，科学性不太充分，但也正是这种局限性，练就了古人充满了人文气息的有极高概括力的地理描述能力，其言简意赅非今人所能及。《太原府志》卷八——形势原文：

……山西大势，西据大河，东列太行，北收代、马之用，南望巩、洛之胜，表里山河。故唐、虞、夏都焉。太原偏据西北，恃大同为藩篱，雁门、偏头、宁武三关为阨塞，真所谓雄国也！今采旧志与昔贤所称，择其言尤雅者著于篇，志形势：

府境：

云中、上谷为之屏，河东、上党为之蔽，临谷为堑，因山为障，带二水之双流，据百岭之重阻。（旧志）

披山带河，天下要地。（《杜徽传》）

襟四塞之要冲，控五原之都邑。（李白《序》）

左有太行，右有大河，南有霍镇之固，北有云中之塞，昔人谓之雄藩剧镇。（笔者注：此段原文未标明出处）

阳曲县：

汾流右绕而拖带，晋山西倚以张屏。（陈棐《拱辰楼赋》）

居天下之脊，当河朔之冲。（唐《文粹》）

太原县：

山环水绕，原隰宽平，自古都会之地。（旧志）

地处参虚，城临晋水，作固同于西蜀，设险类于东秦。实山河之要冲，信蕃服之襟带。（于志宁《皇甫碑》）

榆次县：

罕山北峙，涂水南潆，左枕太行之麓，右跨汾水之滨。（旧府志）

远以寿阳、太谷、和顺为屏蔽，近与太原、阳曲相襟带，连山拱峙乎东北，二水流润以交萦。（县志）

太谷县：

凤山笋其前，象水环其后，左枕太行，右跨汾水，有八赋之重冈，连盘陀之天堑。（旧府志）

崇冈複阜从太行来，而结尾于凤山。水则夏秋之交，洪涛发于东南，而西入于汾水。（县志）

祁县：

群山遥障东南，清汾旋遶西北。（省志）

麓台峙于前，昌源萦于后，左翼凤山，右跨汾浒，而通光、五马诸河经络其间。（旧府志）

徐沟县：

北跨洞涡，南连巘峪，东倚太行，西临汾水。（旧府志）

挹清汾而枕白石，地势平夷，土性泻卤。（《清源县志》）

交城县：

少阳之山，酸水出焉（《山海经》：县西北七十里有山，即少阳山也，山下有水，味微酸）

万根谷，石磴萦委，若羊肠然。（《郡国志》）

东近却波之村，南向汾河之阳，西有文水，北背卦山。（县志）

文水县：

左带汾、文，右襟龙、虎。（旧府志）

西北倚山，乃交、永二境群峰之委，东有汾、沙、文峪三河，然直而不遶。（县志）

岢岚州：

四面皆山，屹然高笋，西则河水浩然，形势雄固。（旧府志）

漪水环其东南，砂河带于西北，太原屏障，山后都会，複山叠岭，形险势笋。扼西路之吭，拊晋阳之背。墩台碁错，城堡星罗。（《岢岚州志》）

岚县：

桃崅镇其南，双松障其北。东带高平之坡，西据白龙之险，山岗陡峻，道路崎岖。（旧府志）

在岩僻之区，土性硗瘠（县志）

兴县：

左襟大万，右带黄河，合查紫金，拱其南岚。漪、潇水经其北，

（旧府志）南接离石洪岭，北连大山保德，东阻秀容岚谷之险，西缘大河，与麟府、葭芦相望，实要区也。（县志）①

上述这些方志的编写者未掌握科学的测绘方法，他们所制作的方志插图误差极大，这使他们所掌握的翔实数据无法用图像方式来呈现，甚至直到民国，有些官员所主持编写的方志仍然在体例、图表制作和考察方法上充满古意，方志似乎并没有受到多少科学思想的影响而产生进步。

太原府各县城在地形上有以下区别：

县城在平原（盆地），域内有山地：榆次、太谷、阳曲、交城、文水、太原。这些县有山有水，地形多样。古人描述这些地方时，不乏溢美之词，但基于明清时期社会治安和政治斗争的现实，古人们非常重视险要地形对于一个地方的重要性，所以方志中有不少关于地形的描写，常有攻防利害的内容。

纯平原县：徐沟，"地势平夷，土性泻卤"，因低洼，土壤碱性大，自然条件差，所以也没有什么太多好的辞令。徐沟在中华人民共和国成立撤县后，它的发展遂大大落后于成为县城驻地的清源（清徐县）。

纯山区县：兴、岚、岢岚，山区的地形崎岖不平，缺少适合生产生活土地，交通不便，所以县与县之间相隔遥远。人烟稀少，其地域文化与平原地区的差异性大。

汾河也是古太原府地理形势的一个天然的分隔线，河流的阻隔对古代人民的生活产生了极大的不便，也造成了河的两岸文化差异。河，可为县界，可为省界，亦可为国界，我们的母亲河在国家层面是内河，但在不同地域之间却是界河。汾河之于山西即是黄河之于中国，河流除灌溉之外，其交通功能也非常重要，尤其是在古代，所以河对于一地之重要性不言而喻。古太原府辖区内，为了合理地分配水利资源，很少有两县以汾河为界的情况，各县辖地横跨河流，县与县之间大多是上下游关系，这造成河流两岸的地域文化范围在整体上以河为界，在局部上则跨过了河流。

从河山的形势来看，古太原府就像是整个山西的缩微模型，左太行、右吕梁，最西为黄河，中间为汾河。对于古人来说，熟悉一个地方的河流与山川的目的主要是做好安全保卫和粮食生产工作，其余都是小事，如今尚有余热的晋

①　凤凰出版社. 中国地方志集成·山西府县志辑：第一卷［M］. 南京：凤凰出版社，2005：58-59.

商文化在古代的文献中并没有过多记载就是证明。对于纂修于乾隆年间的《太原府志》来说，一方面可能是晋商在那个时候还未达到顶峰，另一方面可能是编纂者对商业不重视，府志中找不到多少关于商业发展的记录，同时，本书所讨论的古民居当时大部分尚未建成，所以也找不到有关民居建设的记载。

太原府有山区有平原（盆地），山区地域甚为广大，太原盆地是古太原人民生产生活的主要区域，财富积累与文化发展的重要成就也主要体现在盆地之内的州县乡村，如果山区之内文化特征与平原有异，大致是因消息闭塞和地形崎岖，不得不自出机杼或因地制宜，所以或许在山区某处藏有古建遗珍，可使人耳目一新。在一马平川的太原盆地腹地兴建民居，城内有城墙庇护，城外村庄则有堡寨之类的防卫设施。盗匪是清代至民国常见的犯罪力量，不得不防，又有波及山西的全国性的农民起义，堡寨、城墙是那一时期必要的防御措施，而民国时期的各种军事武器的威力，堡寨、城墙已经无法抵挡，逐渐退出历史舞台。古太原众多的堡寨在今天徒留名称和遗迹，纪念着曾经的攻防故事。平原上的堡寨和古民居使平川有了风景，而进入丘陵山地，民居则高低藏露，错落有致，与自然山水相得益彰。

地理条件不仅影响古民居的建筑地形，还会影响建筑材料的选择。综观山西古民居，靠近山区者总是能够较多地利用木料，木料多寡关乎墀头的有无，看一看平遥、灵石和太谷的古民居就知道这一点了。

（三）人文

古太原的人民以农民为主，他们恪守着"耕读传家"的古训，虽然有不少农民转行成为小手工业者和商人，但他们的宅门上却总是写着"耕读第"的字样。毋庸置疑，在太原府广大农村中，凡是能够营建宽敞坚固、雕梁画栋的民居的人家，大多与"晋商"成功的商业活动有直接的关系。当然也有例外，如太谷上安村的牛氏家庭是因为早在明朝时就以入仕为业，世代做官，把自己的宅院弄得花团锦簇（今日只能以不堪回首来形容了）。但商人和官宦们以农业为本的意识并没有改变，辉煌过后，除远走他乡者之外，他们的后代子孙仍然归于土地，躬耕田亩。

在《太原府志》卷十七风俗中收集了有关方志中的各种论述：

> 山川雄邃，风气绵厚，城郭坚完，生计甚鲜。（祝志阳曲）
> 省会男子，不务蓄积，数金之家，尽炫耀于服饰之间，叩其家，无

有也。妇人白髻而妖服，不蚕不织，而习于呰窳。（周永春《复古序》）

士风淳笃，民性鸷悍。（祝志太原）

风土深淳，民物茂雅。（吕思诚《源涡书院记》）

力田亩，务纺织，其性刚。（祝志榆次）

邑之生齿繁，隶籍者五万二千户，侨居而未业者不可胜数，河东之邑，斯为最大，喷言控诉，庭无虚日。敏政而涖之犹惮弗及。（宋文彦博《思凤亭记》）

尚气，好讼，斗丽，夸多。（祝志太谷）

士急进趋，好经术，尚节义。（穆志太谷）

农力于野，商贾勤贸易，无问城市乡村，无不纺织之家，可谓地无遗利，人无遗力矣。迩来竞尚奢靡，已非良士蹴蹴，好人提提之旧，而婚娶重财，又有甚焉。（《太谷县志》）

俗尚勤俭，男耕女织，殆无遗力。（穆志祁县）

其民淳朴，用度节俭，闾阎勤纺织，士类尚节义。第地多沙确，差役繁重，贫民皆习逐末，凤号冲疲，不虚也。（《徐沟县志》）

强悍好斗，勤俭少文。（祝志清源乡）

成化、宏治间，轻生好讼，近年民知务本，士知勤学。（清源）

俗尚俭啬，人性朴实，农末相资。（穆志交城）

土膏秀气而丰于财，性悍情乖而喜于讼。（祝志文水）

劲而轻生，俭而趋利，浇朴相半，勤则其性也。（《文水县志》）

敦朴无华，务稼穑，尚骑射。（祝志岢岚）

魏民旧俗：以正月十五夜为打簇戏，能中者即时赏帛。（《尔朱荣传》岚县）（笔者注：此条所言人事太过久远，参考价值有限）

其性悍，其习陋，山多，地少，民贫。（祝志岚县）

士闭户自守，农夫力稼，崇岭峻阪，无不耕植。工无奇技淫巧，地僻不通舟车，乏富商大贾，是以事节俭，务盖藏。（《兴县志》）[1]

编写完成于《太原府志》出版次年，即 1784 年的《大清一统志》中援引旧志形容太原人的内容说太原人"智愚不相欺，贫富不相耀，民不诪张，士不挟

---

[1] 凤凰出版社. 中国地方志集成·山西府县志辑：第一卷［M］. 南京：凤凰出版社，2005：142.

党，卿大夫不凌贱，市公"①，这段话相当准确，这些素质非常符合经商的要求，是晋商兴起的德行和风气的体现，并最终涵育出晋商引以为傲的诚信精神。

看来古代的修志人员有对古太原的人民习性进行全面了解的愿望，笔者所收集的方志描写的各地人们的性格特点有太原、榆次、清源、岚县的"悍"或"刚"，太原、太谷、清源、文水的"好讼"，清源"少文"，太原、太谷的"奢靡"，等等，这些都是社会所不提倡的习气，同时修志人员也发现了古太原人在商业活动上的优势，太谷"商贾勤贸易"，徐沟"贫民皆习逐末"，文水"俭而趋利"等，都反映出从商是太原人民所喜爱从事的行业。从太谷的"斗丽"和"夸多"，可以推测古太原府各县中太谷最富，以至于后来号称"金太谷"，这里是经商致富的典范之地，如果哪个地方经济发展好了，就说这个地方像太谷（如榆次龙白被称为"小太谷"），所以太谷有奢靡的资本，而且这种习俗现在仍然可以通过太谷县内的大量遗存的民居证明。除奢靡风气外，又有祁县"尚勤俭"、交城"俗尚俭啬"、兴县"事节俭"等，这些反映了长期的经济状况所培养出来的生活习惯。

府志中对于岚县的"地（经开垦的可耕之地）少，民贫"，兴县的"崇岭峻阪，无不耕植，乏富商大贾"的描述，显示了山区受制于自然环境所呈现出来的另一种样貌，也证明了在乾隆时富商大贾在太原府治下条件好的各个县内已有不少了，否则不会有此类描述。

不过笔者总觉得，清代编写方志的官员们往往是从他们自己的角度记录方志，对社会环境和人文风俗的描写类似于他们的在政务活动中所产生的感想。各地方志中对太原人的性情描述，总免不了是从官员的角度所出发的，"悍""刚""好讼""少文""奢靡"肯定给官员们带来了不少的麻烦，所以他们表现得有些厌烦。尤其是"好讼"一条，在今日可以看成法制意识强，善于拿起法律武器来维护自身权益的行为，在当时一定给集行政、司法等权力于一身的地方父母官增加了不少的工作量，嫌人好讼，其实是官员的"懒政"和"不作为"。从州府县志来了解 方人文，有很大局限性，如上所引的众多府志内容，实际上无不是从封建官僚的视野来看百姓，如所谓"悍""好讼"等内容，显示出官员对人民多少有些不耐烦，所以他们笔下所写，并不一定是真实的人民性情。今天的我们，置身于前人曾穿梭、坐卧的古民居之中，睹物思人，可能会对故纸堆所反映出来的古人形象进行一些修正或补充，在此情境中追想他们

① 和珅等. 大清一统志：第九十六卷［M］. 钦定四库全书本. 1784（乾隆四十九年）：8.

的性情、见识和举止，于笔者来说充满了好奇、敬佩和怅惘。古太原人文成果的创造者是古太原人民，本书中尤其指那些创造了至今尚存的古民居的人民，这些"人民"是一个小于包含所有当时人口在内的没有前提设定的全体"古太原人民"。方志中所指的太原人、太原古民居的建造者和全体古太原人民的范围是不同的，如果不指明以现存民居创造者的"古太原人民"这一集体为认识目标，则会把全部"古太原人民"中与古民居无关的人们牵扯进来，也会把非古民居建造时代的太原人囊括进来，古太原人民将会是一个不准确的认识客体。

因为行政区划更改，古太原并非今太原，所以在古太原区域内但现在不隶属于太原的地域中生活的人们，已经没有太强烈的太原认同感。同时许多省内外的外地人迁移至此，人口流动进一步将地域认同感模糊了。

在今天的实地调查过程中（所谓"田野工作"），所遇的仍然居住在古民居中的人一般是中老年土著居民，他们是与古太原民居关系最密切的现代人，他们思想过时，但老成善良，老屋是他们与现代化的生活保持距离的阵地。古太原的老屋所经历的岁月虽然至多二三百年，却也比任何最老的老人老得多了，所以老人们能够提供的关于古民居的信息非常有限。在提倡文化自信的今日，在较强的保存意识与得当措施保障下，古民居建筑有了超过以往民居存世时长的可能性，但这还要看人们的保存意识渐强和古民居的渐颓过程的具体情况，所以古民居的保存前景也并不能盲目乐观，就如那些居住在老屋中的人们一样，他们一旦离去，老屋将"失魂落魄"，从而更快地走向消亡，尤其是绝大多数老屋根本进入不了法律法规的庇荫之下，它们的未来并不美好，或许难免消失的命运。

（四）教育

而说到教育，古太原当然处于整个中国历代所推行的儒家教育系统之下：

> 《太原府志》卷十一　学校
>
> 司徒敷教，肇自虞庠。太原于古为冀州，畿辅首善之区，敦诗说礼，历代以来，甲于他郡。况我国家久道化成，今天子训饬士子，至再至三，所为劳来匡直，陶冶而成之者，固已兼四代之制，而逾必世之期矣。嗣今广厉学宫，将使风俗人心蒸蒸丕变，宁第以校词章优劣云尔哉！①

---

① 凤凰出版社. 中国地方志集成·山西府县志辑：第一卷［M］. 南京：凤凰出版社，2005：112.

在这个章节中，府志编纂者将太原府夸赞为"敦诗说礼"的首善之区，这与太原府治下很多地域的人民的"悍"，形成了鲜明的对比。各县之内，以儒学为主，设有多座书院，榆次县的数量比较可观。实际上，清代太原府的人们更愿意把自己的智慧和精力投入贸易中，因为贸易的门槛比儒学低且可获厚利。山西省早在明代就有"海内最富"的称誉，经商致富是风气，对整个中国的经济有很大的贡献，强大的财力，也使他们无意中在丰富中国的民居文化方面做出了巨大的贡献。

我们在乾隆时期的《太原府志》中无法找到与太原古民居有直接关联的文字，更不能找到与堞头有关的只言片语，但堞头毕竟是这一方水土上的人们所建造成的，其中的联系只能由我们今天的人来想象了。

四、《山西通志》

从乾隆时期的《太原府志》到光绪年间的《山西通志》共经历了109年。光绪年间的旱灾之后，又经过了一段平顺的时期，虽无新的府志问世，但各县县志却在光绪年普遍修缮过，这一批方志的编纂是封建年代山西省由官方主持的最后的文化盛事，是古代体例方志的绝版。这系列方志的编修，为编纂《山西通志》做好了准备。对照新旧方志，可以发现这一百余年间，古太原府的行政区划和行政单位设置没有发生改变，总体社会制度没有改变，生产生活方式、思维方式也没有什么质变，这一百余年间人们所经历过最大的不幸就是光绪三年（1877）的旱灾。

《山西通志》是兼顾全省的省级志书，其体例与府志大有不同，对山西各地分摊的篇幅比较平均，没有过于偏重太原府，由于《山西通志》主要是通过综合各地汇报上来的县志编纂而成的，很多资料未必都经过求证，在"艺术"部分所记的人物，不可信的内容就比比皆是。通过阅读这一版《山西通志》来了解山西人在 百多年间有变化不太现实。

光绪版《山西通志》中关于人物的记载有两大部分：一是职官，一是贡举，分别列举从汉至清山西行政官员名单和获得重要的功名的人士的名单，光绪时期晋商已经经过了最辉煌的时期，山西城乡大规模建设民居的时期也已经过去，但商人和其所营造的民居在通志中竟仍无立锥之地。

与光绪版《山西通志》相比较，同时期的各县县志就接地气得多。凤凰出版社的《山西府县志辑》中收录了光绪年间的太原、徐沟、清源（乡）、榆次、祁县、文水、交城等志，到民国，《太谷县志》也出版了。

封建时代，商人再有钱，地位也有限，要想获取社会地位必须用财富换取一定的功名，因为举人家门前可以竖立旗杆，这样的待遇不是有钱就能拥有的，于是商人家族中从捐官到改商为文的比比皆是。古太原民居能够建成，虽与当时商业的成功关系密切，但商人们建设的民居所呈现的文化思想意识并非纯商业性的，虽然古太原在明清时有繁荣的经济活动，并在清中晚期达到了鼎盛，但缺乏与商品经济相匹配的文化体系，最终商业文化还是被掩盖在倡导"耕读传家"的儒家文化之下。所以民居的格局和建筑装饰仍然接受儒家思想意识形态的指导，最终反映出来的是儒家文化所倡导的社会秩序与价值体系。关于商人在中国古代社会中的地位，许多文献有重要的论述，在此不必多言，所以许多晋商想要由商改文改仕，实在不可得时，通过捐官沾上一点儿官气也是好的，花一点儿银子对商人来说不足惜，在制度允许的情况下，这种行为不同于一般而言的卖官鬻爵的政治腐败，是政府对做出经济贡献的人的肯定，其所滋生的其他问题反映的是制度本身的弊端。

通过以上资料，我们仍然难以勾画出太原人的历史面貌，何况想通过历史故纸堆中的蛛丝马迹来准确把握一方古代人物的准确面目也不切实际。以上这些，主要是想找寻古太原人的历史性格与审美喜好之间的逻辑联系，笔者想最有价值的就是经商积累的财富催生出来的奢靡之风和封建文教熏陶出来的传统文化习惯。在经济上给社会带来积极变化的大概就是晋商，这种变化不是通过方志，而是通过一座座古民居展现出来的。从《山西通志》编成再过109年，就是2001年，这另一个109年的变化，可以说是翻天覆地，与世界的大部分其他角落一样，古太原地域之内完全是另一个世界了。

第三节　太原与晋中

太原与晋中之辨是古太原府南部诸县划出以后产生的新问题。民国后，撤太原府，置冀宁道，百度百科"冀宁道"词条关于民国冀宁道的部分解释道：民国三年五月置，治阳曲。辖四十四县：阳曲（太原市区）、太原、榆次、太谷、祁县、交城、文水、徐沟、清源、岢岚、岚县、兴县、汾阳、孝义、介休、平遥、临县、中阳、石楼、离石、方山、平定、寿阳、盂县、昔阳、长治、长子、屯留、襄垣、潞城、平顺、壶关、黎城、晋城、高平、阳城、沁水、陵川、辽县、榆社、和顺、沁县、沁源、武乡。民国十九年三月废道）。中华人民共和国成立后行政区划再次调整，产生了一个新的地域——晋中地区，整个变化过程是：阳泉专区→榆次专区→晋中专区→晋中地区→晋中市。这个出自古太原，又合并了辽州，分割了部分汾州府、平定州的晋中，其境内的传统文化有一大部分是古太原文化的重要组成部分。新的行政区划使人们建立了新的地域认同观念，影响着地域文化的新格局。晋中，实际上是一个晚出的地域名词，在其产生之初，一望而知是想要表达"山西中部"之义，与之类似的山西省的区域划分，在各地级市成立之前是如此这般：一是晋北，雁北和忻州二地，位于太原以北。二是太原是真正的山西中部，由于"太原""晋阳""并州"等气势如虹的古今地名本身已经足够其使用，"晋中"这个名称便被慷慨地让给了划拨出去的榆次等县。三是晋中区域事实上较为复杂，一度抵达到黄河岸边，后来吕梁山上的地区终自成一区域，为所谓的吕梁地区。晋中之东界，至今可达太行山巅而与河北相接。四是吕梁，它是古汾阳府的化身，还接管了原太原府兴县、岚县、交城和文水。五是阳泉，是古平定州的化身，但把原属于平定州的寿阳、昔阳等交给了晋中。六是晋东南，古称上党，后又称潞州、潞安等，但晋城的崛起使这一区域分作长治与晋城二市了。七是晋南，太岳山把晋东南与晋南阻隔开来，晋南只包含今日的临汾与运城二市范围，由于灵石一度曾被霍州所管辖，历史上的晋南范围可能曾直抵介休南界。

晋中这一称谓在 2000 年后直接变成一个城市的名称，作为城市名称的晋中没有办法再单纯作为一个地域的名称了，这样做实际上把真正的山西中部——太原排除在外。但晋中市下辖的许多地域与太原在历史上有着剪不断的联系，现在又由于多年的行政区划现实，行政区划的变革使民众在心理上将晋中与太原分成了泾渭分明的两个区域，这种本来无关紧要的地域认同，培育出一种莫名其妙的地域心理，对地域文化的发展改变产生了不小的作用。虽然一省之内的地方行政区划是地方行政事务，对于整个国家和民族的政治与文化不会有什么太大的影响，但对当地人民心理和地域文化面貌却会有不小的影响。

既然是研究古时之事物，必然应该尽力还原历史之真实，以古时的地理政治为背景进行研究。今日的政区与古时的政区不同，如果按现在的行政区划研究古代某时期的文化，会割裂或强行重组有着共同或不同地域属性特征的事物。所以根据历史事实，本书后面的内容中提到晋中与太原二词时，将可能指向同一范围。在廓清古太原范围之后，太原一词将常常取代今日人们所常提的"晋中"来做地域限定。

古太原府、太原市、晋中地区、晋中市，这四个称谓所指的地理范围不同，由于历史原因，有并列、交叉、隶属、包含等关系。太原和晋中为两地，是中华人民共和国成立之后的概念，是并列且紧密相邻的关系，作为行政区划，两者有清晰的界限。现在又有一个所谓大晋中的概念，与曾经的"榆次专区"的最大行政范围比较吻合，吕梁市的许多县市也在此范围内，所以某些研究领域以此历史时期的行政区划为依据，提出大晋中地域概念，进行所谓大晋中区域的研究，但大晋中包含着古汾州府、古平定州、古辽州和古太原府等多个区域在内，总体上有共同的地域特征，但往深处分析却会遇到地域属性不一致的问题。因此，在明清文化研究上，以古太原来界定以太原城为中心的古太原府地区更为尊重历史，还原历史行政区划，笔者想在有关历史的其他地域和领域的研究也应如此。

应当在历史的地域单位基础上进行历史事物的认识与研究，是笔者在做墀头形制研究时意识到的。古太原府的历史行政区划范围，可通过查询历史地图获知，与现在的行政区划地图对照，可以知道古太原府与今日晋中、吕梁的重叠与交错情况大致如下：最后时期的古太原府行政区划范围内的岢岚县今属忻州市，兴县、岚县、交城、文水今日属于吕梁市，榆次、太谷、祁县今属晋中市。1972年4月，太原将曾为静乐县一镇、后建县归于吕梁的娄烦纳入管辖。所以今日太原，为史上管地最局促时期，仅清徐（由徐沟县演化而来）、阳曲、娄烦三县加上太原市各区（太原县已经变成晋源区）而已。

今日太原与晋中谁大？论地域面积，当然是晋中，若仅论核心城市，晋中虽积极成长，但仍无法与太原相比较。那么用谁来概括山西中部的地域文化？当然应以在历史上占主流的"太原"为准。

第三章

墀头概论

第一节　墀头在哪里

　　笔者在晋中市的活动范围，大部分都在古太原府范围之内，无须再做强调。晋中的乡村，现在所建住房主要是砖混结构的平房。晋中现在的建房民俗，受国家的宅基地政策的影响，新院落的比例皆为东西长于南北，面积普遍为"三分地"，按照公制与市制土地面积的比率进行换算，相当于 200 平方米左右，正房在北面，在正房之前，需要先修一个包括房前平地并包含厨房基础的高台，然后再于高台上起造开间五间的正房。平房屋顶为灰背顶，后期经过改进，采用水泥现浇。这种民房可以丝毫不经装饰，只做粉刷即可入住，近年来开始有了建筑装饰和加盖钢瓦斜坡顶，建筑装饰完全由瓷砖接管。在充斥着这种房屋的现代乡村，中间偶然夹杂着侥幸遗存的清代民居，古民居与现代民居在格局、风格、做法上完全没有任何传承关系。这种情形，如果没有社会的巨大改变应该是不会发生的。

　　清代民居房屋的主要形式是硬山屋顶的砖屋。山西古民居中硬山屋的独特形状曾引起梁思成和林徽因的注意，这主要是因为他们看惯了北京的官式硬山建筑，对于硬山的形状有固定的概念，突然见到与官式形制不相同的山西房屋，自然会感到耳目一新。而我们恰恰相反，我们是见惯了山西的硬山房屋，再去北京看官式硬山房屋，也会感觉北京的旧房屋是另类。但无论如何，不同类型的硬山古屋之间的差别也不会比晋中乡村中新旧民居之间的差别大，因为新旧民居的差别是不同建筑系统之间的差别。晋中旧民居的做法大致是：建房之前，用将要隐藏于墙内的粗糙木柱支撑起梁枋，露在外面的部分需要精加工，然后用胡基垒砌墙体，用砖包胡基墙及立柱（由于是民房，一般只有前后檐柱和山柱）。屋面规格相当高，板瓦在下向上仰，筒瓦在上向下合，板瓦前面均有滴水，筒瓦前面均有勾头（民间称其为猫头）。屋脊两端有脊兽。仔细观察这种房屋上的雕饰，发现晋中各地房屋的屋脊、勾头、滴水、梁枋、门窗等虽非常精彩，但雷同的情况也比较普遍，只发现墀头处的区别较大，尤其是平遥与古太原地区的墀头差别很大，这使笔者产生了进一步研究墀头形制的地域性的念头。

第二节　墀头的概念

一、墀头

墀头，就是指山墙头，墀头的英文名称是 Gable's head，而"墀"字的原义是"涂地"，更像是一个动词而不是名词，后来演变成了用颜色涂过的地面的名称，这块地面位于阶上门前，其两边对应的墙壁就是"墀头"，而墀头的外面经常与山墙连为一体，所以墀头也就成了山墙之头。

墀字并不是一个常用的字，其读音并不是所有人能够拿得准的，但奇怪的是，墀头这种事物在古民居中又是如此地常见，那么民间是如何称呼这个部件的，就值得做一探究。

在《古建筑瓦石工程技术》一书中，关于"墀头"的介绍如下：

> 墀头俗称"腿子"，它是山墙两端檐柱以外的部分。后檐墙为封后檐墙做法的，后檐没有墀头。庑殿、歇山、悬山墀没有盘头（梢子）。硬山墙的墀头可分成三个部分：下碱、上身和盘头。①

在该书中，又介绍南方房屋与北方墀头相对应的"垛头"如下：

> 硬山式山墙墙体位于廊柱以外的部分，在《营造法源》中称为垛头，民间习惯称为"马头墙"。……垛头可以分为三个部分，其上部为挑出以承檐口的装饰部分，江南地区俗称马头；中部为墙身，下部为

---

① 王峰. 古建筑瓦石工程技术［M］. 北京：化学工业出版社，2013：70.

勒脚。①

在实际考察的过程中，山西人民也以"马头"作为墀头的俗称，反而无人知道"墀头"为何物。从上面所引文章来看，"马头"此一称谓超越了地域，有南北通用性，也进一步证明了墀头与垛头之间跨地域的相通性。《营造法原》中的"马头"亦指垛头上部，包括起线、兜肚和承檐口（表3-1）。

表 3-1　墀头名称表

名称	北方地区	古太原地区（俗称）	江南地区
墀头	√		
垛头			√
马头		√	√

笔者认为，将墀头或垛头称为马头，容易与徽派建筑的马头墙混淆，且本书的研究范围处于北方，所以采用这一结构的官式称谓"墀头"较为妥当。

另外，垛头、马头之称谓似乎与墀头所指的范围不同，马头和垛头特指墀头中荷叶墩或起线以上的部分，在墀头中这一部分可称为"盘头"，而墀头指的是檐柱之外的所有墙体，范围比马头或垛头大，总之二者并不等同。

二、墀头砖雕

从位置上来看，墀头上镶嵌上砖雕的装饰效果非常好，但不是所有类型的墀头都会如此做，在墀头处理上的不同选择，使各地外观相似的硬山房屋有了地域性表现。

砖雕是很通俗易懂的名词，无须解释即可明白其所指为何物，不过，古建砖雕又被称为"花活儿"，这应该是工匠们把砖雕跟一般的瓦工做区别时所产生的称谓，"花活儿"能让人产生一种施工的现场感，因此砖雕适合于对这种工艺进行"纸上谈兵"时采用，而"花活儿"则适合实践家们在现场采用。在古建筑施工中还有许多像"花活儿"一样的名词称谓，原本可能是行业之内的黑话，比如"黑活""猫头"等，虽不够书面化，但符合劳动人民劳动实践的本色。在封建年代，各行业之内的黑话是为保守行业技术秘密而产生的，大俗之中自

---

① 王峰. 古建筑瓦石工程技术［M］. 北京：化学工业出版社，2013：85.

有一种晦涩。以上这些是对墀头名称的研究，由于太原墀头这样地方性古建筑部件的名称失传，为便于研究，就必须在墀头各部件的名称上下点功夫。

第三节　古太原墀头

一、太原墀头的主人

太原府治之南的平原上有六个县城（图3-1），即榆次、太谷、祁县、徐沟、交城、文水。这六县，除徐沟后来变为清徐的一个镇仍属于今日太原之外，其余五县全部划出太原。实际上，这五县是古代太原最重要的区域，观望历史的太原，这五个县才是重点。这些县城有着得天独厚的区位优势，大部分位于平原，又各据山谷要道，因此交通繁忙，这一带人烟辐辏，驿站密布，警铺相连，官道纵横，此类的古代交通遗迹于今仍然清晰可辨，新兴的现代化交通线也仍然建设在古道附近。交通上的优势地位给晋商的经营活动提供了便利。传说著名的"三岔口"故事就发生在榆次什贴的桥头村和北要店村之北，但也可能是此地处于交通线汇集处，得名"三岔口"之后人们附会出来的，不管怎样，经过此处的交通线分别通往不同的地方，是中国北方重要的交通结点，晋商能够成功与此地的交通条件有关。

古太原地区的大量晋商，是古太原民居最主要的主人。在古太原的村庄和城镇中，商人们的辉煌事迹因他们的民居遗留而继续在民间流传，百姓们称他们为"做买卖的"。然而在某些村庄，古民居的建造者却不是因商致富，而是因仕而富，使家族得以显赫的晋官也留下痕迹，从中可以窥见山西人在仕途中可能熟谙既出色地行使了自己的官僚使命，又积累了相当雄厚财富，虽然，山西人中不乏像傅山那样以气节为重的人物，也不乏像于成龙那样以廉洁著称的封建官员，但是大部分在通过求取功名，得以在仕途中有所作为的山西人，可能是把做官作为一种家族传统的谋生手段来看待的。官僚文化在民居中最典型的例子是太谷县范村镇的上安村，该村的牛氏家族在明朝时就开始努力通过入仕来实现人生追求，这种家族风尚一直延续到清代。牛氏家族累世的功名成就至今为人们所津津乐道。但是他们只是善于发挥自己的管理能力，并且遵从以官为业的人所应具备的职业道德要求，比如清廉、高效、勤奋等，至于层次更高

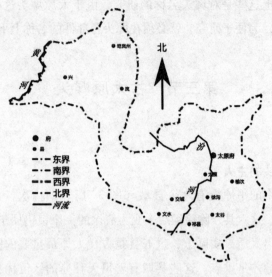

图 3-1　古太原府简图

的政治抱负和社会理想可能不是他们所关心的，他们只是想要通过为官获得更好的生活而已。

　　古太原民居的主人的意识形态就是在以追求美好生活为前提，在数千年的儒家思想的熏陶下，在对佛道等神秘力量的敬畏下，在渴望获得财富和地位的愿景下所形成的民间性质的意识形态，这样的意识形态指导着人们的所有活动，包含民居的建造。如果精美的古太原民居能够称得上是艺术，那民居建造的所有参与者中，能够完成雕饰和彩画的匠人最接近"艺术家"，他们的"艺术活动"并不是试图创新，顶多是把业主托付的和自己已经理解的生活思想、认识和价值观从抽象变得具体，这就是古太原民居的建筑装饰如何表达其寓意的内在逻辑。在这种逻辑下，古民居是一个时代的群众的集体作品，业主和工匠之间的合作性是很大的。古太原民居中的"艺术家"角色恐怕也难以由雕饰工匠这一类角色单独担任，他们也许只是决定雕饰内容和风格的真正创作者的工具。

二、太原堺头本身

　　在所有参与民居建造的人们的建造活动和他们的产品——建筑物建成后的形态都一定在遵从着一定的秩序感。秩序感是建筑物的天然属性，而且秩序感本身就是一种美感，但纯秩序有时太过抽象，人所创造的建筑装饰中的具象造型，是对建筑物总体的几何抽象造型进行的具象化调节。

古太原民居上的墀头即是如此，它们不同类型的不同造型所呈现出来的整体秩序，也是经由集体决策、集体创作而实现的，所以不能以艺术品来看待每一个单体墀头，一方面，它们数量很大，可能是批量生产的东西，雷同对它们来说不是什么忌讳，而真正的创作性艺术品每一件都有其独特的主题和形式，一般不可能通过批量生产而得到；另一方面，它们总归是经由匠人的劳动而完成的，匠人的工作不以表现个人认识和艺术创作冲动为中心任务，他们练就的高超技巧专为完成他人的想法。

古太原墀头是本书的主角，在对古太原地区的墀头进行了一定的观察后，可以对古太原墀头进行初步的定义：古太原墀头是分布在古太原府地区的古民居硬山砖屋（包括宅门）上，盘头形制一致，中间嵌有造型细高，由无雕饰隔板分为三段，中段为主体并有束腰的砖雕的墀头。

墀头上常常雕刻着各种图案，通过墀头图案可以分析出墀头砖雕不同的拟人性格，从而映射出其所在民居的建造者的性格。无雕饰的太原墀头具备古太原墀头的基本造型，使用"素方"来形容实际上已经很准确了。如果其原来就是这种样貌，排除掉彩画的可能性，无雕饰太原墀头以其符合古太原墀头基本形制的朴素造型，向人们展示了极为抽象的、几何的建筑装饰造型变化，展示了古人在建筑中运用抽象手段进行艺术装饰的能力，在不通过具象图案表达趋吉避凶的愿望的前提下，以纯造型的手段进行建筑装饰，体现了民居建造中疏离文学性、追求非具象的纯粹艺术构成的取向。无雕饰的墀头在性别感觉上比较阳刚，是男性化审美的表现。

将整个砖雕打造成一个台阁的形状的纯粹造型活动，塑造出标准的太原盛期标准墀头的大体形状，在此基础上施加的更为细小的各种浮雕部件，如栏杆和垂花等，已经是对现实中的物象的模拟，上下段上的浮雕图案，则是具有一定含义或无意义的纯装饰图案。古太原墀头的分段隔板，在太谷借钱庙巷有一例烦琐雕饰，与大多数太原墀头制式相比，这一例称得上是离经叛道。太原墀头的雕饰在中段之外基本上是纯装饰图案，中段因为面积大，所以有发挥的空间，浮雕或浅或深，浅者紧贴基本形，深者呼之欲出。墀头最主要的主题性浮雕部分，就位于这几乎相同的砖雕的中段"空间"之内，在这个小小的空间之中，竟然可以放置任何题材的浮雕，这注定是古太原人民的得意之作。

有雕饰的太原盛期标准墀头，仿佛才是太原墀头应该呈现的样子，无雕饰的墀头是其基础，所以应该将这一类墀头归类为太原盛期标准墀头，这在墀头造型进化的部分会有详细的讨论。相对于造型较平的平定州各种犀头，盛期时的古太原犀头更为凹凸有致，空灵剔透，更容易呈现出一定的性格特征。有雕饰的古太原盛期标准犀头除隔板之外，都布满了浮雕图案，它自然回归到文学性的表达方法，遵循"有图必有意，有意必吉祥"的原则。如果犀头的图案是花草题材，它自有一种安静唯美的品格，此类图案事实上是一种体现女性阴柔审美趣味的图案类型。文字题材的犀头砖雕图案在造型特点上给人一种机械无趣的感觉，在寓意表达上给人一种比较直白的感觉，虽然文字经过了变形，也不能减弱这种感受，而且在犀头上演化为图案的文字，因为缺胳膊少腿，字形很不规范，影响其辨识，令人烦恼，此类犀头像是不学无术、故弄玄虚却没有什么坏心眼的书呆子。山水题材的图案，因为难以在方寸之间营造"咫尺千里"的感觉，所以比较少见。人物图案比山水图案多见，但相对于植物和瑞兽题材来讲也并不多见，这种图案的性格属性当然是由图案中的人物性格所决定的，笔者所见的此类图案，其表现对象主要是各种仙人，有寿星老、汉钟离和吕洞宾，还有天官等，都是些男性神仙，在此可以进一步确定，犀头图案中的人物图案内绝对没有任何女性形象。瑞兽图案的犀头因体量小，有神秘感，缺少威严感，因为瑞兽体型太小，变得有几分可爱。

太原、平定等处的犀头砖雕为什么要在犀头处模拟台、阁等建筑的思路来设计砖雕造型与图案，也是值得思考的问题。在这一类的空间中，适合供奉，但山西人在犀头中段不是供奉神灵，而是供奉对理想生活的美好愿望的空间，犀头砖雕基本上有展示之意、支撑之功，展示是实，支撑为虚，犀头砖雕展示的是建筑的精巧和朴素而美好的愿望。

犀头浮雕图案有些比较平面，有些则较深，能够给人呼之欲出的感觉，中段浮雕呼之欲出的效果，多表现在动物和植物题材的图案之中。在动物题材方面，大多数不是狮子就是麒麟，这两种瑞兽的形象有很大的相似之处，有时区分只能看头上有无角，身上有无鳞片和是不是偶蹄足，如有鳞片并且是偶蹄足，则是麒麟，其余特征区别不大。这两种动物都有夸张的头部，大张其口，仿佛可以听到它们的嘶鸣之声。在祁县高城村可以看到这样的实例，麒麟的身体是直接浮雕在主体上，而头部是另行制作完成后通过一个短柱安装在浮雕上，与身体相连，因为本例头部已经缺失，用以连接头部的小方柱显露出来，能够清楚地看到这种连接方法。这种方法是不是一种通用的做法，需要通过观察更多的实例来判断，但这种方法使处理瑞兽动态变得容易，确实可以产生较好的浮雕效果，但不好的地方是容易造成瑞兽头部脱落丢失。这种浮雕安装方法还见于强调花朵的花卉图案之上。在植物题材方面，徐沟"司令部"大院厢房上的葡萄图案是将葡萄果实一粒粒粘上去的，效果可爱而突出，但这种做法同样也容易造成破损，葡萄丢失的地方露出了粘贴的圆坑，葡萄枝叶则是较浅的浮雕。

　　墀头砖雕表面雕饰的有无，必定与时间因素有关，也就是说在一定的时期内，并不流行在墀头上进行雕饰的做法。施加图案之后，即分主次，大致前面的雕饰为主，侧面的图案为次；在前面，又以处于中间、面积较大的部分为主图案，上下两端为次。墀头的主图案具有一定的主题表达能力，这个规律放在任何类型的墀头上都适用。

　　在榆次、太谷、祁县、徐沟、平遥等地，可能还有其他县份，由于正房低矮而容易出现防火防盗方面的漏洞，为弥补这一漏洞，人们在正房周围也建有高大厚重的外墙，这些墙有时与所有的院墙连为一体，使院落成为一个小型的堡垒。正房的外墙代替了山墙和后檐墙，此时的墀头往往成了装饰性的存在，既然是装饰性，没有必要保持其完整性，墀头及砖雕就像被纵剖了一半一样，这种墀头就成了正房半墀头，被如此处理的墀头类型大部分是太原盛期标准墀头，也有些是平墀。有些处理得自然巧妙，仿佛墀头的另一半仍在，只是深入高大的外墙之中去了，有些则能明显看到被砍去一半的痕迹（祁县城内有此实例）。

第四节　硬山砖造房屋与墀头的关系

一、硬山砖屋的毁坏

　　硬山砖屋的结构将中国传统古建筑"墙倒屋不塌"的梁架结构转化为"屋漏墙不塌"的承重墙结构的情况，山墙可能成为整座房屋最坚强的部分。硬山砖屋自然损坏顺序是：屋面—梁架—墙体。通过观察处于塌毁过程不同阶段中的硬山砖屋，我们大致可以描绘出它们如何一步步走向湮灭。

　　1. 屋面筒瓦在风和雨的作用下错位、破损，雨水冲开泥背，直接接触椽、梁，然后使梁架受潮腐朽。

　　2. 伴随着梁架变形，房屋上出现越来越大的漏洞。

3. 由于大木建筑物的梁架是一个整体，任何一个部件折断，均会对房屋产生全局的影响；硬山砖屋的梁架系统不如大式建筑严谨，一旦崩坏，屋顶塌陷，会使雨水进入墙体，墙体中的土坯受潮。墙倒，梁塌，房屋则将彻底消失。

4. 砖屋墙壁的户外侧砖块非常容易受到从地面溅起的雨水的侵蚀，这种溅起的雨水比直接从天空降下的雨水的侵蚀力量更大，雨水使下碱部位的砖块酥碱，动摇房屋的根基，是硬山砖屋一大害，所以有些砖屋的下碱有石料或其他防雨处理方法，今人有直接在旧屋下碱处涂抹水泥的，虽成功地防止了雨水的侵蚀，但使房屋外观不伦不类。

所以硬山房屋梁架与墙体是唇齿相依的关系，很少有墙体完全倒掉，但梁架仍在的那种"墙倒屋不塌"实例，屋塌墙仍在的情况倒是比较多见。榆次区相立村的传统民居中的厢房和村中的戏台，都是失去了屋顶，但墙体仍然矗立的实例（图3-2）。

5. 火对房屋的破坏也是从屋顶开始的，因为火向上升，即使着在下面，火舌也会舔向屋面，火灾及时扑灭，若不修补屋面，排除隐患，也免不了与水破坏相同的命运。所以房屋自古最怕祝融之灾，硬山砖屋亦是如此。

图3-2　榆次区相立村戏台现状图

二、硬山砖屋是墀头砖雕存在的基础

梁思成先生在《清式营造则例》中写道"悬山山墙前后无墀头"①，这的确

---

① 梁思成. 梁思成全集：第六卷 [M]. 北京：中国建筑工业出版社，2001：45.

是一般真实的情况，包括悬山在内的规格更高的屋顶，基本上都是依靠梁架支撑的，无须墀头这种结构。

硬山砖屋是"木结构"向"砌体结构"转化的产物，是木料逐渐枯竭在房屋建造上的表现。在此变化过程中，人们从来没有放弃通过雕、画等手段对建筑进行装饰，砖雕的兴起表明了砖在建筑物中的地位的提升，其可塑性使人们保有了对建筑物继续进行美学修饰的可能，与木构建筑的不同，砖造也促使人们转变了建筑装饰表达的着力点和风格要求。

在以木构建筑为主的时代，先民们对大屋顶的追求，反映出他们所处地域和时代降水量充沛。对于一些非民居的公共建筑，在集体财力的支持之下得以营造，十分不易，所以有追求相对较长的存在期和利用期的需要，古建筑留存的现实情况证实了这一点。中国古建筑的屋顶设计，充分考虑了如何抵御不利的气候因素对居住环境的影响，在保温、散热和防雷雨、防风等方面，经过不断探索，最终产生不可思议的效果，并具有独特的美丽形状。但不得不承认，诸如带有木构梁架的庑殿、歇山、悬山（日本古建筑屋顶的寄栋、入母屋、切妻与之相对应）等形式屋顶的房屋，其不菲的造价和张扬的造型使它们无法应用在普通民居之上，即便有财力，这个部分所占的比例也还是过大，所以中国古代建筑最为独特的民族传统屋顶建筑形式的继承也因为这样的原因而尴尬难为。

中国现在最古老的民居——高平姬氏民居，其屋顶即是悬山形式，可以为墙体遮风挡雨，保护着墙体与屋面之间的木质梁架，悬山房屋的防雨效果相当之好，悬山屋顶的必要性在于下面的房屋是土墙和梁架显露在外较多，需要屋顶为其提供保护。

硬山砖屋是人们造屋时减少或隐藏木构件，为防雨而使用青砖包砌墙体（即前文所提及的"一砖到顶"）的一种民居，屋顶宽度与房屋面阔相同，排山勾滴或披水与山墙处于同一线的房屋。这种形式的房屋结构简洁，防雨功能发挥得直接而有效，房屋的耐久性较好。

硬山砖屋对人们的经济能力的要求适中，但也还会有没有能力修建硬山砖屋的民众，如果在平原，财力匮乏的民众则修建土坯或夯土墙体房屋，在地形允许的黄土高原则修建窑洞。土墙房屋的屋顶仍需要做成悬山顶。土墙民居房屋上的悬山屋顶与墙体之间并无复杂木构，这类房屋等级很低，样式简陋，但土质墙体的民房不得不如此。土坯房、窑洞等，纵使有可称道的成本低廉、冬暖夏凉等好处，毕竟是权宜之计，随着经济发展，它们逐渐被人们抛弃。土坯房被硬山砖屋取代甚好理解，但在北方曾经流行窑洞民居的地区，人们在长期居住习惯的作用下，培养了对窑洞的一种特殊的情感，在营造新居时也会保留某些窑洞的特征，在平地造房，也要把房屋做成窑洞形式。从技术上来讲，这也是一种有技术含量的屋顶处理方式，要知道时至今日，屋顶的处理仍然是一项非常重要的建筑技术，防漏是其重点，而且住惯了窑洞的人们只相信窑洞式的居住空间才能冬暖夏凉。

通过观察古太原地区的古民居，硬山砖屋在比例上占有绝对优势，这种情况可以说明三个问题：（1）古太原降水量较大，古太原虽不是江南水乡，但如果防护不当，日久天长，雨水足以毁坏房屋结构。古太原地区古民居的屋顶上使用的是筒瓦屋面，勾头（民众称之为"猫头"）和滴水是较小的有装饰性的构件，也是及时排干雨水、保护木材的实用构件。（2）墙体通过用砖包砌土质墙体和减少木构件做了比较充分的防水工作。硬山砖屋在外观上已经很少看到木材的使用，厢房山墙和后檐墙则完全没有木材的痕迹。在前檐墙上，只有门窗、椽枋头部和类似于拱眼壁的部位为木构，其余为砖墙。在这样的外观下，房屋内部木构的梁架还是存在的，但已经削弱并包裹在房屋内部了，这些设计主要是防雨。但为了显示等级不同，山西的合院古民居正房上总是保留较多的木构，所以木构的减少是由较普遍的审美改变、原材料成本控制和经济的现实状况等多重原因所促成的。（3）硬山砖屋在不影响使用寿命的情况下大大减少了房屋的结构，节约了成本。但无论如何，房屋为了保护不得不存在的檐墙上的木构，必须出檐，支撑出檐，如果不依赖木构架，山墙则需延伸而超出檐柱，于是形成了墀头。这就是硬山砖屋是墀头砖雕存在的基础。

三、古太原硬山砖屋与墀头

古民居对简约的追求并没有背离美学原则，与当代民居远离了审美的做法有本质的不同。古民居中的硬山砖屋施工工艺精湛，屋顶曲线优美，筒瓦屋面、青砖墙壁与木质门窗在视觉上的对比所产生的美感很有中华民族传统审美的特点。事实上，减少了木构的硬山砖屋能够进行装饰的地方很有限，首先，在木结构件上才有用武之地的"雕梁画栋"没有太多发挥的空间，在减成本、减装饰的总体方向上，墀头砖雕却向繁复迈进，最终被凸现于整座房屋的看面，成为硬山砖屋上最重要的装饰部位。

　　古太原墀头砖雕的地域性特征表明它的发明和运用都是在古太原府地区进行的，它们是一种被镶嵌在山墙体上的有相对独立的砖雕小品，体量的大小基本取决于墀头上身的宽度，因此大小不一，变化幅度有限。能够装配墀头砖雕的硬山砖屋有五种：第一种是形体高大的正房，此类房屋在古太原平原地区大多为楼房，下层无墀头，墀头砖雕在二楼，位置高而远，形体最大。第二种是合院厢房，这是墀头砖雕装配的主要房屋类型，厢房相对低矮，墀头上的砖雕易于观察，厢房墀头砖雕的浮雕图案较为自由。第三种是倒座，第四种装配墀头砖雕的建筑是一种特殊的硬山砖屋，即硬山式宅门。宅门经常与倒座连在一起，宅门墀头上的图案，大部分为麒麟或狮子，也有文字、人物、博古和花卉图案的宅门墀头，相对于狮子和麒麟图案来说是"非标准"的一种做法，但亦应有其特定意图，不是随意为之。宅门因为处于院落内外的交会处，用途和等级之差异使其样式变化较大，有墀头砖雕的宅门只是众多宅门类型之中的一类。与拱券式宅门相比，此类宅门偏小，但也有可出入车马的大型宅门有墀头。总之没有统一的规律，大致是人员直接出入的宅门多有墀头，或小户人家，院落只有一座宅门时为墀头门。第五种有墀头的房屋是临街房屋，这种房屋有些是院落的倒座和大门，有些是相对于其后的院落有一定独立性的房屋，还有些根本没有其他房屋与之形成配套关系，此类房屋常被用作店铺。

　　古太原民居房屋，尤其是合院厢房上的墀头最能体现硬山砖屋与墀头的关系，厢房以偏房在合院中居于次要的地位，整体造型简单，墀头砖雕的设置使这一情况大为改观。正房、院落穿堂房屋等位于中轴线上的房屋，因为比较高大而使墀头距离人的视点较远，不如厢房上的墀头容易观察。厢房因墀头砖雕而有了神采，再配合多种图案的木质门窗，加之厢房均为对称建设，古太原民居厢房中间的空间狭长，厢房的檐墙面的观感清晰美观，所以厢房中间的狭长空间氛围是山西传统民居最典型的院落景观。

　　窑洞主要分布在古太原府丘陵山区地域，这些窑洞大多在檐墙上有排水墀头（盘头）。有墀头的窑洞不是真正的硬山砖屋，其砖甃檐墙反映了人们结合砖屋与窑洞两种房屋类型之共同优点，但因没有山墙所以也没有标准的墀头，只是人们把墀头的盘头结构借鉴性地运用到排水孔下，这些墀头没有雕饰，因为其排水功能并不允许它有复杂的砖雕，绝大多数是简墀，极少数为雕饰简墀，图案较浅，几何意味强，仅此而已。

第五节　山西传统民居墀头的类型与形制

一、山西传统民居墀头形制三要素

现在的山西能够留存较多的清代至民国时期的传统民居，不是山西人对古民居早就有保护的自觉，而是古民居建造数量多、质量好，能够经过岁月的侵袭而屹立不倒。古民居建造时间越晚，硬山砖屋就越多，墀头及其上所镶嵌的砖雕乃随之而兴起。

知道了墀头，明白了砖雕，墀头砖雕所指为何物也就基本明了了。砖雕很重要，在形制组成中有很大的作用，不过，砖雕部分的形制和砖雕之外的形状，对整个墀头的形制的作用是共同的，砖雕之外的形状像是个砖雕容器，可以装上有不同主题的砖雕，砖雕则在固定的基本形状下，分别雕塑不同主题的图案，图案主题只能适应形制而无法更改形制。

山西传统民居中的墀头在各个地域各行其是，于是产生了多种有着不同形制的类型，带给人们一种地方上的墀头不统一、不标准的印象。把握这些类型墀头的形制，需要解决三个方面的问题：第一个是墀头各个部件的名称，第二个是各类型墀头的具体形制，第三个是不同类型墀头的分布范围。这三个问题也是山西古民居墀头形制的三个要素。

除非原始遗迹和木材丰富区的井干房屋，中国的古建房屋墙壁基本上都是土与砖砌的，为墀头砖雕的产生提供了条件。没有土木结构的中国硬山砖屋，就不会有墀头这种事物。墀头是墙壁的一部分，墀头的支撑功能表明硬山砖屋不是纯粹的木构框架结构，而是框架与砌体结构的结合型房屋。墀头经过装饰后具有了文化审美的特性，不同样式的墀头因其分布地域成为民居类型的识别标志。

二、山西古民居墀头部件辨识

（一）山西墀头与官式墀头部件的对应

墀头形制的变化主要是盘头的变化，"盘头"这一概念在不同资料中所指范围大小不一，因不便取舍，本节以广义和狭义之别来处理。广义的盘头是从荷叶墩开始，直至戗檐的全部部件的总称（楼庆西《中国古代建筑装饰五书——砖雕石刻》）；狭义的盘头仅指枭砖与戗檐之间两层叠涩式砖块的前面（梁思成《清式营造则例》）。为了明确盘头一词出现时的含义，本节中对狭义盘头用括号进行标注。

对于形制解析所需的盘头内部部件名称，目前无法在实地探访中获取，所以只得通过对照《清式营造则例》所记载的官式墀头部件来解决。所谓"官式墀头"，即梁思成先生在《清式营造则例》中所记载的墀头，因其基于《工程做法则例》，且实例大多在官造的硬山砖屋之上，所以如此称呼。自下向上，起于荷叶墩，经过枭混和盘头（狭义）向前层层递进，最终止于戗檐，这是官式墀头盘头的完整结构。以古太原墀头为代表，与官式墀头进行对比，可以发现荷叶墩、混砖、炉口、枭砖、盘头（狭义）、拔檐可相互对应。但也要注意山西墀头与官式墀头某些部件存在外形差异，如荷叶墩，官式墀头的荷叶墩前面会修饰，山西墀头的荷叶墩用原砖。再如枭混砖，在官式墀头中，是形象上最富有变化的部分，所以较为夸张，中间还夹着一块炉口砖。而在山西多种类型的墀头中，由于存在独立的砖雕部件，为使比例协调，枭混砖变得短促，并取消了中间的炉口。山西传统墀头盘头（狭义）、戗檐和博风板与官式墀头亦不尽相同，具体反映在样式、数量和大小等方面上。

（二）无法与官式墀头对应的部件

大部分山西古民居墀头的形制比官式墀头复杂，存在着官式墀头没有的部件：第一，山西多种类型的墀头中有一个结构基本稳定的"象鼻子"单元，本单元是由混砖加多层炉口砖叠砌前推，在前面形成上凹的弧线，在该弧线顶部的一块加工成象鼻头的砖块处结束。象鼻头砖是与枭砖相似但前端不同的砖块，其下部切割出缺口，将象鼻子前部的弧线引至该砖前端的鼻头圆柱。"象鼻子"单元可以视为官式墀头上的枭混在山西的变体，其中炉口砖数可以增减，高度与出檐长度也会因炉口砖数的改变而改变，因此可以灵活应付墀头中因形制变化产生的需要填补的空间。第二，山西古民居墀头中可嵌入相对独立且体量较大的发挥纯装饰作用的砖雕，这些砖雕并不会因为墀头需要支撑屋檐而向前突出，大多数甚至会束腰。

墀头雕饰的施加方式有两种：一是在逐层前突的常规部件上加浮雕，二是嵌入独立的砖雕部件。官式墀头中没有独立砖雕，形制规范，一本正经，只会偶尔在部件上加浮雕。山西传统墀头的砖雕施加方式很自由，在部件浮雕方面，可以加在象鼻子（霍州北、平定）、盘头（狭义）和戗檐砖（汾州南、霍州北）上，但究竟在哪一个部件上施加，各类型垔头有各自的选择。部件浮雕虽如此灵活多变，但嵌入独立的砖雕部件，仍然是山西匠人美化垔头形象、变幻垔头形制和传达美好寓意的重要手段。山西传统垔头嵌入的独立砖雕大致可分为四式：台阁式、须弥座式、柜橱式、兜肚式。

台阁式垔头砖雕有独段式、二段式和三段式的区别，以三段式为最标准的形式，分段依靠的是平放的方形隔板。各段都束腰，体积最大的段为主题段，台阁的特征通过主题段外角柱、栏杆和垂花营造出一个小型舞台或阁子的样貌来体现。

须弥座式砖雕，有标准而完备的上枭、束腰和下枭部件，上下枭表面亦多有莲花瓣纹样，只是有时会加一段用砖雕模仿的柜橱底座，这个与柜橱式砖雕有所联系的段落，因可有可无，不足以被看作砖雕式样的特征。

柜橱式砖雕与台阁式砖雕较近似，也分段，但段数不固定，柜橱特征有两点：一是最下段总是用浮雕模仿柜橱底座，二是上部若干段不甚束腰，均模仿柜橱，砖雕图案有如陈设在柜橱之中，题材与寓意与其他类型垔头砖雕类似。

兜肚式砖雕是在上身与盘头（狭义）之间砌出与墙体等宽的向前略突的方块，它的前面向前突出，与地面垂直，上面是浮雕图案。"兜肚"的概念来自江南的建筑典籍《营造法原》，本是江南硬山砖屋垛头（即垔头）中的一个专门的雕饰部件。《营造法原》解释"兜肚"时称其为"垛头之中部成方或长方形之部分，上雕刻各种花纹"①，把"垛头"替换为垔头，这句话即刻成为山西某些垔头中那一段有浮雕的部分的贴切解释，称之为"兜肚"大大方便了对这一类型垔头形制的分析。《营造法原》在术语上对地域性很坚持，但如果能够通过借助它填补其他地区的建筑术语空白，总比个人杜撰要好得多，至此，山西各类型垔头部件的概念障碍已经基本扫清。

关于建筑结构与部件术语，在悠久的中国古建筑实践历史中，因时代和地域不同而有所差异，或随着技艺的失传而灭失。经过人们近百年在学术层面的努力，如今大部分已经渐趋标准和明晰，这方便了传统建筑技艺研究与知识传播。至于在垔头形制解析中所遇到的词语问题，说明在传统建筑领域中还有人们无暇顾及的部分，扫除术语盲区的工作，仍需继续。

---

① 姚承祖. 营造法原 [M]. 张至刚，增编. 刘敦桢，校阅. 北京：中国建筑工业出版社，1986：108.

三、基于清晚期行政区划地域的部分山西古民居墀头类型

经过调查可以知道，山西大多数类型的墀头都会集中连片分布。从历史的地域划分状态和各类型墀头的实际分布范围大于县域的情况来看，以清代府一级行政区域来概括墀头类型的分布简便又合理（图3-3）。

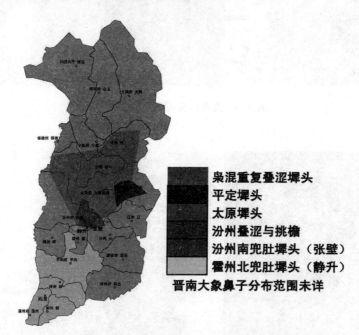

枭混重复叠涩墀头
平定墀头
太原墀头
汾州叠涩与挑檐
汾州南兜肚墀头（张壁）
霍州北兜肚墀头（静升）
晋南大象鼻子分布范围未详

图3-3 清代山西州府行政区划上的各类墀头大致分布范围

在山西的中南部，可以看到以下七种有代表性的墀头类型。

（一）太原墀头与平定墀头

太原府与平定州地缘接近，太原墀头与平定墀头的形制也类似。标准的太原墀头主要分布于古太原府的南部偏东区域，而平定州的墀头则从太原府东分布到平定州境内。

太原墀头的形制较平定墀头稳定。太原墀头的荷叶墩、混砖和其特有的三段台阁式独立砖雕以及砖雕上部的象鼻子不会缺失（图3-4）。平定墀头的各个部件在个例中则皆可缺失（但不尽失）（图3-5），这造成了平定墀头的形制较为杂乱的局面。

图3-4 太原墀头实例及形制分析

图3-5 平定墀头一例及形制分析

太原墀头中从不缺席的荷叶墩是上身与盘头的分界线，平定墀头中荷叶墩和枭混都可缺失，使盘头与上身的界线变得模糊。在此应该明确一个问题，墀头上身与盘头之间如果没有荷叶墩或枭混来做分界的标志，应把嵌入的独立砖雕归入盘头范围中，因为大部分墀头的独立砖雕是位于荷叶墩之上的。

太原墀头的砖雕部分为三段台阁式，较高大的主题段位于中间，其上有花鸟、瑞兽、人物或山水主题的图案。太原墀头砖雕中的隔板上没有雕饰，中间厚而边缘削窄，在形成的坡面上常刻有一道线。也有一大部分台阁式墀头砖雕为素方，此类砖雕没有垂花和栏杆的精致细节，也不通过浮雕图案进行主题表达，可能在建造之初是通过彩画装饰的，天长日久脱落殆尽也未可知。太原堺头也常通过加角柱来体现台阁特征，但这种柱不易保存，大多数已经掉落。

与太原紧邻的平定州和太原府东部地区的平定堺头中嵌入的独立砖雕为须弥座式，平定中心区堺头内柜橱式砖雕增多。有时平定堺头的须弥座式砖雕会多加一段底座砖雕，颇有画蛇添足之感。有少量的平定堺头是模仿太原堺头建造的，会在其中嵌入仅有主题段的独段台阁式砖雕或二段台阁式砖雕。

在太原堺头的象鼻子单元之上可有宽度减半的挑檐，挑檐之上是盘头（狭义）与戗檐合体的博风头，因位于外侧而使檐角微微起翘。太原堺头象鼻子之上的这些结构可缺失，但是否缺失大致视堺头整体高度决定。与太原堺头不同，平定堺头的盘头（狭义）、戗檐和博风头等如果不缺失，一般宽度不减半，戗檐与博风头不合体，戗檐两侧均安装博风头，房顶檐角齐平。

挑檐可以用木或石制作，独立使用的挑檐与堺头的功能一致，它是一条较长的杠杆，可以完全取代堺头，但挑檐在很多场合与堺头结合在一起，如官式堺头的挑檐石位于山墙之上枭混后面的位置（《清式营造则例》中述其在荷叶墩之下），太原堺头与挑檐结合的方法是将挑檐叠放在象鼻子与盘头（狭义）中间，这很明显是为了向山墙上转移堺头的承重压力。

平定州，雍正二年（1724）提升为直隶州而从太原府分出，是今日阳泉市的前身。这个州控制着山西的东大门，著名的娘子关即属此州管辖。这个州与河北相邻，向来与河北省的往来密切。毕竟河北距离京城比太原府更近，加上太行山之东是平坦的千里沃野，所以在历史上吸引许多人口从平定迁移至河北（直隶）平原。根据前文已经讲明的古太原范围，古平定州并不属于古太原，但是在平定州与太原府的交界地区，不同堺头类型的转换、分布不像边界线那样清晰，平定州类型的堺头向太原府渗透的现象十分明显，因此在研究古太原民居堺头时不得不注意平定州堺头。

平定州的堺头主要是平堺，平堺大部分具有敦厚、浅浮雕的特征，与其他部位的过渡比较模糊，但一些也通过隔板来分节，这一点与太原堺头非常接近，只是隔板也像砖雕其他部位一样敦厚，因其厚，所以也可以有浮雕图案在上面，因为中间仅用一块隔板，所以只分为两段。寿阳县太安村（与太安驿不是一处）有两组宅门平堺，与太原雕饰堺头最为接近，却也只有中段而已。平堺体积上要么过厚，要么过薄，宽与厚总不相等，与太原堺头大不相同。虽平堺在古太原的东部山区比比皆是，但它们的大本营仍在平定，这一点是毋庸置疑的。

平定州古民居留存的密集程度不亚于古太原府地区，仅在与太原紧邻的寿阳县，古民居数量已经相当可观，这些古民居与太原民居一样以硬山砖屋为主，也同样在堞头上镶嵌砖雕。通过观察可以发现，平定州堞头与太原堞头是近亲，但在总体上比太原府堞头更为古朴，这不一定能够反映古民居的建造时序，只是观感不同而已。

将简堞（此类堞头列在下文）的中间一块砖由卧砖砌法变为两块削小的砖块以陡砖砌法砌起来，使中间部分变大，这通常需要增加一块砖，否则砖雕部分会很薄，笔者认为这使得简堞走上了一个不同的发展方向，有充分的理由将中间砖块陡立起来的简堞砖雕称为平堞，从其分布情况来看，它主要分布在平定州和太原府接近平定州的地域，这种堞头与无雕饰平堞结构的关系，也表明它是雕饰平堞的前身，将所有类型的平堞放在一起比较，从简堞、陡砖平堞到雕饰平堞，亦可以搭建一条进化脉络。在这个脉络中，将中间砖块陡立起来是一个非常小但明显影响了堞头砖雕观感的变化，是砖雕由灵巧向敦厚方向发展的开始，而敦厚也是平定堞头砖雕的主要风格。平定州内堞头类型多样，但与太原堞头相比，造型平坦，观感敦厚，又因为这种类型的堞头主要分布在平定州，谓之"平堞"，不亦宜乎？

（二）汾州叠涩堞头与挑檐

古汾州府的先民喜欢在民居上使用叠涩堞头和挑檐，该府北部的平遥与太原府的文水县等地，是堞头形制低落的区域。这一区域的传统民居建筑质量标准不亚于其他地域，砖雕的运用与制作水准也值得称道，但在堞头处却非常简省，多用原砖垒砌的叠涩（图3-6），或索性用挑檐直接取代堞头。而叠涩堞头常在院落内厢房上与挑檐配合使用，通常是外侧山墙用叠涩堞头而内侧用挑檐（图3-7），这是汾州北部的独特的地域性堞头做法。

在整个汾州区域内盛行的纯叠涩堞头是所有类型堞头中最乏味的一种，但与分布于其他地域的简陋叠涩不同，汾州叠涩堞头之上常认真地砌有盘头（狭义）和戗檐，与官式堞头相比，除了戗檐较低之外，结构上完全一致。与太原堞头一样，汾州博风头只用于外侧，在其支撑下，房屋檐角有微微的起翘。

喜欢用叠涩，说明古汾州人抓住了堞头结构的关键。叠涩虽简单，其实是所有类型堞头结构的"内核"，堞头上的各个部件虽被加工为不同的形状，但仍是以叠涩的原理逐层向前伸出。纯粹的叠涩外形单调，枭砖、混砖和炉口砖的使用改善了这种局面，这三种砖件其实是通过对砖的前面进行不同形式的砍削和打磨之后得来的，最终赋予叠涩新的外观。

图3-6　汾州叠涩实例（山西平遥县城内）与形制

图3-7　汾州挑檐实例（山西平遥县城内）与形制

　　叠涩和挑檐木都与砖雕无关，只是硬山砖屋出檐的支撑方式、功能与墀头一致。挑檐木（石）可能是民居建筑由木构为主向砖构为主的过渡时期的产物，悬山屋顶向硬山屋顶转换的见证。与叠涩一样，挑檐木（石）几乎没有什么装饰，不同之处是挑檐的前端可做卷杀。山西中部的挑檐木（石）大致有两种情况：一种情况是完全取代墀头，从而使山墙结束于檐墙处；另一种情况是与墀头结合混用，以减轻墀头的承重负担。

　　叠涩盘头形式的墀头是为了完成墀头向外支撑屋檐的任务采取的最简单的做法，那就是用未经任何加工的原砖层层向外叠涩，完全放弃任何可能的建筑装饰，形成一个造型至简的墀头，是硬山砖屋墀头的至简形态。叠涩墀头的运用，是因为该处不受重视还是有其他考虑不得而知，如果在古汾州境内，叠涩墀头不奇怪，因为此种墀头是汾州的标准做法，但在古太原境内，在华丽的太原墀头的对比下，叠涩墀头显得如此草率，如此漫不经心，实在是一种另类的做法。墀头砖雕的有无，对于房屋的成本的影响甚微，所以在硬山砖屋上选择叠涩形式的墀头在古太原府范围内是有些令人费解的。

（三）汾州南与霍州北的兜肚墀头

在汾州南部介休等地，除仍然盛行叠涩墀头和挑檐之外，硬山砖屋或门楼上常用兜肚式砖雕墀头（图3-8）。汾州南（张壁）兜肚墀头的兜肚方块由砖块随墙垒砌而成，在前面附着砖雕图案，上下常有枭砖或炉口与其他部位衔接，无荷叶墩。这类墀头的砖雕，工艺水平与太原墀头的雕饰相比毫不逊色，夸张的兜肚甚至更有视觉张力。张壁的寺庙道观是雕饰繁复的汾州南兜肚墀头使用最为集中的场所。实地调查发现，该地有些墀头并没有兜肚，但顶端刻有浮雕图案的宽大盘头（狭义）和戗檐，与有兜肚的墀头是一样的，可见这是比兜肚还具有地域识别的墀头形制特征。张壁古堡中的普通民居，喜欢用叠涩和挑檐的做法与整个汾州府的做法相同，这是汾州叠涩与挑檐分布至此的证明，不过本地不喜欢像平遥那样在厢房上采用外叠涩内挑檐的组合。

图3-8　汾州南兜肚墀头实例（山西介休张壁）与形制

距离张壁不远的灵石县静升镇，已经超出古汾州府的行政范围，本镇硬山砖屋上的墀头类型比较多样，其中最引人注目的一种与汾州南部的兜肚墀头相似，二者的区别是静升墀头的兜肚使用了不同的砌法，使此部分犹如一大整块

（图3-9）。在兜肚之上，静升兜肚墀头是内外双轨结构：外侧为挑出较远的挑
檐+盘头（狭义）+戗檐，盘头（狭义）和戗檐虽体积狭小，但精心雕饰，戗檐
与连檐相接，左右皆有博风头；内侧为下凹炉口砖组，砌至檐柱正上方与梁架
相接。在兜肚下方，静升墀头是可变化炉口砖数的象鼻子单元，象鼻子单元在
其他类型墀头中往往处于最顶部，而静升墀头将其置于兜肚之下，此做法较为
另类。静升王氏宗祠厢房上的墀头缺失兜肚，其他结构与本地兜肚墀头相同，
是墀头重要部件缺失之又一实例。静升所在的灵石县在清末为霍州所辖，所以
这种兜肚墀头应具有霍州地域属性，又因与汾州南的墀头在兜肚的设置上有相
通之处，反映了邻近地域的互相影响的事实。

图3-9　霍州北兜肚墀头实例（山西灵石静升镇）与形制

（四）晋南高大象鼻子墀头的代表——万荣阎景墀头

现在的晋南地域在清时分为蒲州府、绛州、解州以及平阳府四个部分。晋
南的传统民居，总体布局和建筑物外形与晋中民居的差异已经十分明显，墀头
的差异更是巨大，说明将墀头作为民居类型的标志是可行的。晋南民居墀头是
从檐墙上直接突起高大的带有垂花的象鼻子，外形夸张，能够给人以深刻印象，
很易识别。

万荣县阎景村，清时属蒲州府万泉县管辖，本村李家大院房屋大都建于光
绪至民国时期，建于民国的虽时代较近，但是因为这些民居的建造方法仍是古
法，所以可视为传统古民居。阎景民居中硬山厢房的檐墙与山墙交会很直接，
没有突出檐墙的墀头墙身，所以檐墙两端上部的大象鼻子，乃是直接从檐墙上

突起，这种墀头有头无身，最底部由一块须弥座上枭收细，过渡至一块较细的垂花砖雕（图3-10）。阎景大象鼻子墀头是晋南墀头的代表，它之所以很高大，是因为房顶出檐距离并未因墀头没有墙身而变短，象鼻子墀头为弥补墙体缺失而不得不如此。与其他地区的象鼻子单元不同，阎景的象鼻子头砖前端横柱为方形，但在象鼻子底层第一块炉口砖前加了一道横的圆柱，与鼻子头形成呼应。阎景墀头所嵌入的砖雕为柜橱式，位置在象鼻子底层炉口与垂花之间，它的段数不固定，可省去，也可以增加段数。本地的高大宅门上，因建有八字墀头墙，所以取消了垂花与上枭，砖雕嵌在上身与象鼻子之间，没有荷叶墩与枭混过渡，段数最多的主题段再加一段装饰段，下加半段装饰段，外加底座，共四段，主题段略粗壮，上下装饰段略微束腰，这种样式的砖雕因段数多而显得相当繁复。

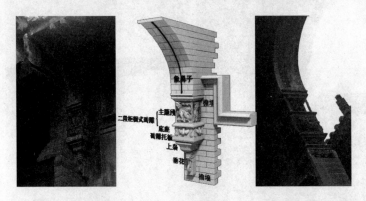

图3-10 晋南大象鼻子实例（山西万荣阎景村）与形制（右附门楼墀头一）

高大象鼻子墀头是晋南传统民居硬山砖屋上较明显的一个外形特征，直到现在，这一地域的新建民居上仍可见到此形制的墀头，不过为适应新建材的尺寸和特性做了一些改变，算是一种仍然活着的传统墀头形制。

（五）枭混重复墀头

山西晋北晋中多地的硬山屋上使用一种短促枭混以叠涩方式向上重复若干组而成的墀头（图3-11），由于没有雕饰，这种墀头显得无趣，但比完全使用原砖的叠涩墀头稍有变化，又显美观。五台山地区在清代为代州的辖地，此山中硬山屋上的墀头主要为枭混重复式，这种墀头是整个代州与忻州区域常采用的类型，虽然这种墀头在其他区域也有零散分布，所以其地域性不强。但是都没有代州、忻州这么集中，并且这两州其他形式的墀头很少，所以代州、忻州地域属性于此种墀头之上有较多表现。

拔檐
拔檐
混砖（顶）
枭砖
混砖
枭砖
混砖
枭砖
混砖
混砖（底）
荷叶墩
上身

图 3-11 枭混重复墀头实例（山西五台豆村镇）与形制

（六）简墀

像纯几何的积木一样的简陋墀头可以称之为简墀（图 3-12）。简墀是分布于古太原东部和古平定州内的造型简约的墀头。简墀的荷叶墩、枭混与象鼻子单元这三部分与太原墀头无异，在砖雕部分，采用三块原砖块，经过简单砍削做成上下枭和束腰。有些简墀表面雕刻着图案，体现出简墀和更复杂的墀头之间的联系。

图 3-12 有简单图案的简墀模型

如果说砖雕是由艺术家所完成的，那么墀头砖雕也理应有艺术家的参与，但简堰却因其造型之简而无须艺术家介入,砌砖的匠人完全有能力完成。不可否认,简堰也是建筑物的装饰。但是为什么要使用这种近乎几何手法制作的造型简单的堰头呢?是堰头未引起人们的重视?是房屋的等级低?是主人没有经济能力?是主人的审美水平不高?还是人们尚未发明更漂亮的堰头砖雕样式?这里笔者更倾向于人们尚未发明更漂亮、更复杂的堰头,以此来证明简堰是出现时间最早的砖雕堰头的形式。给民居做准确的断代是困难的,除非建造者标明建造时间,否则只能根据民居的特征推断其大概的年代。是通过知道房屋建造得早来证明简堰早的,还是通过有简堰砖雕来证明房屋建造得早,这就像究竟是蛋生鸡还是鸡生蛋这个问题一样让人费解,但没有疑问的是,简堰砖雕是所有堰头中最简者,这是无须争辩的事实。

考察发现,在古太原东部山区跨越太原府与平定州边界的地区,简堰分布尤多,如果将简堰理解为太原堰头的雏形,那这一带可以看成古太原堰头的起源地。

简堰不只被运用在山墙上,古太原东部山区建有许多精致小型合院,这种合院的正房大多是这样的:在黄土高原上削出黄土墩台,然后在墩台上挖出窑洞(或在黄土崖上择处直接开凿窑洞),用青砖包砌窑洞檐墙,在窑洞顶部做防漏,同时将屋顶雨水导向檐墙方向,在檐墙内侧与已经作为屋顶的墩台顶部相交处留排水孔,檐墙外面筑排水盘头,盘头上方为承接雨水的排水渠。排水盘头上的砖雕即为简堰(或浮雕简堰),这种简堰在太原东部山区十分普遍。这种窑洞十分有特色,它的檐墙上的门窗狭而高,顶端为半圆形,在檐墙上均嵌入砖雕的天地神龛,神龛内的须弥座布满砖雕,其上为砖雕的庙宇建筑模型,空间限制为一开间,其内置天地神位,两侧有八字影壁。

简堰实在是太过于简陋了,于是人们开始玩一点儿小花样,在中间块上加上浮雕,但可以施展浮雕技艺的面积仍嫌太小,所以浮雕简堰上的图案还无法摆脱几何图案的特征,大部分是在二方连续的折线内加上几何化的花朵浮雕而已。

在榆次的苏村,有四砖的雕饰简堰,在一般的雕饰简堰之下,增加了一块被雕成底座的砖块,这与须弥座的四砖雕饰平堰十分近似。

(七)汾州西吕梁山黄河沿岸堰头

吕梁山区因地形限制,山中居民向来贫穷。但在临县碛口古镇,因有黄河水运码头的便利,比较繁华,在本镇周围,有不少村落保存着古民居,如李家山、西湾、高家塔等。从本镇到山西中部的道路沿途，分布有古民居的村镇。这一带在清代属于汾阳府永宁州，永宁州城就在今天的离石区。永宁州隔河与陕西绥德府相望，碛口、李家山等古村镇，因为曾离商路近而获得了发展，所以民居的建造规格相当之高。观察这里的民居，可以感知地域习惯的力量，比如黄河岸边的各村，总有山西腹地的商家出资兴建的房屋，但这些房屋却与出资人所在地域的房屋特点不相同，而是尊重着当地的民居建造特征。在吕梁山区的黄河岸边，房屋的墀头有着自身独特的形制，与古太原地区的墀头存在一定的联系，同样值得注意。

碛口周围黄河沿岸的古民居常用枭混重复墀头，但当地也另有一种形制复杂的雕饰墀头，以高家塔民居宅门墀头为此类墀头的代表，它的造型特征为：墀头上身与砖雕之间没有荷叶墩与混砖，砖雕部分由两块雕饰着图案的方板分隔为三段，与太原墀头一样，也是中间段高而上下段矮。中间段布满雕饰，前后边角加柱，下段最下层模仿柜橱底座，上段最上层与分隔方板相同。砖雕之上，先是一组枭混，然后是鼻头怪异、层数较少的象鼻子单元。本地象鼻子头前端作大小二柱相融的样式，象鼻子单元与盘头（狭义）之间衬有两层稍向后退的砖块。

通过以上七种墀头形制解析可知（表3-2，简墀与黄河沿岸墀头未列），山西各类型传统墀头形制中存在着相通之处：第一，均可以找到与官式墀头相对应的结构部件；第二，象鼻子单元在除了叠涩之外的多种墀头类型中存在；第三，墀头雕饰图案都遵循中国传统祥瑞寓意体系，题材相通，造型手法相似，这是不同类型墀头共同的审美内核。不同类型的墀头有共同点，说明各处墀头并非完全封闭发展，应有共同的形制原型，按照中国古代由来甚久的帝都中心意识，这一原型仍应指向官式墀头。

本节所述的这些类型的墀头具有较强的代表性，分布范围涵盖了山西较关键的区域。墀头形制的变化，表明各地的匠师们在遵循一定规范的情况下，充分地发挥他们在营造技艺上的创造力，来满足人们在民居建筑上的审美需求。在山西各类型墀头中，结构完备的实例含有与官式墀头对应的各个部件和自身的地域部件，但各个类型墀头的众多实例也说明，并不是每一个部件都会在任何墀头上见到，这是地方墀头形制没有严格的标准规范约束的表现，也是形制变化的一种手段。比较之下，古太原民居墀头的形制最为稳定，不会轻易缺失能够体现其地域性的部件，透露出省城人民在建筑形制上规范严谨的一面。

表3-2　山西部分类型传统墀头形制简明对照表

墀头部位	中国北方	山西							
	官式墀头	大原墀头	平定墀头	汾州叠涩	汾州挑檐	汾州南兜肚墀头	霍州北兜肚墀头	晋南大象鼻子	枭混重复叠涩
上（前突）（垂直或束腰）	戗檐加外侧博风 二层盘头 头层盘头	博风戗檐合体、靠外侧 三层盘头 二层盘头 头层盘头	戗檐与两侧博风 三层盘头 二层盘头 头层盘头	博风戗檐合体、靠外侧 三层盘头（枭） 二层盘头（混） 头层盘头	博风戗檐合体、靠外侧 三层盘头（枭） 二层盘头（混） 头层盘头	戗檐与两侧博风 三层盘头（枭） 二层盘头（混） 头层盘头	戗檐与两侧博风 三层盘头（枭） 二层盘头（混） 头层盘头 下凹炉口砖组		混砖
中（独立砖雕）		挑檐 象鼻子单元 三段台阁式砖雕	挑檐 象鼻子单元 一至二段须弥座式、柜橱式、台阁式砖雕	原砖叠涩五至九层	挑檐 起线 混砖	枭砖 兜肚	挑檐 兜肚	晋南大象鼻子 柜橱式砖雕（段数不固定）	
下（前突）	枭砖 炉口 混砖 荷叶墩 挑檐	枭砖 混砖 荷叶墩	枭砖 混砖 荷叶墩			枭混 或数层炉口	象鼻子单元（炉口层次可变）	砖雕托板 上枭 垂花	枭混重复次数不等 混砖 荷叶墩
墙体	上身	上身	上身	上身	檐墙	上身	上身	檐墙	上身
依据	《清式营造则例》	考察《清式营造则例》《营造法原》							

72

山西各地古民居墀头形制的不同，是各地人民风俗习惯不同的一种外在表现，反映了不同地域的人们有着不同的审美意识。可以想象，一种墀头的形制在其形成之初，是由某个或某几位能工巧匠在传统建筑规范之下偶然设计出来的，因符合业主审美要求而被采纳。定型之后，借由当时社会的建筑形制传播能力，扩散至同一个行政区划范围内形成了同样的建筑物审美的人群中，从而形成了该类型墀头的分布范围。通过今天的墀头形制与分布范围研究，可以对当时人们的意识形态进行逆向的地理追踪，并判断出有着同样的审美时尚的人们生活的范围。不同形制墀头雕饰上的差异，体现了各个地域之间建筑装饰工艺的不同。从墀头制作水平和形制简繁的角度来看，墀头形制又体现了一地社会经济发展水平以及民居初创时其主人个人财力的高低。

山西各类型墀头所反映出的地域性特征体现了传统建筑文化的丰富性。地域性是建筑形制多样性和丰富性的根基，值得给予更多关注。各类型墀头不同的形制特征，实际上是传统建筑地域性的表现，可以成为区别不同类型民居的重要依据。当今社会环境下，地域性特征明显的传统民居建筑已经成为历史的遗产，而新建民居的地域特征正在丢失和削弱，因为形成地域性特征的交通、技术、地理制约和资源限制已经不复存在，就连不同地域人民的审美观念也在趋同。

传统民居中的大量墀头实例是传统建筑领域形制造型资源库中的珍贵藏品，当前它们仍是现实中的实用品，为避免它们在未来因不再实用而遭到毁灭，需要进一步发掘它们作为"藏品"的意义与价值，如果不这样，会导致墀头形制这一历史文化资源快速萎缩，从而使墀头文化彻底消失。

四、太原墀头造型进化论

在现实中，墀头按形制的简繁程度可以分为三种：造型简单的简墀、分段但不足三段的墀头、标准的太原墀头，这三种墀头共同的造型基础是枭混和象鼻子单元，有个别墀头只有砖雕部分，缺失象鼻子单元，要确认它们之间的联系，需要实地考察后，根据考察结果确定各种造型的墀头的分布，并与造型完备的标准的太原墀头做比较，如果能够厘清这一逻辑，也许对古民居断代会有帮助，具体的思路是将有一定的共同造型基础的不同墀头像生物进化一样，以造型简约者为先有，造型复杂者为后出做排序，这符合所有事物产生发展的根本规律。

从简墀到太原盛期标准墀头，把各种墀头由简至繁作一线性排列，紧邻着的两个墀头的造型差异并不太悬殊，通过这些变化可以揣摩墀头制作匠人在设计墀头时的想法与心理，这样的心理是能动的，是墀头进化发展的驱动力。与其他建筑装饰一样，墀头砖雕的发明和运用，应该依以下过程考虑：

1. 在建筑的某一处进行装饰，能够明显改善建筑物的外观，使其不单调乏味，即便是追求造型简朴的硬山砖屋也一样。装饰的位置需要显眼，最好是建筑结构的转折部位，墀头正是在这样的情况下被选中的。

2. 匠人们认定在墀头部位进行装饰能使建筑物美观，但又不影响房屋结构之后，他们就地取材，对砌墙的原砖进行粗略的加工，使这个部位产生一些有趣的形状变化，是情理当中之事，因为这样简便易行。此后为了取得更好的装饰效果，匠人们又通过改变标准的建筑材料，让想要有装饰效果的部位产生非标准的式样，这是最基本的装饰手法，旨在产生变化、刺激视觉，达到装饰效果，这样简墀就完成了。现在这种手法在构成中属于"变异"或"特异"，这样的工作无须雕塑工匠参与，因为对原砖进行切削打磨的工作，施工的砌砖工匠（瓦工）就可以完成。在所有墀头中，最简洁的是几何形的简墀，这一类的墀头实例集中在古太原府东部靠近边界的山地区域。前面已经介绍过它的基本形状，这里不再赘述。

在确立砖块切削的大小和斜线角度时，确实需要一定的审美水平，毕竟再简单的建筑装饰也需要做到视觉和谐，没有一定的修养较难完成。虽然，古代工匠并未经过现代美学理念的熏陶，也不知道什么时髦的美术名词，但他们仍然能够运用在实践中习得的美学判断力，最终确定最合适的加工大小和斜线角度，以及弧线的走向。简墀造型应该就是这样产生的，它们至今仍确确实实地存在于古太原民居上，无声地复述着这样的过程。

3. 通过观察古太原墀头的造型，笔者始终认为将简墀中间一块削小了的砖块由卧砌改为陡砌，从而将中间部分加大而不改变两端的形态，是简墀向平定墀头发展的一个步骤。

4. 如果不满足于简墀简单的造型，觉得这种墀头砖雕过于简陋，因为对组成简墀的几块砖块进行切削几乎称不上雕塑，那就需要在真正的雕塑上动心思。在简墀的三块切削过的砖块上添加浮雕是把这种想法付诸行动的最早的做法，中间砖块首先被雕上了花纹，尽管几何意味甚浓，尽管是简单的二方连续，但这恐怕已经不是普通砌工所能胜任，至少是特别灵巧的砌工才可担当。以上形式的墀头在榆次区什贴镇（2020年并入乌金山镇）颉纥村都可见到。

5. 在中间块添加了浮雕仍嫌不足，那就把上下两块也做成须弥座的样式，这样的做法相当符合逻辑，这样的简墀实例在榆次乌金山的苏村能够看到。

6. 如果嫌有浮雕的简墀太小，把它加大即可，但实际上没有那么简单，因为受制于盘头的宽度，墀头没有加宽的余地，只能加高，在中间砖块陡立后，可装饰的空间变大，平定州有雕饰的墀头即满足于这样的格局，走上了不同的发展道路，演变出一种矮壮的墀头砖雕类型。而太原府墀头类型则一路加高。

7. 古太原府墀头砖雕在变高的过程中保留了束腰的基本装饰手法，但一味变高对造型来说也不是妥帖的策略，分段就显得很有必要。为了突出重点，太原墀头各段长度并不均等，中间一段高，上、下两段矮（颉纥村号五号门楼上有此实例）。

8. 只加高又产生了新的问题，那就是容易在形状比例上产生不协调，墀头砖雕过扁，改善方法是加厚。至此，太原盛期标准墀头的基本形状已经具备了。

9. 无雕饰的太原墀头的基本形状很容易让人产生舞台或楼阁的联想，人们很快将这种联想进行了落实。在前角加柱，这种柱可为独立柱，也可以用浮雕来模拟，掏空中间，置放精美的各种题材的浮雕，再在中间段上面加上垂花，在下面装上栏杆，这个精致的小舞台就搭好了，此时有柱无柱都是完全的舞台或楼阁样式，不过这种柱很容易损坏，所以后期的有些太原盛期雕饰墀头取消了柱。

10. 盛期的太原墀头砖雕深受太原府人民的喜爱，它有基本的形状，也有很大的装饰图案空间，无论什么题材、什么类型的装饰图案（文字、花鸟、山水、博古、人物）都可以运用到太原墀头的舞台里面，于是太原墀头造型标准化了，在古太原府地区广为流传。

11. 平定墀头的发展方向与太原墀头不同，它们虽然也进行了加厚，但不热衷加高，加厚之后开始在装饰图案上做文章，所以平定墀头束腰处不分段，也不太希望这个部分过细。

综上，古太原墀头进化发展的步骤大致是：简墀→加浮雕→加高并分节→保持束腰→加厚→加浮雕。

平墀则如此：简墀→加浮雕/陡立→加厚→加高→加浮雕。

古太原府民居的砖雕与平定州的墀头砖雕均可以溯源到简墀，因为此两地山河相连，在明代时都属于太原府，且简墀就分布于太原府与平定州的分界地区，更说明以上逻辑的合理性。笔者认为，所有平墀原产地都在平定州，但在太原府境内运用不在少数，主要是在太原府东部山区，此地与平定州寿阳县接壤，建筑文化的相互影响属于正常现象，所以平墀也是古太原府东部分布较多的墀头砖雕类型，在研究墀头造型进化的时候把这两大类型的墀头都考虑进来也是可以的。但当建立起完整的太原墀头进化链条时，可以清楚地看到平墀在将砖陡砌后与太原墀头的形制发展趋势分道扬镳，反映了平定与太原两地人民不同的审美志趣，这在客观上丰富了墀头砖雕的种类。

墀头进化论虽然可以解释墀头由简至繁的变化过程，但是把它作为房屋建筑年代断代的标尺，并不完全可行。即使如此，通过墀头来判断房屋年代的方法仍然有一定的合理性，在一些方面已经具有可操作性，比如祁县城内竞新学校房屋，山墙与后檐墙交界处使用的是标准的太原墀头砖雕，而此学校创建于1919年，时间已到民国，如果学校房屋也是此时所建，以此屋为标准，可判定榆次龙白中部民居房屋的建造年代也在20世纪初期，因为此阶段为传统墀头砖雕运用的最后阶段。

通过墀头判断房屋的建造年代，还可以从以下两个角度考虑：一是墀头的使用不像建筑物颜色或斗拱等部件有等级限制，说明墀头产生和使用时，封建政权已经开始衰弱，无力再制定关于墀头的等级规范；二是墀头从使用数量和本身体量上来看，极可能为批量预制的建筑构件，不会给业主造成什么负担，在从众心理下和不增加经济负担的情况下，人们自然会使用更加美观的墀头，所以无墀头的房屋建造时间应该比较早。大致上，使用无雕饰、体量小、不分段的墀头的建筑建造时间为明末至清初，使用分段而不重装饰的墀头的建筑建造时间为清中期，使用成熟形制墀头的建筑建造时间为清中晚期，而山墙前后都使用复杂的太原标准墀头的建筑建造时间为晚清至民国。

因为各类型墀头砖雕实例目前无法准确断代，所以必须承认古太原墀头砖雕进化论尚为假说，期待将来有更深入的研究来检验，这样墀头进化论就可以成为房屋断代的利器，有准确的断代信息的古民居研究具备丰满的时间维度，这样的状况是令人向往的。

五、墀头看面的变化[①]

墀头一般由下碱、上身和盘头三部分所组成，墀头的变化主要是在盘头上，上身和下碱的变化是它们的前面，可以称之为看面，看面的不同是因为不同宽度的墀头墙要求使用不同丁顺排列的砌砖方法，墀头宽，则山墙可能更宽，山墙宽，则屋高且大，宽墙大屋体现出屋主人财力雄厚，大致如此。

---

① 王峰. 古建筑瓦石工程技术［M］. 北京：化学工业出版社，2013：71.

在观察上身和下碱的不同砌法时，笔者从砖缝所形成的图案迅速联想到音乐的节拍，这种节拍在假定砖的规格相同的情况下比较得出，并可记作简谱，这是建筑与音乐之间的联想，没有实际意义，只是觉得有趣。以下每个音符间即有一个砖缝，小节线为一层的标识。

（一）｜x x｜x x｜x x｜x x｜此谓担子勾，在山西民居墀头中未发现有实例。砖缝如下图所示：

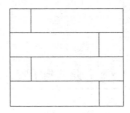

（二）｜x x x｜x x｜x x x｜x x｜此谓三破中，典型的2/4拍切分音。砖缝如下图所示：

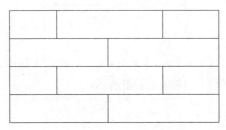

（三）｜x x x｜x x x｜x x x｜x x x｜此谓四缝上身。砖缝如下图所示：

（四）糙砖抹灰没有砖缝，无法"记谱"：

（五）∣ x x ∣ x ∣ x x ∣ x ∣ 此谓马莲对，宽度最窄，多为小户人家、小院、小屋使用。由于马莲对的上身很窄，这种上身之上的盘头一般无法再进行收窄。砖缝如下图所示：

（六）∣ x x ∣ x x ∣ x x ∣ x x ∣ 此谓狗子咬，最为常见。砖缝如下图所示：

（七）∣ x x x x ∣ x x x ∣ x x x x ∣ x x x ∣ 此谓大联山，最宽，显得屋或门厚重非常，主人财大气粗。砖缝如下图所示：

墀头看面的现实情况还不止于以上所列，上面的这些看面砖墙皆为卧砖。在古太原府多地（如北田镇山区），有出于节省用砖量而砌筑陡砖（侧砖）墙体，墀头上身看面，砖缝如下图所示：

这种做法的砖的排布与担子勾相似，但砖头由卧转立，转化到音符上，可以理解为高八度：

| x̲x̲ | x̲x̲ | x̲x̲ | x̲x̲ |

这是屋主人经济能力的一个反映，在东部山区出现无可厚非，这样砌砖可以节省一多半的青砖，但房屋强度肯定也会打一些折扣。

通过观察不同样式的墀头看面，可以判断墀头墙（上身）的厚薄，这是房屋规格和造价高低的一处表现。古太原厚薄不同的墀头墙（上身）上，墀头砖雕的大小却变化不大，所以一般来看，墀头墙（上身）宽于砖雕或与砖雕同宽，砖雕部分靠外砌。当墀头墙较宽时，砖雕是占不满墀头墙墙宽的，墀头看面只要比马莲对宽，情况都是如此（图3-13）。

图3-13　墀头上身宽于砖雕为常见现象

总体而言，墀头的下碱与上身结构极其简单，而且在山西传统民居当中，下碱与上身在外表上看不出区别，或者这两段根本就没有做不同的处理。但我们仍然能够通过墀头看面的砌法了解到房主对房屋建设投入资金的多寡。

第六节　墀头砖雕构件的制作与砌筑

一、枭砖炉口和混砖的加工

在官式墀头（图3-14）中，狭义的盘头有二层，位于枭砖之上，博缝与戗檐之下，呈叠涩状，这个范围是很狭窄的，官式墀头的荷叶墩、枭混以及盘头和冰盘檐的结构类似，其中主要起过渡作用的是枭混，枭混就是枭砖、混砖和炉口砖。

图3-14　官式墀头形制模型

官式墀头中的枭混前端线条绵长，而古太原墀头中的枭混短促，没有炉口。这三种构件采用最为原始的砍、削、磨方式，将砖块加工成需要的形状，混砖就是把下棱磨圆，炉口就是在前面磨出内凹弧面，枭砖就是挖去下棱，保留砖前顶端的一个窄面。关于混砖、枭砖和炉口砖这三种砖的名称，笔者想不必想得太复杂，从字面上很好理解。这些部件只是砖块的粗加工，混砖只是把前伸程度不同的部件混接起来，所以称为"混砖"。枭砖是因为这种砖块向前伸出的嘴，形成了像"枭"一样的形状，所以称为"枭砖"。而炉口砖则更简单，这可能是人们为了砌出炉子的口部，把砖块前面加工成内凹的形状。混砖负责不同弧形前伸面的起始部分，炉口砖负责中间的过渡部分，而枭砖则是达到最前端时的结束部分。

二、墀头砖雕的制作

在古民居建筑中有三种在装饰的动机下砌筑的趣味造型部件，最基本的是通过花式砌砖法用原砖砌筑出有装饰性变化的墙体，更进一步的是对原砖进行砍、削、锯、磨，通过垒砌这些砖块使砌体出现优美的弧线，前文所述炉口等件就是此类。笔者认为这种情况虽然只用了几何手法，也已经算得上是砖雕了。真正的砖雕是砖块经过了完整的艺术雕琢和塑造手段，呈现出需要的造型与图案，或是直接生产出预制的砖雕构件。

在观察墀头砖雕时，要分清墀头是由原砖雕琢而成的，还是由预制砖雕部件组合而成的，如果不是原砖现雕，说明此件墀头砖雕发展至较成熟阶段，因为预制的生产方式效率更高；如果是原砖雕琢而成的墀头，则又能反映砖雕工匠过硬的雕琢能力。

墀头砖雕的生产者，传统建筑业的工匠，究竟需要有多么卓绝的才华，从现存遗留的建筑装饰来看，大概在技艺层面和那些在美术史中留下名姓的所谓名家相当。可以说，在砖雕广泛用作建筑物装饰的时代，一个地域内顶尖的造型艺术从业人员应该都被集中到了建筑业内，群众的艺术才华被集中地运用到建筑物上，这才留下了耐人寻味的建筑遗产。而各个地域的建筑遗产，在艺术水准上，建筑装饰水平相当，未有一地明显粗鄙而一地尤为突出者，这与在这个领域中可传授的技大于艺有关，技可通过苦练掌握，艺却需要有一定的天赋，技服务于实际生活，艺则需要在艺术创作中展现。砖雕实际上是一个已经中断的行业，当时的许多技术可能是现代人根据遗留的砖雕作品进行逆向推测，再经过制作实践验证，才得以传承的吧。

笔者以前从字面上来理解砖雕，以为应该是制砖在先，雕琢在后，并且砖雕作品在设计制作时应该适应标准的原砖。事实上，有许多形制比较简单的墀头确实是这样建造的，如平墀绝大部分都是这样的。而太原墀头砖雕的造型较为特殊，制作工序可能是要在泥巴阶段就把图案制好，然后再烧制，其外形体积能够适应砌墙原砖、配合砌墙原砖，但本身不是砖的规格，可正方，可加厚，甚至可异形，所以是先雕琢后烧制，这也叫作窑前雕，当下的仿古砖雕生产仍然采用这两种生产方式。

三、古太原墀头砖雕的砌筑

通过前文对各类型墀头形制的研究可以得出，墀头的枭混和象鼻子单元是墀头砖雕的容器，大部分类型的墀头的这些部分都随墙一起砌出，只在古太原地区，墀头墙可能会为这些部分事先空出一个空间，这样做的意义有三点：一是砖雕部分与墙体部分可能是不同的施工人员实施的；二是承重功能不依赖墀头砖雕；三是砖雕后面会衬一些规格与普通砖块稍有不同的砖块。

太原墀头的砌法在技术上并不难，但通过完整的太原墀头外观看不到砌成的方法，为了把房顶的重量向山墙上转移，又不至于由纯装饰功能的墀头砖雕来承重，古太原墀头的顶部常会加装挑檐。但太原墀头这种砌法也有不利因素，当然这不是当时的设计者所能预料到的，由于太原墀头砖雕的艺术与文化价值，使它具有了经济上的价值，使其成为某些不法分子偷盗破坏的对象，与墙壁分离的砌法，方便了这些不法分子在古民居上作奸犯科，大量疏于看管的宅门墀头不翼而飞了。

无论山墙是否给墀头预留空位，盗窃者所盗窃的并不是包含枭混和象鼻子在内的整个墀头，而是嵌入其中的砖雕部分，也就是三段式台阁式砖雕。在考察太原民居墀头时，已经见到被人为破坏性拆除了墀头砖雕的有以下七处：

1. 太谷县西街武家花园厢房。此处与房地产商开发有纠纷，墀头被破坏可能是在初期所谓的异地搬迁保护的噱头下进行的。

2. 太谷县胡村镇南席村南遗弃民居厢房。墀头破坏原因不详。

3. 寿阳南东村民居宅门。2017 年被盗。

4. 榆次使张西街 04 号大门墀头。因村庄拆迁无序而被破坏。

5. 榆次小东关赵氏民居大门和头进院厢房。被开发商拆毁。

6. 徐沟东北坊村，被盗。

7. 清徐县贾兆村诸院，因阳煤新材料建厂而拆除。

下面以武家花园 17 号（图 3-15）为例说明墀头盘头和砖雕的砌法、墀头与山墙的砌筑关系，太谷武家花园庭院厢房墀头砖雕嵌入法是在山墙给盘头留空的方法；荷叶墩、枭混、砖雕与象鼻子砌筑于墀头山墙预留的一个空间之内，砖雕之后有房屋面阔平行的卧砖一摞，高度是从荷叶墩直至挑檐，挑檐位于博缝与象鼻子之间。此砌法使盘头与墀头之间有十分分明的砖缝分割。

硬山砖屋的山墙与墀头在山墙外侧看是一体的，硬山砖屋的檐柱或檐墙均位于山墙内侧，不影响山墙外侧与墀头整体性的包砖砌筑。但太原墀头的砖雕

图 3-15 武家花园 17 号墀头砖雕毁后痕迹

有时连带衬砖嵌入墀头为其预留的空位之中，有相对的独立性。观察这些失去砖雕的墀头，其缺口显示了砖雕所占的空间与整个墀头的关系，以及看到失去砖雕墀头后的房屋就像被挖去了眼睛一般让人不安。比起其他类型的墀头砖雕，太原盛期标准墀头的砖雕在被剥离后仍然能够作为一件相对独立存在的工艺品，这增加了它们被盗的风险。失去墀头砖雕的房屋在结构安全上受到的影响有限，说明太原墀头砖雕所发挥的根本作用就是建筑装饰，结构上的必要性并不大。

实际考察中发现存在一些太原墀头与山墙砌为一体的方法，但这样做可能效率不高，所以并不普遍。

榆次区使张村西街 04 号的大门墀头砖雕属于用原砖雕琢堆砌而成的太原盛期标准墀头，外表可看到砖缝，这种做法肯定要比预制的墀头费工，所以这种形式的墀头并不普遍。小东关赵氏民居正门（2018 年夏季此门被地产商拆除）的墀头砖雕由方砖和标准原砖共同组成，这座墀头砖雕的体量较大，据说此处民居的主人通过捐官取得功名后，在有限的面积内建造了一座能够体现官威的"官式"民居，在规格与细节上都体现出官家做派，这样做必然被理解为是异类，全由原砖加工的墉头砖雕，效果必定不够整体，但烦琐又何尝不是许多建筑装饰所追求的效果呢？

第四章

古太原墀头考察准备

第一节　墀头考察中的艺术欣赏心态

除了墀头砖雕，古太原民居中还有很多种类的建筑装饰，也都受到了应有的关注，那些建筑装饰有以下特点：一是地域性不强，二是获得了人们过多的关注，比如影壁、雀替、斗拱、门窗等。此类建筑装饰，实在不易发现古太原民居上的它们与其他地域的同类物件有什么明显的不同，就算山西古民居在整体的风格上与其他地区的古民居有明显不同，但在山西内部，各地的民居之间的差异也不容易被分辨，但是如果以墀头为观察点，问题就立刻变得容易了。同时，墀头的形制和分布问题在已有的研究中找不到确切答案，这是笔者做墀头研究的根本原因。

前面已经说过，墀头砖雕在房屋结构上的作用不太大，所以，墀头砖雕之所以用在建筑物上，不管这中间经过了多少工科的环节，使用了多少土木的手段，其根本的目标是要达到一种美化建筑物、表达美好寓意的美术目的，因此可以将墀头视为一种美术作品，如果单个墀头容易与其他个例雷同，从而不具有独特性，那么墀头组成一个整体，视为一件造型艺术品的话，它可以基本具备所有造型艺术品所应该具有的要素。一件完整的艺术作品是谁人所作，作于什么时间，是什么形式，用了什么材料，规格如何，风格如何，使用了什么艺术手法，其主题是什么，等等。在这些要素中，普通的美术作品，作者可以佚名，创作时间模糊也可以接受，但只要作品存在，其余要素则会天然地存在，这也是一件艺术作品必要的要素。

任何有价值的造型艺术作品，大致需要通过以下三个方面彰显出其价值：一是作者的名人效应，二是作品具有通过高超的艺术技巧所赋予的艺术价值

（美与主题），三是作品被认为具有相当高的历史档案价值。

古太原民居墀头是否具备以上所列的艺术作品应该有的各种特征？我们可以把墀头的这些要素分别陈述如下。

作者：它是广大古代群众在共同的劳动下集体创作的艺术品，以晋商为代表，包括晋官、小有积蓄的山西普通民众和广大勤劳而心灵手巧的无名工匠等，这个因素中没有名人效应，但有比较强大的集体智慧。

技艺：传统建筑装饰的技艺水准是这些宝贵遗产重要价值的体现。

历史档案价值：墀头的档案价值是墀头上面保存的历史、文化和审美信息的价值。

作品类别：建筑和雕塑。

材料：砖块。

尺寸：古太原民居上的太原类型墀头的全部分布范围。

创作年代：清至民国。

所以，按照独立艺术作品成立的逻辑，每一个太原民居墀头的单独个例难以被作为一件艺术品来对待，因为它的各个要素很是模糊，把所有古太原的墀头视为一个整体，克服了单体墀头雷同的问题，变成了一种重复的效果，也有了比较强的主题表现力量。把单体墀头上的作品因素模糊的问题经过聚集也变得较为清晰（实际上是一个大整体在其产生时间上也会变得不需要十分精确）。所以为了摆脱我们在个例研究时是不是在欣赏艺术的犹豫心态，我们只能把这个个例视为整个"古太原民居墀头砖雕"艺术品的一个局部，这样就建立起考察墀头时的艺术欣赏心态。

欣赏造型艺术作品时往往会注重美感体验和作品背景揭示，有一定的实践基础的观赏者，因为其对作品产生过程的理解会产生体谅性美感。通俗说，面对作品时，会发出"多么不容易呀"之类的喟叹，从而促使自己对作品进行更深入的观察。同时，有一定的实践基础也会使观赏者在欣赏作品时有更多的对技术的欣赏，通俗地说就是"内行看门道"。

自觉与不自觉地在古太原墀头研究中保持艺术欣赏的心态，是以一般纯美术研究的思维进入跨学科的美术研究范畴时的惯性。这种心态应该保持，但也应该意识到，因其他学科学识的欠缺，在此过程中可能会错过些什么，并且有意识地把自己的方法和目标向社会学与建筑学进行拓展，或者与墀头有关的其他学科，总之是要在艺术的范畴之上保持开放，好让墀头的真相完全显露。我想，每一件墀头从产生直到今天，所有见到它们的人当中，最关心、最关注它们的人可能仍然还是他们的建造者，今天的这种研究也许可以告慰他们，因为这将使他们的辛勤劳动不至于埋没。

第二节　培养对墀头的注意

古太原民居上的墀头砖雕，不一定能够让人们在初次与之邂逅时就注意到它们的存在，熟视无睹也并不稀奇。我成功地注意到墀头砖雕的存在，也许是邂逅了一定的机缘。硬山砖屋时代，墀头砖雕本身在所有建筑装饰中占有一定的地位，但它并不一定是有很长历史传统的东西，发展历史长的东西更容易传播到更广大的地区，使其地域特性变弱。我最初在对古太原的墀头进行泛泛的欣赏的时候，其实并未意识到这种建筑装饰有任何研究价值，只是在看到了更多地方的各种形制的墀头后，才对墀头砖雕产生了探究兴趣，包括：发现墀头砖雕存在不同的类型，认识墀头类型划分方法，厘清不同类型墀头砖雕的分布情况，阐明墀头砖雕背后的地域文化规律。房屋可以通过不同的方法对房檐做支撑，墀头砖雕并不是关键的、不可或缺的建筑结构，但越是如此，它在结构之外的意义就越大。因为基本相同的建筑结构可以跨越非常广大的地域，而建筑装饰可以反映较小区域内的文化特征并且建筑装饰随着文化的变化而变化，这是建筑装饰的奇妙之处。正如方言一般，语法的跨越面积可以广大到整个国家，但口音却随地域而改变，语言中的语法有如建筑中的基本结构，口音则像建筑物上的地域性装饰。

当我们使用文字描述中国文化中各种事物的特征时，极易使用一些不容易给读者留下深刻印象的词汇，文字旨趣只有面对实物，通过亲身仔细揣摩才能体会。就如书法和绘画，历史上哪个传世名家不是个性鲜明？但把握书家和画家的个性却并不容易，凭评论家的点评只如隔靴搔痒，不自己观看大量的作品，往往不得要领，而且仅凭对于中国文化的粗略印象是不能够解决这个问题的，墀头砖雕亦是如此。仅在山西古民居的硬山砖屋上，墀头的类型就有多种，其上的砖雕更非单一，要想了解其中奥秘，除了不厌其烦地多看以外别无他法。所以，我的墀头考察能从偶然邂逅转化为主动探寻，从走马观花转变成了解构分析，是以观察过无数墀头实例为前提的。

随着考察工作的渐次丰富，古太原、汾州（平遥）、平定州（寿阳、阳泉）、大同府（应县、浑源）、代州（代县、五台）、晋东南泽州（阳城）、晋南平阳府（曲沃、襄汾）、蒲州府、解州等地的墀头遗存大多已经做了拍照和记录工作，这许多有墀头砖雕的房屋屹立一天，墀头砖雕就生动地存活在现实生活中，无论被人们冷落还是称奇，无论它们身上有多少尘埃，它们都延续着建造者赋予它们的精彩，但毕竟它们处在逐渐消逝的过程中，让我有深切的紧迫感，必须抓紧时间去记录并探索它们背后的规律。

与其他部位的雕饰相比，墀头有着"顽强"的个性。石质构件在山西民居中大多用在基础部位，通常石质构件经过雕饰方才可用，它们大多处于建筑物的较低位置，比较容易被人们接触到，也比较容易遭受人为的破坏（抱鼓石、门墩是重灾区），所以，民居中的石质雕饰以最坚硬之质地，反而处于最容易被损坏的困境中，着实令人惋惜！影壁与墀头一样，大部分属于砖雕构造建筑物，有相对的独立性，但除了同石构件一样容易被人接触和破坏外，本身还有防雨性不好的短板，所以古村镇中随处可见到面目全非的影壁。木雕的部分，大部分经过彩绘，但彩绘很容易脱落，木雕本身不耐水火，易生虫害，还容易被盗。琉璃件更以其色彩斑斓，容易被盗贼觊觎，在政治风波中也容易成为破坏者情绪发泄的首选对象。而墀头砖雕，则易保存得多，它们避免了石木雕和影壁在保存上的不利因素，体量适中，位置较高，所以除非人为破坏或不可控暴力破坏，鲜有在自然状态下损坏的情况，甚至在整座房屋坍塌得只剩下山墙时，也可以看到完整的墀头砖雕仍随山墙屹立不倒。

在已经出版、发表的山西古民居的文献资料中，也有一些学者对墀头有涉及，但其中有好多的细节描述不准确。有研究者以墀头砖雕为素材展开讨论，但视野并不开阔，像墀头这样分布在较大范围内的砖雕小品，不适宜只以一座院落或一个村落为单位进行考察和研究。同时，笔者也没有发现有什么资料注意到不同类型的墀头砖雕的分布情况及其成因的深层原因的讨论，所以对于墀头砖雕的研究，必须以实地考察为第一大前提，以不同地域、不同类型的墀头砖雕之间的互相比较为重要方法，在有历史纵深度的地理区域内进行观察，跳出单一的美术思维，做跨学科的研究。

在考察过程中，还要注意通过"知情者"获得的信息的真实性和科学性，要能够分辨传说与历史真实，对于荒诞不经的说法只能一笑置之。在走访中发现从知情者那里得到的信息大多数时候并不能解答我们心中的疑惑，我们最关心的民居的建造年代大多含混不清，像张庆（古今皆属榆次）观音堂的守门人能讲出寺庙的建造年代为"雍正十年"（1732）已属难得（实际是该年整修过，并非创建），介休张壁古堡（此地非古太原府地区）古民居的老主人能斩钉截铁地说出她的老宅建于雍正三年（1725）更加可贵。那些真正的古民居主人可能对他们资产的历史与文化内涵一无所知，这是很无奈的事情，也更凸显了实物考察与分析的重要性。在墀头研究中之所以如此重视民居的建造年代，是因为各种类型的墀头造型差距很大，如果能够建立起清晰的时间维度的轴线，对于揭示墀头简繁的奥秘是非常有益的。

　　由于工作生活的关系，笔者对于太谷、榆次两地的了解明显多于古太原府的其他地区。这两地的情况并不相同，对太谷的了解是城大于乡，榆次是乡大于城。不过从城或从乡的角度来看，都可以证明这两县保持着历史真实面貌的墀头砖雕很是丰富，其他地区的考察较少，但目前大致可以推断，徐沟（今日已经为清徐之一镇）的情况应与榆次和太谷相似。祁县虽在汾州边界，但从墀头遗存来看，可视为古太原的腹心地带，只是文水城乡的墀头属汾州风格，交城的情况尚不清楚，太原作为省城，可能会有兼容并包的情况，反而不容易在墀头形制上显现真正的古太原地域特征。太原县与徐沟等县接近，从县城古建筑遗留物来判断，以太原墀头为多也是不会错的。阳曲与祁县、榆次、太谷隔着省城，容易独立行事，墀头形制受到其北面区域的影响。山区中的兴县、岚县和岢岚，交通不便，未曾涉足，情况实在不甚明了。

　　古人思想比较保守，从众心理明显，不容易被异地风俗影响，但现在有些旧的边界已经被打破，形成了新的地域概念，其影响的范围与旧有的地域单位错综不齐，这也是新的地域意识的特点，不足为怪。只要将这些现象在时间维度上进行准确定位，便不至于得出错乱结论。晋中市榆次区北田镇有完全仿照徽派民居风格的建筑，这种情况只会发生在现代。

　　在古建筑恢复与保护时，必须注意地域因素。在山西省已经进行的保护、修复与旅游开发的案例中，除了平遥县的大街上有几处仿古店铺对古太原盛期墀头进行了生搬硬套、乌金山上的小西沟康养中心开发所建的全是晋南风格的房屋之外，还没有看到不尊重墀头的地域特征现象，但会有移花接木的情况，有许多细节部件甚至整座建筑都来自异地，不过这些异地距离并不太远，至少仍在本地域范围之内，对景点内资源的真实性要保持警惕，但也无须过分担心，因为在那些"景点"之外，有大量真实而生动的古民居能够为相关研究提供丰富的资料。

第三节　古太原乡村中的民居与寺观祠堂等公共建筑

一、村镇中的公共建筑

在实地考察中，还遇到一个问题，那就是既然以民居中的堞头作为考察对象，那些非民居的建筑有没有参观的意义？笔者认为，这需要看非民居建筑中是不是有足够的民居元素。

古代的中国乡村，除了民居之外的建筑也就是一些道路、桥梁和宗教性的寺庙宗祠等公共建筑。寺庙、道观等宗教建筑虽非一般民居，但仍属于民间建筑，民居所具有的地域性特征寺观上也会有所体现，但民众在建造宗教建筑时，总体上比普通民居更为郑重。宗教是严谨的意识形态体系，世界各大宗教都曾经长期作为国家意识形态而存在，各地各种宗教场所的营建容易得到官方支持，所以属于宗教的外在实物，比如建筑、绘画等，能够集一时一地之全力而为之，其水平甚高，凝结了一时最先进的文化意识，成了历史文化资产，甚至引领着当时文化的前进历程，这就可以解释为什么许多本位于穷乡僻壤的宗教建筑，其建造水平之高、历史价值之大，足以让人称奇。一般来讲，寺观中的正殿的存世时间会比其附属建筑长，而附属建筑的年代与村中的某些民居同时，与普通民居厢房的样式常常无异，所以会出现正殿建筑通常比普通民居的建造时间更早，而保留较早时期的建筑特征。宗教寺庙道观在村中的位置，往往有规律可循，在平面布局上，也有与民居所不同的特殊性。

关于古太原府时的宗教，乾隆《太原府志》第四十七卷《仙释·前言》如下：

仙释（记述的是仙释人物）

> 仙尚元虚而释宗清净，均为儒者所不道。然而吐纳戒定之旨，颇近乎反躬克己之修，又其为类皆浮云，富贵盖亦人世所难能者。此列仙传、传灯录之所为，至今不朽也。余不解参同，未谙内典、铅、汞、

坎、离之要，多罗阿㮹之微，自愧管蠡矣，姑就前志所传者条而录
之……①

府志执笔人坦言自己对佛道宗教不太了解，将佛教与道教人物混在一处记
述，不深究各教教义，佛、道一同论之，不求甚解，正是"子不语怪、力、乱、
神"（《论语·述而篇第七》）的儒家主张的具体实践。

寺观（宗教建筑）前言如下：

> 寺观
>
> 古无所谓寺观也，有之自汉始。金人入梦，白马徵灵，蹳氏祀神，
> 上林立观，自时厥后，梵宇琳宫、仙坛道院，指不胜屈，历代相沿，
> 间有兴废，然而踵事增华，日新月盛矣。夫过墟生感，见形怀畏，雕
> 刻土木，模范神鬼，瞻之者每足以震慑其邪心，寺观之建，或以神道
> 设教之意乎？②

能够载入府志中的寺观都是历史悠久、规模较大的，但广大乡村中的寺观
却要比府志中的多得多，寺观是每一个村庄的构成要素，力大者建寺，力小者
建小庙、小观。小庙和小观是为各种迷信活动而建设的房屋或设施，这些建筑
的出现，以人们的有神论意识形态为前提。虽然所有的宗教都持有神论，但对
中国人的日常影响最大的还是道教多神论，认为有神之民众将神秘现象的解释、
现实愿望之实现、身心痛苦的解脱、意外灾祸的规避等事项寄托于道教的偶像，
通过崇拜这些偶像寻求心理上的安全感，迷信的色彩较为浓厚，因此而建的小
庙小观分工很细，规模不大，公共性不强，大者为一小院，小者仅一龛而已，
甚至可以小到成为其他建筑物的附属物，这类建筑与民居建筑有相通之处，在
某些细节上与民居相接近，或直接融为一体，以方便时时拜祭，比如古太原民
居上的天地龛即是如此。在古太原的民居建筑中，牌头图案很少直接表现宗教
内容，更多的是有关富贵长寿的愿望表达，偶见仙人，自是沾上了一些道教内
容的边儿。

---

① 凤凰出版社. 中国地方志集成·山西府县志辑：第一卷 [M]. 南京：凤凰出版社，
2005：655.

② 凤凰出版社. 中国地方志集成·山西府县志辑：第一卷 [M]. 南京：凤凰出版社，
2005：660.

家族宗祠是介于公共建筑与民居之间的半公共建筑，但家族宗祠经常比公共建筑规模更大，因为宗祠体现着传统的宗法制度，体现着人们对祖先崇拜的情感，宗祠由于属于家族内部的公共建筑，所以它的性质是半公共的。

二、公共建筑与民居之间的区别与联系

清代太原府地区的民居和宗教建筑的区别有以下三个方面。

（1）寺庙建筑可以通过捐款集中更多的资金，而民居建造资金仅是一家之力。寺庙建筑除了因功能而决定的独特院落布局之外，能够做到更宽敞、华丽，且不必过多考虑采光和保暖，而专注于营造神秘肃穆之宗教氛围，当财力不足时，寺观建筑则更多地反映出当地民居的特点。如果在寺庙建筑中见到罪头，可以直接将其看成民居罪头，这种罪头砖雕的运用只是工匠建至此处的一种习惯成自然的做法而已。在民居建造方面，如果主人财力雄厚，亦可营造出既有华丽装饰，又舒适宜人的优秀民居，此时民居可集当时的先进建造技术和华丽的建筑装饰于一身。

（2）寺庙建筑由于多数属于重修，保留了历代建筑的特点，而民居基本都是新建，能够反映建筑的时代特征。乡村中的宗教建筑有些是大型建筑群，可以承担更多的公共功能，因为宗教活动的举办，逐渐成为村民聚会和其他重大活动的场地。古太原乡村中，可以成为较大型（一个小的院落）寺庙建筑的有禅寺、观音堂等，属于道教的有关帝庙、三官庙、五道观、龙王庙等，如果这些宗教建筑与当地同时期民居的差距越小，缺乏前代建筑物特征的残留，新建的可能就越大。一般来说，厢房新建的可能性大，正殿则通常是较早时期的建筑，所以厢房完全可以当民居看，正殿则是真正的宗教建筑，这一点也可以通过观察罪头来验证。宗教建筑院落中，厢房大多是硬山砖屋，建于清代的有与当地民房基本相同的罪头砖雕，正殿的创建时间早于罪头盛行的时代，加之殿堂建筑的等级高，木构成分大，屋顶用歇山或悬山，这样的建筑没有罪头砖雕的用武之地。

（3）宗教寺观、宗祠都是有公共性质的、有祭祀与供奉任务的建筑，用绝对的中轴线对称来进行建筑布局，普通民居则对称中有变化，尤其是宅门的设立，大多偏离中轴。

榆次区的乡村中留存的佛教寺庙很多位于村之西南，而道教设施散布于村中各处。由于人们意识形态的改变，乡村中的宗教建筑失去了它们原本的功能，在其文化价值又没有被充分认识的情况下，因为自身原因或故意的偷盗与损毁，

倾圮就是大多数乡村宗教建筑必然的命运。近年来，由于人们保护传统建筑的意识大幅提高，乡村中的各类古建筑物逐渐得到越来越多的关注和保护。

古太原府乡村中留存古戏台数量巨大，戏台其实是庙宇附属建筑，为娱神所建，戏台的设置体现了人们对于娱乐的审慎态度。古太原人民无故不会开展戏曲演出，除非在娱神、结婚嫁娶时刻，人们才能有机会体验戏曲艺术带来的乐趣。即从墀头砖雕来看，古太原府的宗教建筑与民居有局部处理时的一致做法，若是基于纯装饰的目的，民居与公共建筑上的墀头砖雕是无差别的，也就是说，墀头不会因其位于寺庙之内而采用宗教图案，其图案仍以祥瑞寓意的图案为主，毕竟，"有图必有意，有意必吉祥"的原则是放之四海皆准的建筑装饰原则，所以在观察墀头砖雕时不必过分在意它们到底是在庙宇中还是在民居建筑上，因为决定建筑装饰的建造技术、审美水准和文化意识从根本上是同一的。同样从墀头来看，在古太原之外的平遥（汾州府属县），戏台是受太原影响最大的建筑，因为平遥的许多戏台上安装的是完完全全的太原府类型墀头。

第四节　古太原边界之东南西北段

一、交通与地形

在准备古太原的考察之行时，如果从那些旧的志书中来了解现在这一地区的交通与地形，肯定是不合时宜的，山河永固，变化的是人所能为的部分。古人也许无法想象，今天人类改造世界的能力是如此之大，河流可涸，天险能通，大地如果真的像古人所说的那样有脉络，现在的人们每天都在对其进行切割，时空的概念在这一个世纪之中变化得太多。

古太原的墀头砖雕有着鲜明的地域特色，这个判断是通过把太原府内的古民居墀头与相邻地区的墀头进行对比之后得出的。这其中包含着以下必然逻辑，即太原墀头的分布范围与古太原府的疆域必须要有相当程度的一致性，有所出入也应在合理的范围之内。试想，如果太原墀头的分布范围远远超出古太原府疆域，那就不宜称其为太原墀头，而应依其真实的分布范围来准确界定。所以，沿着太原府的边界来观察墀头类型的变化情况是确定墀头分布与边界重合度究竟如何的根本方法。

要对这种方案的可行性做出评估，需要了解古太原府边界区域的实际情况。

我们今天的人有古人无法想象的便利，因为我们不光有测绘精确的二维地图，还有对着大地实拍的卫星地图可以利用，卫星地图可以让我们很容易地从空中俯瞰地球的每一片土地，而且并未经过符号化，我们通过这种方式达到了在虚拟世界无限接近实地的目的，这极易产生一种我们可以无远弗届的错觉，但要真正领略地形之真实情况，必须置身于实际的地形环境之中。山西以山为名，山地较多，对于一个从小在平原地带生长的人来说，置身四处皆山的环境中会产生压抑之感。从地形与交通情况的角度来看，古太原东部边界区域的考察难度不大，虽说这一带为丘陵山区，但交通条件还比较好，古村落的分布也较多。东南部的山区（太谷与祁县境内东南部）考察起来比较困难，此地已经到达太岳山区，地形比东部复杂得多，且山区中的村庄古民居留存量少。在今日祁县的南部，古太原界线向西北折，开始在平原上延伸。祁县与平遥，文水与汾阳之间的交界相当于古太原府与汾州府之间的界线，这一段地势平坦、人烟密集，古村分布密度大，在这一地区进行考察甚是容易，西部的古界是明显的山河型界线，均在吕梁山中。在制定考察计划之前，笔者对这一带情况并不熟悉，想必充满了未知的困难，最终也未涉足。古太原北部边界仍在著名的通衢石岭关，为今日最通畅之地，其余段落也是山河界线，地广人稀、蜿蜒崎岖，而且那一带的风俗与南部诸县有较大差别，对那一带的考察可能会浅尝辄止。古太原府最西界线即为中华民族之母亲河——黄河，近年来沿黄公路已建好，交通问题不大但距离较远，基本上不准备列入考察范围。

古村落以较多地留存民国或以前的民居为确定标准，这些幸存的古村落仿佛是乘着时光机器作为古代所有村落的代表给我们讲述村落曾经的辉煌。徜徉在这些古村之中，会产生一种由时间错觉所带来的类似饮酒后微醺的感受，由此而推及人类的所有文化记忆，总应该把给人们带来的一定时空差别体验作为其价值之一方面，所以，爱惜传统文化的民族是心思细腻、注重体验的民族。

二、做好有关的思想准备

沿古太原边界进行古民居考察，事先应该对以下三个"不可能"有一定的心理准备，这是理智思维的表现。

（1）太原犟头分布范围不可能与太原府行政区划范围完全重合，因为地域之间有相互影响的情况发生，这是正常的。

（2）不可能把边界的每一段都走遍，无论古今，行政区划边界均以江河、山脉为界，许多段落处于崇山峻岭之中，人迹罕至，使用常规方法无法到达，而且作为人文调查，这些地方也不一定有考察的意义，因此而造成的考察盲区的有关情况可以由邻近已经掌握情况的地点作参考判断。

（3）虽然古太原府的清代民居存量巨大，但也不可能在边界线上每一个村镇都有古民居留存，有些村庄焕然一新，古迹难寻；有些村庄只见于史册方志，在现实中完全消失，不复存在。

以上的三个"不可能"是古太原墤头考察与研究的不利因素，却也无法克服。这三个不可能或许会使我们丢失、错过非常重要的资料和信息，因此而得出错误的结论也未可知，其对策是通过坚信实际资料、坚持科学方法、尽量审慎严密来避免错误产生。

三、古太原四界

古太原的界线（图3-1）所围成的形状并不规则，但是可以清楚地划分为东南西北四个大段，指示着古太原府的"四至"。古太原的管辖范围在清代雍正年间缩水之后，不复以往规模，向北不再到雁门，向南不再到上党，等等，但在和平（承平）时期，缩小行政范围有利于提高行政效率。

（一）东界

太原府城居于太原府中心，城市的繁荣离不开周边县市的资源输送。在没有航空的时代，作为北方内陆省份的山西，境内河流基本不能载舟，只能靠陆上交通来获取物资，所以太原府东部北段边界附近区域的交通意义非常重大，这一地位至今未改。清代时期，这一带是上京的官道，驿站递铺遥相连接，至今遗迹清晰可辨。此地亦因交通成为战略要地，沿途烽燧遍布，但其在实际中的应用应该早于清，所以烽燧和官道是这一区域田陌与乡村之外的主要景观，烽燧是官道的配套设施，能够在意外的情况下控制交通，这一设施使平定与太原间的交流十分密切。而在南面由北向南，始于今日盂县的尧子坪附近，此线之西为太原府，线东有平定州、辽州。在云簇镇（今日榆社之云竹镇）之西折为南界。

太原府、平定州、辽州三地的交界点位于马防镇西部附近（今和顺县马坊乡）八缚岭上。

（二）南界

自东向西，与沁州、汾州府交界，向西直抵黄河边，在今兴县李家畔西南。古太原南部边界经过大片比较平坦的地方，太原南部的大片盆地分属太原和汾州两府，这两地人民来往甚是方便，但在地域文化上不一定能够跨越州府间的无形的鸿沟。

（三）西界

即以黄河与陕西榆林府为界。黄河上有船运，秦晋之间，舟楫往来，从中取利是山西人所擅长的。

在兴县高家村镇黑峪口，现在有省道 S313 跨河向西，沿此可做秦地之游，黄河之西的陕北，历来与山西的联系密切，言语相通，风俗相近，两地民居也一定会有不少的联系。

（四）北界

由西向东，太原府一路与保德州、宁武府、忻州三地隔线相望。

这四条线穿越吕梁山上的部分，周围一向地广人稀，形势险峻，不是容易考察的，也未曾听闻有著名村镇，恐难成行。

第五节　太谷县孟高村

太谷县孟高村，是笔者近距离观察的第一个有古民居遗存的古太原范围内的村落，笔者对墀头的注意始于该村，对笔者的墀头研究有启蒙的作用，该村以其为数不多的古民居遗存生动地展示了真实的古太原民居的种种特点。

孟高，属太谷县胡村镇管辖，贺、杜氏为村中望族，本村位于太谷县北端（现境），现在的 108 国道和同蒲铁路东侧。村庄规模较大，历史沉淀深厚，因村中从事文化教育事业的人很多，被誉为"文化村"。本村的民居是典型的新房旧院杂处的状态，削弱了纯粹的古民居的美感。孟高村南街，仍有成片古民居遗存，村中央的村委会周边，也有零星古民居院落。孟高村的古民居大多数仍有人居住，南大街上的旗杆院、穿心院等，为原本规模庞大的古民居遭受岁月和人为损坏后而残存的部分。旗杆院是院落主人中举之后，有资格在自家院落前竖立旗杆作为功名标志，但今日旗杆已经不在，院落也所剩无几。穿心院是一座数进院落组成的民居，因其南门与北门从院中心相通，所以被人们称作穿心院。除此之外，朝阳街 18 号因为保存较为完整，被太谷政府登记为不可移动文物。

一、朝阳街 18 号

朝阳街 18 号是一座一进院落，可能是举人院的一部分，原来应该分为内外二院，现在内院门已经不存。本院院门为随墙门，门洞上方安装有木质垂花门檐，木门框上有字牌，上镌"碧梧枝"三字。本院内东西厢房保存较好，屋顶现在为稍有坡度的灰背顶，原先可能是单坡瓦顶，纵观全院，遗留的最抢眼的建筑装饰当属两对厢房上的太原盛期标准墀头。北面一对墀头，图案为狮子，在中段前面。这一对墀头的二狮（图 4-1、图 4-2），造型几乎一样，未有雌雄之辨，身躯朝北，面部相对，作嘶吼状。其他段各面，均为装饰性图案。在内院厢房靠里的一侧布置狮子，可见墀头图案各题材的使用场合并无规律可循，其实这种图案用于大门比较适宜，用在厢房多少有些别扭。在厢房外（南）侧的一对墀头，图案为菊花（图 4-3），这种图案的做法是先浮雕枝叶，砌好墀头，再单独把雕好的花朵安装上去，所以花朵的立体感较强。本院两组墀头的主体图案之外的部分都很相似，只是狮子墀头的上下两端层图案为折线，而菊花组的上下端为卷草，可见墀头图案的细节部分与主题图案的搭配还是比较合理，使整个墀头图案看起来十分和谐。

图 4-1　朝阳街 18 号墀头东狮

二、朝阳街 17 号

朝阳街 17 号位于朝阳街 18 号东面，已经多年无人居住。该院大门砖框已

图 4-2 朝阳街 18 号墀头西狮

图 4-3 朝阳街 18 号菊花墀头图案

坏，但木门仍基本完好，门头上方镌刻"松竹轩"三字，院内二进格局清晰，内院门两侧有影壁，可见其规格是相当高的。外院厢房低矮，以内院厢房南山墙为北山墙，所以外院厢房只外侧有墀头，样式为低矮的素方太原墀头。内院厢房形制完备，但因未能进入院中，只观察到外侧墀头中段左面似为文字图案。本院两进院的两组厢房，从房屋体量到墀头形制，都有明显区别，等级明显。

三、朝阳街 10 号（穿心院）

此院的结构狭长，从院内穿行可通两条大街，所以被村民称为穿心院，可见其建筑规模之大。虽然院中的原有建筑很多已经倒塌，但基本院落结构仍然清晰可辨。穿心院大门亦为随墙门，门头上有精美砖雕垂花门檐，木门字板上镌刻"桂兰庭"三字。从朝阳街诸院门上所镌字的内容来看，这条街道应该是经过了统一设计，门上字牌的内容都是以有美好寓意的植物取名的院名，使整条街道弥漫着那些植物所代表的文雅芬芳的氛围。这是文字的力量，是文化的力量。

朝阳街 10 号院，原有倒座，现在已经只剩下作为院墙的檐墙了。正对大门的影壁被临时搭建的简陋窝棚遮住了。第一进院的厢房保存较好，面阔较宽，透露出全盛时的气象。厢房上南面有一对墀头，主体图案为下山的狮子，尾分三岔，不知道有什么讲究，其余部位为植物花卉、折线、卷草等图案。二狮子是采用与 18 号院菊花图案相似的做法，狮子头为后装，因此故，所以先丢，目前只剩狮子身躯，头部已经不翼而飞，因麒麟与狮子的身躯十分相似，如今丢了头部，在身躯细节不清晰的情况下，极易误判。这一对狮子墀头，主题段侧面为菊花与荷花图案。本组墀头有一特殊的地方，那就是在象鼻子单元的混砖与紧邻的炉口层前，装饰有"福到眼前"浮雕图案。大部分的太原墀头象鼻子单元前面均保持素面，在此加装浮雕，是特殊做法。

四、其余院落中的墀头

孟高的朝阳街，遗留的古民居院落比较多，表明这一区域是村落曾经最重要的部分，其中的影壁、大门砖雕、墀头等为砖雕，大都图案精彩，质量上乘。木雕主要体现在窗格上，样式多样，制作精美，石雕比较少见，多为大门的石质下碱，上刻"寿"字等图案，这些都是前人的造型艺术遗产。在墀头样式上，此处见到了有束腰的叠涩，这种样式丰富了叠涩的单调造型，表明叠涩结合了太原墀头的形制特征。

除了朝阳街，在孟高村委会周围，尚有至少三处古民居院落，并有一处庙宇。村委会东西两侧的两处古民居，均建有金柱大门，大门墀头上的图案都是卧姿吼狮，东院（北大街5号）的狮子身朝门的两边，头朝向门外。西院（后街3号）的两个狮子朝向中间，头朝门外。门上墀头安装狮子与门前摆放石狮有着共同心理动机，但是，墀头中的狮子身型藐小，即便在姿势上再怎么虚张声势，也不及门前的大石狮威严。

后街3号大门上的墀头砖雕很精美，能够经得起仔细鉴赏，本组砖雕除了两个雕刻得很有神采的小狮子外，墀头各段各层都有造型清晰的祥瑞图案，把各种祥瑞事物组合在一起，且处理得十分和谐，是一个设计优秀、制作精良的案例（图4-4）。

图4-4 孟高后街3号大门墀头（西）

曾经在政治运动中，古民居的三雕装饰被当作旧时代的精神文化代表而成为革命的对象，这一理念激起了许多无知的、幼稚的以及阴暗的但极具破坏力的行为，使许多在今日被视为优秀传统的东西毁于一旦。为了在当时变相地保护这些东西，有的百姓在当时的情形下也采取了一些非常粗糙的、不得已的措施，比如用泥巴将这些雕饰糊起来，这虽也是某种程度的破坏，但却在客观上使一些东西免于被毁，有许多墀头砖雕图案至今仍被包裹在泥巴下面，没有重见天日（孟高村北大街 9 号院）。

孟高村不是一个因有几座残留的古民居而知名的村庄，也就是说，一个村庄有十几座古院根本算不了什么，在孟高村如此，在别的村也是如此。在更广阔的古太原范围内，类似的村庄更是数不胜数，但对我来说，孟高村有特殊的意义，比如前文所说的启蒙、机缘等，应该都是发生在这里，这也是我把孟高列为实地考察第一村的原因。

第五章

古太原之东部墅头考察

第一节　东界北段

一、分段

古太原府的东部界线，蜿蜒在山区间，基本上就是现在的阳曲、太原市、榆次、太谷等县市的东界，观察分布在这一带山水之间的传统民居，不得不佩服生活在这一地区的古代人民对生活所抱有的坚韧态度。但随着社会发展，人们逐渐迁出这一地区，走向集镇和城市，这一趋势似乎已经不可逆转。

清代太原府的东界，北与平定州交界，南与辽州相邻，与辽州交界的地区，主要是太谷与榆社二县的山区，这一地区的古村落情况不明，仅在山北太原盆地东南缘的太谷县境内古村落中进行了考察。

太原府东界的古村落十分密集，为讲述方便，将此段界线分为三段，北段为后富沟村以北的部分，中段为后富沟向南至潇河，潇河以南为南段。这样的分法既不是长度的均分，也没有十分合理的地理依据，仅是根据考察出行经历所做的大致分段。

二、东界北段

古太原东北界线附近的地域文化受忻州影响的可能性很大，与南部诸县有较大差别，这在对阳曲的考察中得到了验证。稍向南为今日阳泉的盂县和晋中的寿阳县，属于平定州地域文化范畴。在这一区域，考察了以下几处村落，这些村落中的传统民居都有明显的平定州地域特征。

（一）下洲村

下洲古村位于寿阳县城的西北，是一个难得的整村保护较好的古村落。在今天古村落普遍保护不善的情况下，其现状令人感动。本村有以下几点令人感动：一是村中比较整洁，没有过多的破败迹象；二是村中现有人口较多，对于古民居的维护比较到位；三是为发展乡村旅游，制定了得力的保护措施。在村中"半截道聂家古院"大门内面，悬挂着一块砖雕匾，其上书"崇善德"三字，上首写道光甲辰年（1844）款，落款为"祁隽藻书"，这可以说明本村中的许多建筑都建于道光年间。在下洲村中，宅门、厢房和正房上基本都有平定州类型的墀头。

1. 下洲小型宅门墀头

下洲村中的多座小型宅门有着几乎一样的造型，这种宅门的分布范围主要在寿阳西北一带，其屋顶全用砖瓦材料砌成，屋顶坡度举折明显，角度较大，屋顶之下体量较小，是灵巧中有敦实的小型建筑物，其墀头形制与太原墀头很相似，自下而上依次是荷叶墩、混砖、枭砖（可缺失）、基本无雕饰的原砖须弥座、七层砖的象鼻子单元。进一步细看须弥座，上下枭有刻线装饰，并倒角处理靠近束腰的棱，束腰处由两块砖立砌而成。墙身无上身下碱之分。墀头本来只是建筑物上很小的局部，所以对于整个建筑物的造型影响不大，而在这种寿阳小宅门上的情况有些不同，因为这种宅门的总的体量不大，墀头所占比例就较大，使这种宅门可能成为外形受墀头影响最大的建筑物了。

2. 厢房墀头

下洲不少厢房和宅门上的墀头缺失须弥座，使墀头变得更为简约，只剩下由砖头磨成的枭混和炉口弧线，这种做法估计也是尚俭民风所致，下洲的古民居建筑质量应该不错，但雕饰明显不如古太原地区用得多。

3. 戏台墀头

下洲的戏台上砌着形制完备、体量较大、雕饰富丽的平定墀头，束腰前面雕麒麟，动感很强地向两边跑开，束腰两侧图案为瓶花，上下枭层次丰富，图案繁杂。

（二）宗艾镇

宗艾是寿阳县名镇，曾是古平定州的商旅要地，前文所说的下洲村就属此镇管辖。宗艾镇位于现在的县道920之南、县道913之西，本镇保留着一条相当完整的商业古街——东正街，以及该街两侧的店铺和大片古民居群。东正街店铺的造型中规中矩，墀头完全是平定州式，而且大部分采用素方的做法，墀头与房屋相当般配。素方平定州墀头，实际上就是束腰部分被加大了体积的简墀，在基本形象的基础上，须弥座上有以下几种变化：第一是加浮雕图案，宗艾镇没有见到雕饰繁复的实例，所加的雕饰非常节制。第二是拉高束腰，在拉到过高时用隔板在中间靠下的部分分段，与太原墀头不同，平州墀头一般只分段一次，保持着与太原墀头在形制上的区别。

在南头街26号院，厢房墀头打破了平定墀头束腰拉长只加一块隔板的常规，不但加了两块隔板，而且加了类似垂花和栏杆的砖层，除了厚度不足和没有雕饰之外，其形制已经基本与太原盛期墀头相同了。这一例非常值得关注，它是平定墀头和太原墀头之间有联系的重要证物（图5-1）。

图5-1 宗艾南头街26号厢房墀头

南头街16号"务时敏"院内的墀头使用了石质挑檐，挑檐的位置在荷叶墩与上身之间，挑檐前端雕有云纹卷杀，枭混与象鼻子单元直接接触，缺失须弥座，这一塈头的形制也是相当独特的。

（三）太安村

从宗艾镇向西南行，即可到达太安村。寿阳县叫"太安"这一地名的村庄还有太安驿，是古驿站所在地，而太安村与太安驿有 25 千米车程。太安村小宅门上的塈头，与下洲极为相似，而且这两地的小宅门总体造型极为雷同，不同之处是太安的宅门石质下碱做得极为认真，这可能与太安比下洲地势低，村旁有太安河流过，村中易潮也不无关系。村东有民居宅门塈头与太原盛期塈头极为相像，图案为狮子，只有中段与上下两端之最大层，没有隔板，也没有上下两段较细的段落，因不分段，因此仍将它们判断为与太原标准相似度很高的一种类型的平塈。太安距离古太原府与平定州的界线有些距离，这两组塈头可能是太原塈头在平定州中发挥影响的"强弩之末"。这种形制与宗艾南头街 26 号那一例，都是受到了古太原塈头的影响，而造出了与本地塈头形制不同的个例。

（四）东韩

在接近古太原的东韩村，古民居塈头的样式与下洲等村保持一致，有着相同的地域属性。本村中有一相当完整的民居大院（东韩村 48 号），开在倒座上的随墙门前，建有木质门厅，大门左侧上嵌砖匾，上书"南极生辉"字样，右侧嵌"寿山福海"砖匾，从如此外观看，本院相当别致，院中必有乾坤，可惜本院现在无人居住，无法进入考察。

76 号大门上，镶嵌着一对有雕饰的平定塈头，束腰主题段前面的图案为讹角框童子浮雕，左面童子似扛一戟，右面童子徒手，猜测其寓意是"童子送吉祥"，并有多子多福的含义。

古太原边界考察之东界北段，进行得很不充分，所以并得不出什么能经得住考验的结论，只能根据基本的现象来做简单的推断。以上这几个村镇，虽位于靠近太原东北的地方，但实际与古太原和古平定的交界线尚有些距离，从这些地方的塈头地域属性的同一性上来看，边界旁边也应该与此相差无几。这一地区的塈头证明太原塈头与平定塈头就是有共性也有很大差异性的两种塈头类型，平定州内部民居塈头的形制，看似有较大的差异，但其根本形制是一致的，区别只是有无雕饰以及须弥座层数的变化，而直接缺失须弥座，也是平定州营造匠人常用的塈头砌筑手法。

第二节　东界中段

太原府与平定州界线中段，可以分为两个单元，一是秋郭线单元，一是十里沟单元，什贴镇北的界线为这两个单元的过渡段。

一、秋郭线

秋郭线是一条由榆次秋村到寿阳郭家庄的当代公路，编号为 X334，此路是在古道路的基础上修建的，所经区域北部是原平定州寿阳县地界，南部为原太原府榆次县地界，该区域是南北走向的狭长区域，域内村落中古民居墀头基本上都属于平定州类型，几乎没有太原墀头的踪影，而且平定州墀头的影响直到榆次的峪头村附近才得到抑制。

（一）后富沟村

后富沟村属寿阳县，是古平定州的一部分，位于秋郭线北端，寿阳与太原界线附近，是一个民居遗存相当丰富的古村，村庄格局因古民居的大量存在而保持着古时的原貌，是十分可信的传统民居建筑文化承载体。

后富沟向东，寿阳境内的古村比比皆是，古民居的墀头精彩纷呈，上文已经做过一定的呈现，以作为古太原墀头研究时之参照。事实上，太原墀头砖雕确实有与周边地区进行对比的必要，但周边的墀头砖雕究竟有多少需要纳入考察范围，并不好掌握。古太原周边的墀头类型多，且各有特色，对于有传统民居研究兴趣的人们具有相当强的吸引力，而且在考察中会牵扯古建筑的其他方面，随时会转移注意力，这就需要在考察中既保持好整体意识，又要注意重点突出，在后富沟这样的古村，更当如此。

后富沟村本名后沟，山西的多山地形造就了无数个后沟村，这反映了三个事实：第一，人们具有约定俗成的以南为前以北为后的方位意识；第二，人们选择在沟形的地带居住，是善于用自然地形作为自己生活环境屏障的表现；第三，后沟这个极通俗的村名却极易重复，在榆次寿阳二地，被称为后沟的村庄不少于四个，这应该不是"后沟"这两个汉字如何悦人耳目、寓意良好，而是对一个村庄随意的称呼的沿用，因为古村建村时间较长，所以这种为村庄起名的草率是历史性的。寿阳县有关人士为秋郭线北的这个后沟改名为后富沟，以区别于其他后沟，不过这个改名方案也不见得十分高明，难道后富沟的人只能后富不成？

后富沟观音堂为一进院落形式，是无人问津的古建筑地点，其主要建筑均仍存在，均为危房。院中躺卧一立于万历二十五年（1597）的重修观音堂碑记，碑文如图 5-2 所示。

万历年间的这一次观音堂重修工作从策划到竣工历时七年之久，在后沟村为大事，工程圆满，人们皆大欢喜，故立此碑记载。这通观音堂重修碑记，虽有少数文字因碑面污渍而尚未识读，但已经不影响具体内容的领会了，它向后人生动地展示了一次明代晚期古建筑施工的主要过程，除领导工程施工的官员贤达外，并附有参与施工的各工种工匠的名录，这种把工人的姓名如此详尽地刻于石碑上的做法，很好地体现了对劳动人民的尊重。观音堂重修碑中有寿阳县的主要官员文林郎事郑金［光绪八年（1882）《寿阳县志》载郑金为北直广平府举人，万历二十三（1595）年任寿阳知县］、典史母绿（陕西华州人——据光绪八年《寿阳县志》记载）和儒学教谕靳桂（县志仅录其名）的具名，表示官方对此工程相当重视，在名单中还有两名来自晋府的神秘人员，以及排名靠前的"迪功郎"和蒋仕郎，他们可能是后沟或寿阳当地人，或是对重修工作作出了突出贡献的官员。如此时间、地点和人物记载详尽的碑记，信息量实在是不小！在工匠名单中，木匠人数最多，表明大小木作是中国传统古建筑之根本。在祖传技艺家族传承的习惯下，太原府榆次县的梁朝花木匠带领子侄孙辈共七人，在观音堂的重修工作中圆满完成了木匠工作，赢得了大家的称赞，碑文在"梓匠"前面加上"大"字，足以说明一切。不止于此，所有的工种皆是能工巧匠，塑匠王自湖、王自海和丹青（画匠）闫英前面虽没有标明籍贯，但依碑文格式，可以理解为塑匠与木匠也来自榆次，而画匠与铁笔匠（石雕、刻碑）董廷绰、杨朝礼、王朝阳则来自阳曲的辛村。排名在寿阳主要官员之后的"选择阴阳生"韩氏三人，体现了堪舆与占卜工作对于工程进行相当重要。

观音堂重修工程的工匠组成情况，充分体现了以家族血缘来组织高效合作团队的事实（出家人以最为亲近的师徒关系来组织团队），从梁朝花祖孙的例子，尤其可以认知到古代人民在生产生活中，家族之中有男丁是何等重要，真是所谓"打虎亲兄弟，上阵父子兵"。此外还应该注意到，重修观音堂的工匠们并不是来自寿阳本地，而是来自相邻县份，当时寿阳仍属于太原府治下诸县之一，而且寿阳本身在地理上距离太原府城相当近，处于古太原府的核心区域，还不是

重修观音堂碑记

详夫古晋阳之东，马首之西，各七十里之奇，昔轩辕驾□虽尤于陵泉之野妥行祠于双泉之寺，彼我

朝继天立极之初，他务未遑，亦当（啬？）□天下鬼神□我之先祖设居□疃，名曰后沟，始建观音堂一间，次修东西廊庑，南

殿各三楹，即双泉之下院亦为圣祖之行祠，春祈秋报，邦国紧（□）牢，民安物阜，神圣之应，岂无□乎？迨自修葺以来，岁深日久，栋宇倾颓，砖

瓦毁坏，甚至风雨不庇，难以妥神□之功，宁可亡废乎？今以万历十有八年间，居民老幼入庙共覩，□有惭色，乃喟然叹曰："我人民皆赖

佛祖□养生，栖神之所倾圮，一方之□，钟无所击，鼓不作声，人民皆无所赖矣，宁忍恝然乎哉？观此地青山高耸，绿水滔滔，西通川陕，东及

幽燕，亦为古刹之地，岂小补云乎哉？于是起意人韩□会通功德主糺首，等同募缘僧资海，募化四方，贤士君子，各发虔诚，负智者献谋，

□勇者效力，广积者输财，多财乾纳贿，积砖运瓦，无问殿廊，视其缺损之优者，量工命匠，□次修理，栋宇之朽腐者易之，砖瓦之毁坏者

朴之，筑其垣墉，涂其□，楹桷丹刻，辉辉煌煌，□彩云之放祥，丹墀斩砌，齐齐整整，如灵玉之呈瑞，各建三楹，庙貌焕然为之一新，□为

妥神之所，其内列塑：

诸佛、菩萨、伽蓝圣像，金光显现，彩色新鲜，保邦国

皇图永固，公侯贤哲文武咸安，岂不美哉！留住持僧觉识朝焚香火，暮诵经言，佑一区风调雨顺，五谷丰登，军民各安，马□哉，人则功

既成，石未立，恐其泯没而无所传也，余皆欲予为言，以表士庶之名，予匪才，但强拾俚言，□诡其语，命□石，历记前功，□垂不朽，庶

后之视今，犹今之视昔，越千万载如一日矣，其或继修者，宁不有斯感发而兴起也耶，如此磐石之安者，□亦在此修举耳，□人杰，理

势之必然也，岂徒漫语与哉？由是登碑之语，耿耿而不磨矣，后之□子，视之勿□云耳　间

大明万历二十五年岁次丁酉月值蕤宾吉旦颖州社庠生韩遇春书撰，本寺住持寺人王□篆额　砖瓦匠僧宽识、哲堂，徒祖全

迪功郎刘以特　砌

寿阳文林郎事郑金　典史毋綵　儒学教谕靳桂　选择阴阳生韩守忠　韩凤莺　男韩甲

蒋仕郎俞可成　教授薛士聪　侄梁格，男梁才忠、孝　李奉阳　男李显

钦赐晋府承奉郝九皋　侄庠生郝明升　榆次县大梓匠梁朝花　男梁森，孙梁才贤　铁匠　李志宝　男李财

布政司吏郝绚　男庠生郝明显　侄梁豹（？）男梁才文　塑匠　王自湖　王自海

晋府门正官郭清　高升　资海门人玉连　阳曲县辛村都铁笔匠　董廷绰刊行　丹青闫英

双泉寺住持僧定奥（？）门徒资明徒孙玉珑　杨朝礼

玉印、庆　王朝阳

图 5-2　后富沟重修观音堂碑记碑文

平定州升格之后的外地，即便是来自榆次的工匠如何施工，如何影响建筑装饰的地域特征，都是太原府内部的变化。如果到了清代，榆次工匠到寿阳施工就是一种跨州府的行为，如果因此而影响到寿阳的建筑特色，那就是不同地域之间的互相影响。对于乡村民居建筑来说，明代可谓久远矣，当时太原府内部民居的地域特征是如何变化已无处可察，因为现存的明代建筑多为庙宇，与民居的区别比较大，它们不像清代的乡间庙宇，与民居之间的差异大幅缩小。由此看，观音堂院内的建筑不可确定是否保持着明代原貌，因为院中残存着清代的碑石，年代晚却残破不堪，信息量不如明碑大，却可说明清代又有重修的动作，所以观音堂的寺院格局和建筑物梁架可能是明代的，而从殿宇墀头看，现在存在的建筑外表墙体应主要是清代重修的结果，观音堂的山门内（北）墀头有太原等地通用盘头和平墀，而正殿、配殿的墀头砖雕皆没有象鼻子单元，这种做法实在反常。

在观音堂附近和数处房屋及主街中段一南向门楼上的墀头砖雕，也都缺失象鼻子单元，这种做法可能在后富沟附近较为流行。在平定州腹心地区，有从上身直接镶嵌砖雕的许多实例，即无荷叶墩和枭混。后富沟村中的无象鼻子、有荷叶墩和混砖的墀头砖雕，与平定州中心的做法恰恰相反。87 号宅门做法更甚，此门墀头很小巧，用鹿与鹤来实现禄与寿的寓意，其形制与象鼻子做了更彻底的告别，以上做法，是宅门因矮小而容不下象鼻子存在否？

89 号院宅门墀头砖雕因与上身等宽而宽大，砖雕的中间部分略有收束而仍不失平墀宽而扁的比例特征，墀头上的文字图案没有采取任何图案变形的技法，用楷书端正地浮雕了"长发其祥"四字，其中"长发"二字在东，"其祥"二字在西，用文字作图案，完成直白的寓意表达。侧面则采用了传统建筑装饰的常用图案，为变形的文字图案和为适应墀头形状而设计的花卉图案，由这些装饰图案来看，这座门集中展示了传统建筑装饰图案设计的多种可能。

后富沟东部尚有一座楼院。明清时期，山西各地精致的小型院落多有分布，能够兴建楼院的则是村中财力较强者，后富沟概莫能外。此楼院的形制与布局在整体上与古太原核心地区的巨商们的居所有一定的联系，正楼房上的墀头砖雕因有一块厚重（相较于太原标准墀头）的隔板，并嵌入类似于山西太原等地墀头的象鼻子单元中，使这组墀头砖雕与太原标准墀头之间有相似之处，但稍加观察，就可发现本组墀头砖雕在造型特征上仍是平墀，这是理所当然的事情，但每当在太原府之外的地区见到与太原墀头近似的墀头时仍然让人心中一紧，因为它们有可能会推翻先前的墀头砖雕地域属性判断。

（二）大远村

沿着秋郭线返回榆次的半途，在接近古太原府与平定州交界线（与今日的榆次与寿阳的交界线重合）时，公路左侧半山有一古村，名叫大远。大远村现在已经基本被废弃，伴随着废弃过程，古村民居建筑遭受风雨的加速侵袭和人为的破坏。比大远靠南的什贴一带山区窑洞，门窗细高，檐墙多用砖砌。大远的窑洞与什贴一带的窑洞不同，大多为石砌檐墙，门窗占据整个窑洞宽度，看来此地石料相对易得。

可能是经过了有意的设计，大远村的民居建设在一个桃形的范围之内。大远村位于罕山半坡，地势西南低、东北高，地表原为红色风化岩石。传说为清理出适宜兴建民居的地形，民居主人付出了巨大代价，雇佣乡亲们清理宅地，清理一帽壳碎石可得一帽壳小米的工钱，时间同样是在光绪三年（1877）山西遭受巨灾之时，通过这种以工代赈的方法，主人不但得以建成豪宅，也拯救灾民于既倒，但这种传言应该不无夸张，而且在时间上也值得怀疑，但可反映出屋主人与村民为改善本村民居用地地质确实费过不少心力。

大远村现存规格较高的民居为本村杨姓家族兴建，沿道路由西向东可依稀分为四组：西组、中组、东组和石窑洞单院组。西组有院三座，西组东院头进院为整个大远唯一仍有人居住的院落，东西厢房完好，正房为高大楼房，下层为窑，上层为楼房，此楼墀头硕大无朋，其宽度比大联山更宽一砖，砖雕为平定类型，为已见所有太原、平定墀头中最宽者，由此可知原楼规模宏壮，此墀头侧面为素面，正面图案由下至上三层，荷叶墩之上最下层为底座，图案为云水，其上收束，浮雕精美二草龙戏珠，再上为一条凸起隔板，隔板之上再收束，置三块浮雕画板，内容为花草山石，构图简洁，图形优美，意趣横生。本院厢房北组墀头北侧面图案为鹿，以表示"禄"的含义；南侧面为虎豹类走兽，以谐音原则，倾向于认定它是表示"福"的虎。看面图案是童子，东厢房墀头为童子挑担（与东韩76号和本村中组东院二进墀头北侧象鼻前图案相同），西厢房墀头已经毁损。本组墀头分隔层均有繁复浮雕图案，是须弥座式平墀的特点，南组情况未明。本院之后的院，院高已经与前院正房顶同高，既可以与前院通过正房相连，又可通过前院东墙外的斜坡直达，还与中组二进院厢房之北的小门相通。因坍塌过甚，原状甚不明了，但观察正房窑洞前的垂带踏垛，建筑原状应该是相当讲究。

西组西院和中院都是一进四合院，院中建筑有窑洞正房、东西二厢房和倒座、门楼，可容家族中相对独立的小家庭居住，厢房216头样式简朴，也仅看面有图，主图案为炉鼎形瓶花，底座同样有云水图案。

中组整体地势较西组高一个层次，亦由东西二院组成，各有三进，一进较一进在地势上又高一个层次，至今保持着整齐而宏伟的面貌。中组西院第一进有一小型宅门，其造型与下洲等地小宅门近似，没有216头盘头。进入院中，西院二进厢房216头，为原砖上下枭简216，下枭前面浮雕底座图案，其余位置素方，有象鼻子单元。西院三进为普通素方平216。因东院第一进西厢房已经不存在，所以从西院宅门进入后可直达东院，东院一进有倒座，保存较好。东厢房残留山墙上，216头完好，其形制是高大有底座须弥座式平216，束腰处前面图案为卧狮，两侧为花鸟，砖雕下有混砖，上有枭砖，与二层盘头相连，无象鼻子单元。

从西二进院门前向西走左转，可通过一进院正房西侧预留的楼梯登临房前平台，在此可以瞭望村貌。该通道门上也有216头，是与下洲缺失了须弥座216头一样的形制。

东院二进院西厢房216头形制怪异，十分少见地在象鼻子前部雕饰花鸟图案，其具体形制为混砖式荷叶墩上加二层普通平216底座，上紧接象鼻子，象鼻子上的图案为预制好后再行粘贴，这种形制相当特殊，相当少见，因在别处并未见到，难道是工匠一时灵感迸发所致？此房216头，因对面厢房已经不存在，所以成对的内容究竟为何不得而知。只知道南侧象鼻单元前图案为花枝上有鸟回首，北侧216头为桃树下的两个童子，两童子姿势和手持道具与前文所述东韩村 76 号大门216头图案相同，只是在此两童已经站在一处（图 5-3）。由此可知，该图案两童子本该在一处，扛物（戟）童子回头做顾盼后童状，后面的童子双手扶一猴子面具，朝前童追来，充满了孩童稚趣。二童子头顶的桃树极不符合生长常规，枝头花朵、果实和叶子共在，可能是为表达吉祥寓意而采取的非常手法。该院正房216头为枭混重复式，与之并排的西二进院正房216头为象鼻子单元与混砖夹一块底座浮雕的形制。

中东院第一进倒座与东厢房之间为有门的院墙，此门精致，左右有砖雕对联，已经毁损不可辨，门上匾额文字内容为"诗礼传家"，现在也已经毁损殆尽，仅余的"家"字也将不存矣！此门外，向南原有照壁一堵，前几年还屹立如常，因无人照料，终究在风雨中倒下。中组东西二进院建有单独的院门，且可以通过中组院东侧坡道抵达，此坡于一进院东厢房后的石拱券开始，是为后面二进院落单独开辟。东院三进厢房上为有一隔板的平216。

东组院落为纵向排列的三座院，位置虽如此，但并非一院的三进，前二院

图 5-3　大远墀头象鼻图案之一

为一院二进，最后一院是独立的一院，前院第二进院内院门墙、西厢房比较完好，厢房上是常见的平定须弥座雕饰墀头，下枭浮雕荷花瓣图案，上枭刻斜线，上枭之下又有一层浮雕着荷花瓣的砖块，与下枭相比较，此处的花瓣下垂而细长，束腰处正面为一花两叶，侧面为几何花朵纹样，下枭之下又有一块底座浮雕砖块，象鼻子单元五层，象鼻头侧面有简单的刻线。本院东厢房残余南侧山墙墀头仍在，按理应与西厢房上的成对，但根据实际观察，从形制到图案内容，并不成对，不知为何。

　　东组院落向东，有丈余山崖，山崖上原来排列着面向西南的窑洞院，目前只有一院相对完整，本院为东坡石窑洞单进院区首院，宅门小巧精致，门牌为南庄乡大远村 11 号。砖构门楼内嵌木构门框与门楣、门板等，门楣由三块木质字牌等分，镌字为"笃其庆"。因此门后墀头上有现代简体墨书标语，东为"治疗"，西为"预防"，从这标语来看，此院以前可能做过卫生院，门外墀头砖雕精美，无象鼻子，外侧面图案东墀为画戟、西墀为如意，寓意吉祥如意，因上身直达门枋而未在荷叶墩处转化为盘头，导致二墀内侧甚浅，所以无任何图案，墀头前面图案为浮雕仙人图案，头部皆已损失。二墀头前面主体的人物都采取坐势，端坐树下，东墀头人物手执芭蕉扇，将自己的葫芦悬挂在树上，西墀头人物右手执拂尘，背后负宝剑。二位皆仙风道骨的仙人，这样的装束，基本可以判断东为汉钟离，西为吕洞宾。这个墀头怪例，在附近一带的宅门上偶见，后富沟也有这样形制的宅门，所以能够引起观察研究之兴趣。这组墀头与标准的太原墀头之间的关系是值得讨论的，因为这组墀头每边都有两块隔板，虽很厚，也能够明确地将墀头砖雕隔作三段，但它绝不是太原墀头，它砖雕部分紧贴前面外侧，内侧完全素面，与太原墀头形制不同。本院正房为有木构前廊的窑洞，前廊建在高台阶上，抬高了窑洞位置也加强了窑洞的气势，抬高了院落的档次。本院在面积上的小巧和在气势上的高昂极巧妙地结合在一处，笔者觉其有小、威、美的特征。

在蓁莽丛生的断壁残垣间找寻大远昔日的繁荣，发现在大远那甚小的村庄规模中，墀头砖雕的样式却很是纷乱，但总体上都仍属于平定州做法，如此接近古太原而没有标准的太原墀头，说明平定州类型墀头砖雕的分布势头较强，且有较悠久的历史，这一点也被邻近大远的古太原府村庄中的墀头所证明。

大远村的建设包含着中国人所固有的园林思想，有以下三端：一，对自然景观的利用所反映出来的"天人合一"的园林观念；二，建筑物造型高低错落、布局峰回路转的园林营造和住宅设计理念；三，突破常规，通过极尽变化的建筑装饰让民居更为美观，墀头砖雕即为实践这种想法的实例。

大远村的墀头设计与安排令人称奇，建设大远村的工匠肯定对各种形制的平定墀头了如指掌，有意地想要把它们集中在这一村中，并在此基础上进行创新。这其中必有深意，并且这种深意在目前的情况下还能够被人们所感知到，真是令人称奇，当然体现这种情况的大远村还能够在现实中维持多久，就真不可以预料了。

大远村那令人惊异的精美民居被彻底抛弃让人费解和遗憾！这是一种畸形的趋利避害思想所导致的将传统文化打破、蹂躏、遗忘而不自觉的短视行为。大远村距离公路有四百米远，与公路有三十余米的高度落差，不足以给生活带来太大的不便，究竟是什么原因促使人们离开故园，难道是煤矿采空区？如果真是这样，这就是又一次的文化资源与自然资源交锋的挫败，这是一个值得调查并思考的问题。

太原府与平定州界线由大远之南向东南转折，向十里沟单元伸去，其南为古太原府境。

（三）东蒜峪　西蒜峪

从大远村向南行，即进入榆次，也就是在历史上一直属于太原府管辖的地域，由此直到今日的环城北路的区域，墀头样式仍受平定州影响，因为这一带的墀头比注重变化的大远村规范，使这一区域的墀头砖雕与平定州腹地有更强的呼应性。

东蒜峪位于秋郭线之东侧丘陵半坡上，村内有许多门户是很古朴的样式，但全院完整的很少，据榆次区政协编写的《榆次乡村简志》记载，此村"文革"时经历过系统而集中的古文化破坏活动，对古村的风貌产生了毁灭性影响，不过仍然奇迹般地幸存着一座寺庙——崇建寺。在一般的墀头上，墀头砖雕较上身的宽度收缩是通过变换看面形式来实现的，比如上身是"狗子咬"，砖雕部分则变为"马莲对"，东蒜峪崇建寺的山门简墀，墀头砖雕的中间砖块是与墀头上身所用规格相同的整块砖，而看面形式与上身均为狗子咬，盘头比上身的宽度又有所收缩（盘头的宽度是上身宽度的85%），达成如此效果是以斩短砌筑盘头的砖块为手段，或是专门生产出长度不同的砖块用于盘头砌筑，在外观上是不容易看出的。此处的简墀宽度过宽，看惯了截短了中间砖块的马莲对简墀砖雕，崇建寺山门的简墀还真有些让人不适应。

崇建寺左右配殿上为通常的须弥座式平墀，没有什么奇怪之处可供述说。主殿则是大式的悬山殿宇，三开间，柱头铺作很是内敛，但补间铺作无论明间与梢间都有夸张的45°斜拱，恐怕能够引起不少人的观察兴趣。其窗户是简朴的直棂窗。崇建寺与整个村庄的方位关系与榆次其他有寺庙的村庄情况类似，即寺庙多位于村庄的西南方，现在看其结构并不完备，形成此种局面或许是寺庙中某些建筑已经损毁。

从东蒜峪村中部一处古民居内深度较大的雕饰平墀来看，本村将平墀的敦厚特点体现得比较到位，以此推及村庄以前的面貌，料会有更多的平墀曾经存在。

西蒜峪比东蒜峪偏南，位于道路的另一侧，村中有圣母庙（又名观音庙、奶奶庙）坐西朝东，戏台、配殿上的墀头皆为雕饰平墀，这种形式的平墀代表了这一带各村落的主流墀头砖雕样式。

（四）高壁

东西蒜峪之南为高壁村。高壁村资圣寺是少见的能够在梁架上见到题记的古建筑，这种大字题记让人想起平遥镇国寺主殿，也从一个侧面表明本寺的历史比较悠久。今日山西境内的众多寺庙，由于经历过多次重修，存在建筑内外年代不一的情况，通常会在梁架方面保存一些较古的材料和做法，而在外墙和屋顶处理上运用重修时的通用做法，这种情况也是梁架结构在古建筑中起骨骼支撑作用的体现。资圣寺配殿为叠涩墀头（或有混砖枭砖重复叠涩墀头），此处建造年代当早于平定墀头与太原墀头流行时，平定和太原墀头是古建筑墀头的绝唱，后世几乎没有人再建需要墀头的传统硬山房屋，在平定墀头流行的地域突兀出现叠涩墀头，不外乎建造时间较早，若非如此，即便请来平遥工匠也无法在墀头上不入乡随俗（关于建造时间，有条件要通过读碑求证）。

高壁资圣寺的山门与正殿均为三开间悬山，山门左右原来应有钟鼓楼，正殿左右现在仍存在耳殿（是两座有叠涩墀头的小硬山），另有东西配殿，这些殿宇共同围成寺院院落，山门即前殿，钟鼓楼已经坍塌了。山门梁架上浓墨大书建造时间、人员和工匠姓名。由于东西配殿均为硬山建筑，所以有墀头建造，但此二配殿不同于附近其他实例，就从其高规格的梁架来看，在全国也算是特殊案例，因为这二殿是采用了斗拱，且斗拱的个头够大，把一向低调平淡的硬山房屋建出了辉煌的气派。西配殿柱头与梢间补间为单拱单昂计心造，南北山墙柱头为半斗拱，明间补间铺作是具有山西地方特点的有45°斜拱的较大一朵斗拱。东配殿斗拱与西配殿相似，但明间补间铺作有两朵普通的斗拱，与西配殿不相同。不仅是斗拱，东西配殿墀头样式既未采用平定式，也非太原型，且东西不相对应，这是令人费解的。东配殿墀头是原砖叠涩墀头，西配殿是混砖枭砖重复叠涩墀头，这种在格局上循规、在细节上不蹈矩的现象可以用以下假设来解释：西配殿建造较晚，或为重建物，在建造或修复时对东配殿进行了部分的参照，且有所升级，所以造成了西配殿的现状好于东配殿的现实情况。本寺虽在整体上能够保留山西明清寺院的特征，但却完全不能反映古太原的特征，也是本寺令人费解的地方。

苏河自然村西部有关帝庙一处，现在只有正殿遗存，为三开间硬山砖屋。后墀头为叠涩，叠涩出现在后面不为奇怪。前墀头砖雕归为平墀，仅打磨原砖，无任何雕饰，具体由三块陡砖组成，侧面二砖略比盘头内收，前面已经打磨圆滑。看面一砖削小，置于侧面二砖之间，因稍向后而形成一个后退的空间，此三砖向上则有混砖，这块混砖并不是通用的部件，与下方混砖（是通用的混砖）相对而围合后退的空间，虽有空间却空无一物。

南头也是高壁村下的一个自然村，这个小自然村的古民居相较于相邻各村来说相对集中，数量相对多，保存状况相对好。南头村口关帝庙的规模与苏河的关帝庙比起来小太多，仅为一座一开间的小型硬山砖屋。房屋虽小，但庙前的古树又表明了小庙有着不短的历史，现在的建筑可能并不是初建建筑，也应是重修之物。庙门朝东，门窗为窑洞式，砖造庙的前面加建木构抱厦，这种做法常用来建造戏台，用来建造寺庙主建筑让人感觉新奇，也让人联想到日本神社建筑中的"流造"，是偶像与参拜者兼顾的建造想法的体现。

南头村中部路北有一较完整并有墀头的砖造门楼，门上墀头看面有圆形寿字图案，盘头上部看面较下处有一小巧的云纹装饰浮雕。此门墀头形制是在墀头砖雕的中间部分与上、下部加扁方形砖块过渡，有三段化趋势，这种形式的墀头砖雕在祁县阎漫卫生院也可以看到，距离此处并不近，所以这种墀头砖雕虽不是孤例，但也并不多见，是使人困扰的少数个例。路南土台上有一座精致砖院，门楼壮观，木构门框、梁架、门板，制作均精良，有精美透雕雀替，表现的内容安插在方折图案之间，从上至下分别为"琴、棋、书、画""双龙"和"炉鼎"等，门楣上有字板，右镌"福"字，左疑为"庆"字。木构的精彩使门上的砖雕相形见绌，门上墀头为加柱的无雕饰平墀，极低调地烘托着木雕门。墀头就是这样，它们绝不是建筑物装饰中最精彩重要的部分，但它们所传达出来的某些特殊信息却很有意义。

太原墀头和平墀都有无雕饰的素方情况存在，这种纯几何的建筑装饰是没有任何吉祥寓意可以容纳的，这种非主题性的纯几何造型的装饰手法古人早已在运用，而纯几何造型的墀头，其造型的简单性和它们作为整座建筑附庸的状况使它们不可能也不必具有相对的独立完整性，而且它们的几何造型没有任何结构上的责任，工匠纯粹因装饰的目的而建造它们，使用了造型变化的某些手段，但它们不属于图像系统，不进行图案表现，所以也无从体现"图必有意，意必吉祥"的规条。这些特征在无雕饰的简墀、平墀和太原墀头都得以体现，与此不同，叠涩墀头和混砖枭砖叠涩墀头虽也是纯几何的，但它们逐渐向外的造型具有结构上的意义，并不是纯装饰的部件。以上数语，是在观察苏河关帝庙的无雕饰平墀时所想到的，但对于全书所提及的类似墀头同样适用。

（五）东左付

高壁村向南即东左付村，该村有寿安寺，这个先后作为供销社和羊圈的寺庙有诸多看点，但说到墀头目前只有配殿上的简墀，这一点揭示了寺院在清代有过重修的事实。从院中散落的碑记可以了解到，此地域的建筑工程往往是由榆次和寿阳的工匠合作施工，工匠的地域性审美多少会影响到建筑物的风格。

圣安寺有明碑一通以及清代的碑碣数通，还有散落在院中的年代更早的碑座数块。寺院中明碑的正反皆有碑文，正面如下：

> 恭唯

> 大觉慈尊周初显现于西域。汉帝明皇夜梦金身而丈六，遣人求教，中途遇竺法摩腾，白马负经至洛阳，法传于东土，始建梵刹，彩画三身，盈衢殿宇，四天王护镇山门，桉（按？）四季管风花雪月。今有徐（涂）川邑北罕峰山南龙门乡左付一图古迹圣安寺一所，内隐大德禅师圆仓等精严戒律，鬼神钦持，守法门而求固，晨钟慕（暮）鼓，祝皇图亿万，洪庥奉咒看经保阁，境人悉康泰，圣像週隆，悉皆完备，只缺×承鼎供棹二张。有本村见行大木都料三保举意发心赛献，奈因独力难成，议会乡民，会首张朝等喜舍资贿，共结善因，虽然应事，尽皆周倚，何名摽为后记，仍称妙意，建立石碑，将此施财功德主碑后开名纠首，坛那防（助？）缘，人次第？开写祁福无朽，石滥方休。本寺地土周围南北西边至道，止有寺东迹（？）墙为界，村中心菴地二亩，亦系僧人承种，只此碑文遗传万代者矣。本村张洪书

> 时大明嘉靖癸未年（明世宗嘉靖二年，1523 年）闰四月吉旦　原戈石匠冯友金攒

碑阴：

> 大明正统八年（1443 年）重修圣安寺一所

> 都功德主……

　　此碑于 1443 年随重修圣安寺同时而立，无碑文，只载功德主名单。可能的情况：1523 年，因捐助贡桌而于碑阴镌刻碑文如上，因此缘故，方变原碑背面为正面、正面为背面，并在空白处增刻贡桌捐献功德主名单。

　　圣安寺的墀头没有太多的可观之处，但正殿与东西耳殿的内壁都存在壁画，分别是偶像背后的图像化教义阐述与纯装饰图像。由于正殿在壁画之上进行过粉刷，所以多数壁画内容无法看到。大殿改作他用后，原来彻上露明造的屋顶被一层裱糊的仰尘（纸质天花板）遮蔽，仰尘之上的壁画未受粉刷影响，至今色彩鲜艳。两山墙梁架间壁根据梁架划分为若干块，上画水墨人物、山水和花鸟，是纯装饰性的，其意蕴与儒道二教意涵接近，与佛教无关。近来，壁画缺

乏有效管理，有精彩彩绘人物部分被盗，其余部分能否安然无恙着实没有把握。

东左付村庄中的传统民居正房是在包砖檐墙上开细高小门窗的窑洞，是罕山南部地区民居惯例。东左付村中的古旧民居几乎已经被人们完全放弃，一座座大门紧锁的荒凉院落给笔者以隔世之感。

（六）西左付

让西左付村引以为豪的是两个名人，一位是刘知远，一位是张彪。这两位英雄所生活的年代相差甚远，前半生的经历有很大相似性，他们都是贫寒人家出身，投军离家以后凭军功擢升，成就了人生的伟业。现在，西左付人为这两位名人在村前公路北侧竖立了雕像，过往行人远远地就可以看到这两尊石像，不免产生想要一探究竟的欲望。但西左付村留下的清代民居却极少，村中最大的"古建"是张彪于民国时所建的祠堂，这一座建筑并不是按照古太原的地域风格而建的，它反映了在南方长期工作的张氏的审美需求，在事实上结合了南北方建筑的特点，张氏不但是长期生活于湖北武汉，更有留学日本的经历，对于建筑物的见识可能很独到。张氏祠堂的存在，在可以将其称"古"的今日，是古太原地区传统建筑样式的丰富性实例之一。它对于古太原民居规范不太遵循，让人相信民国时期的传统民居建筑已经脱离了传统建筑的地域规范，从而变得难以把握，这样的情况实际上也是民居断代的一个线索，不过由于民国距今不算太长，许多建筑不需要这样的线索也可知其建造年代。另一方面，许多看上去很符合传统规范的古民居被人们声称建于民国，这也是挺令人迷惘的事，因为民国属于近现代，而符合传统的民国民居属于古代，人们究竟是如何突然告别了"古代"，又是如何通过建造旧式民居来表现对古代的留恋，当时的心态恐怕与今日对传统继承发扬的意识有很大的差异，应该是仍然认可以传统民居为基本活动空间的生活方式。而在整个民国时期，留给中国百姓建造民居的时间很有限，普通人没有几日安定，也没有多少金钱。能够在民国时仍然建造宅院的人都应具有不可思议的能力，该时段中国人对于兴建民居究竟是什么样的心理状态值得深思。

中国人告别古代是在乱世中被动或主动接受外来的思维、知识与事物的冲击，同时在社会变革所导致的各种暴力事件频发的情况下，个人安全失去保障的恐慌中发生的。中国多数普通百姓对于政治的认识，仍然停留在封建皇权时代，习惯以"皇上"来比拟拥有最高权力的领导人，在政权频繁更迭的情况下，把自己置身在与政治隔绝的小壳中，以自己谋求温饱的所有活动不受干扰为追求目标，一生不远行，与有领先意识形态的世界相疏远。原来有能力建造考究民居的一部分人也在此时家道中落，民居建筑的标准开始下降，清中期开始的民间建设大潮彻底完结，等人们在经济上再有能力时，建筑施工已经机械化，人们的生活习惯、审美意识以及建造民居所需的土地资源也都发生了改变。

在 20 世纪的前 50 年，有许多经济实力雄厚的人士把自己的财富转移到海外，社会的动荡使中产者变贫，而贫者恒贫，中国的百姓不但是经济上贫，在精神上更是莫衷一是，人们就是在这样的环境之中逐渐告别了中国的古代，以上这些是在看到西左付村的张彪祠堂后想到的。

（七）苏村峪头

苏村是秋郭线北折第一村，此村当中有一处古民居，文物部门挂牌为"苏村一号民居"，有南北二院，均为东朝向，南院院门为随墙门，正房为楼，厢房上的墀头为太原盛期标准墀头，图案为花草类。北院宅门为木构，气势胜过南院，但也仅此一处胜过，其他则逊色，北院厢房为雕饰简墀，此处简墀特殊之处在于混砖与砖雕下层之间添加了一层底座式浮雕砖块，所以这一实例是雕饰平墀与雕饰简墀之间的联系纽带。苏村的古民居墀头展示了不同种类的墀头给人带来的等级上的差异，即便是经过雕饰过的简墀，也没有办法和体形硕大、雕饰精美的太原盛期标准墀头相较，同时也说明，苏村一带已经开始脱离平定墀头的影响，正式进入太原墀头的势力范围，这与苏村地处丘陵区域边缘，靠近榆次城有关。

位置正好处在秋郭线拐弯处的村庄是峪头村，这个村庄的情况是平墀与太原墀头并存于村中，这种情况对于处在榆次城北的诸村来说是很普遍的。峪头村中部临街一处朝南开门的前清建筑物，因有斗拱而显得规格相当高，未审其究竟是庙宇还是民居，其两侧山墙上有一组太原盛期标准墀头，是配合着挑檐木而使用的，墀头的具体图案现在仍被掩盖在泥巴下面。向西百余米有房屋残存的山墙，嵌着有花草图案的雕饰平墀，既然这种墀头在太原府境内分布得这么多，为什么不把它们直接视为太原墀头之一种？在客观上，这样的判断有其合理性，但在建筑装饰的属性判断上不能仅依靠某一实例所处的位置这一个因素，更关键的是要找到其根本的形制特征并在分布上找到其根源，平墀的根在平定州内，这从寿阳、阳泉等地遗存的古民居建筑上可以观察得知，无可置疑。不同地域的墀头在不同地区的边界互相影响所造成的墀头类型跨界，应该视作正常现象，总体上来讲，对于从墀头这个切入点所做的探究，其动力还是古代的劳动人民的生活和思维状况让人好奇，能够通过㘰头研究与古人进行对话是建筑人文研究的奇妙之处，在此过程中，笔者深刻地认识到，人的创造物上肯定会凝结人的精神意识，但要被后人领会则需要费一番周折。

在农业社会时期，农村与城市的差别不大，城市只是集中了行政机关，虽也集中了商业活动场所，但在自给自足的时代，这些对农村人没有过多的吸引力，城市的基础设施也没有明显优于农村，且在彼时，人们的原乡意识浓厚，对迁徙一事十分慎重，此即所谓故土难离，其中最要紧的因素即是"土"，不光是用于耕作的耕地，更有栖身之房屋所在的宅地，在人们心目中是自己拔不掉的根，所以农村能够长期保有足够的人口，有人口，也就有其应有的繁荣。城乡二元化之后，城市与农村的差别逐渐加大，农村的吸引力逐渐降低，人们的原乡意识减弱，把迁徙当作家常便饭，农村人口外流，向城镇集中。这种情况在秋郭线上是容易看到的，秋郭线沿线是榆次境内地形较复杂的区域之一，传统种植农业、国土资源开发和运输业是这些村落的主要生产方式，这些方式对传统村落古民居的保存不利，地质改变和环境污染使这一原本风景秀丽的地区变得萧条，村中难免有人口流失的状况发生，旧居抛弃和新民居修建破坏着古村原貌。此地区是古太原府的背阴处，古民居本与风景相得益彰，但随着人们有意地抛弃，此地古村落的破败之相与所谓蒸蒸日上的经济极不协调，其复兴的前景还不明朗。乡村振兴是一个系统的工程，从文化角度来看，乡村想要振兴，除了要加倍保护有形无形的传统文化之外，还必须要有能力吸引具有文化意识的人们留在或来到乡村。

二、十里沟

秋郭线一带的太原府与平定州界线在东蒜峪之北向东弯上高地，在什贴之北向东延伸，到十里沟再向南折，这是东部中段界线，也是榆次与寿阳的交界。此段界线周边与秋郭线两侧的气氛不甚相同，因为这一带的民居㘰头平定和太原的特征兼有，两地的互相影响强于秋郭线，所以类型较为丰富，且可以见到纯正的太原㘰头，太原府腹地气象逐渐显现的同时也不难看到平定州㘰头。

（一）辛家庄

辛家庄的戏台前台为卷棚抱厦，后台为硬山砖屋，这种格局最常被戏台所采用，所不同者，该戏台为弥补抱厦进深之不足，在前端加飞檐，为过渡好飞檐与抱厦屋顶，卷棚屋顶两侧多加了两条与飞檐戗檐相连接的垂脊，使屋顶呈现出卷棚抱歇山的感觉。后侧硬山砖屋，如果不是戏台之一部分，其普普通通的民房造型实不足为奇，墀头是须弥座形平墀，上面有浅浮雕图案，细密而琐碎，是很低调的建筑纹饰。

辛家庄村的古民居集中于村东南部，多数仍有人居住。在辛家庄戏台东北50米处，有两座大门垂直相连，一朝南，一朝西。朝南者已经看不出以前曾有什么装饰，现状只是一座极简之砖造拱券大门，此处极有可能为所谓"歇马店"（因为辛家庄一直是交通要道上的行人喘息之所，即使是今天，高速公路服务区仍然设在本村）；朝西者为硬山金柱大门，内外均有墀头，内墀头上为简墀，外墀头为体积较小的浮雕太原墀头，在造型上有些放不开，与简墀的风格有明显的联系，也算是一怪例，中段前方浮雕图案的文字，为"寿"字的变形，将寿字变成炉鼎形，其最大特征是上部第二横画两端对称生出两把拂尘的图案，我们的先民在"福""禄""寿"乃至"喜"这几个字的图案上用尽了智慧，为了使这些文字富有装饰性，用异体和变形、适应等手段，使这些文字变得眼花缭乱，所以有很多百寿、百福的文字图案影壁，更有遍布在传统建筑装饰各个位置的单体文字图案，本座大门墀头上的"寿"字图案就是一例，装饰变形导致此处寿字头重脚轻，不算高明。但这种文字图案通过变形，具有了一种吉金和拂尘组合起来的祥瑞图案的样子，可谓是一举多得，本例墀头有隔板两块，隔出的中段没有垂花、栏杆，但有方竹节形柱，可惜已经丢失三根。门内的简墀使这座大门成为太原墀头与简墀共存的例子，内简外繁体现的是一种内外有别心理，这种心理并不普遍，古太原有些大宅门与之相反（太谷东里有实例）。上述两座大门，向南者因门内古民居已经不存，此处原貌难辨，朝西的硬山大门内，有基本完整的古民居院落一座，以此可知朝西大门原为一组院落群的总院门。此门可出入马车，方便人员与货物运输，古太原民居中，此种规模的大门大多不属于某个家庭所有，是一组院落组团的总大门，是里坊制的延续，也是聚族居住的一种方案，所以这种大门其实是一座里门，这种大门在后面游历的许多村庄中都会遇到。

城堡型乡村是古太原乡村的重要类型，人们想要从村外进入某个家庭的居室之内，一般需要依这样的入门顺序：堡（城、寨），门（榆次新付南门、太谷东里南门、榆次小寨东门、太谷白燕西门），坊门（太谷东里），院大门，垂花门，房门，看到这么多重的防御，可知先人们究竟面临着多么大的社会治安压力。如果没有里坊（里坊式村庄在太谷东里详细讨论），则可以进入堡门后直接进入院落大门，如果院落结构简单，没有垂花门分割内外，那就可以在进入院大门后直接面对房门，但这样的格局会使人降低安全感，所以在现实中很少见。如果实在是小户人家，经济能力有限，会建造没有内外院结构的院落，则在大门上直接使用屏门。朝西硬山大门内的古民居院落院大门为木构悬山式，此院是一个精致的小型院落，为完全的中轴线对称布局，原分内外院，外院东西厢房均不存，现仍残余着西厢房北山墙，此山墙墀头上有不完整的墀头砖雕。内院门（垂花门）只余门基，东西厢房与正房（半窑半房）完整，厢房墀头上是分节的平墀，南部墀头砖雕为花卉图案，北侧是动物图案，东狮西鹿，东边图案就是"事事如意"之寓意，西侧是"福、禄"双全的良好祝愿，看来，在厢房上，墀头砖雕也是以院落中轴对称成组，而不是以有墀头的房屋明间为对称，这也就可以解释以下几个曾经未能理解民居对称轴和对称原则时所感到困惑的不对称现象问题。

（1）清徐贾兆的古民居厢房上里山墙用墀头砖雕而外侧没有用；

（2）榆次龙白的康家小院厢房外墀头用简墀而里墀头用浮雕平墀；

（3）平遥的院落厢房墀头里用挑檐木（石）而外用叠涩，如果以厢房明间为对称轴则不对称，如果以院落中轴为对称轴则豁然开朗了，找准了对称轴后，这些布置仍然是遵循对称之原则的。（图5-4）

山西古民居的对称轴线一旦找准，墀头砖雕的对称组也就确定下来了，根据一般原则可知：在厢房檐墙外的墀头砖雕，必定有与跟它面对面的一件墀头互为对称组，宅门与正房前后檐墙外的墀头则是相同朝向者为一对称组。在每一对称组中，砖雕的形制完全一致，图案的题材必定是对称性的设计，所表达的寓意需要对称组内的墀头相互补充或重复来完成，失其一则意思就不够完整（图案互补者）或不够强烈（图案重复者）。

关于中国古建筑中的对称，伊东忠太在其《中国建筑史》中认为：

> "中国人对左右对称形式的喜好可谓极端，不仅是建筑配置要左右对称，即便是一栋之内也要追求左右对称。例如，住宅的正房或厢房是横向的长方形，一般分为三间，中间用于会客，左右为起居室。外观亦照此左右同型……不过，中国人也支应特殊场合的需要打破左右均衡的格局，采用不规则的配置。比如北京宫城的西苑里有曲状的小桥……"[1]

---

[1] 伊东忠太. 中国建筑史 [M]. 廖伊庄，译. 北京：中国画报出版社，2017：23.

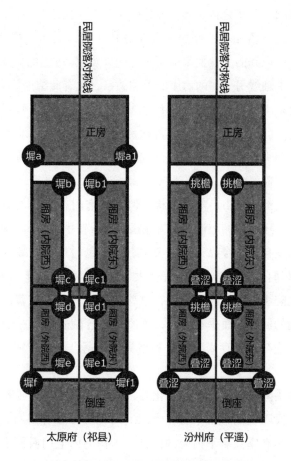

图5-4 山西古民居墀头对称成组示意

又有刘敦桢在《中国住宅概说——传统民居》的结语中讲道：

"住宅的布局方法除了少数例外，几乎为均衡对称的原则所支配"①。

"第三，在造型艺术方面，汉族住宅往往在正面采取对称式而侧面采取不对称的外观"②。

---

① 刘敦桢. 中国住宅概说——传统民居 [M]. 武汉：华中科技大学出版社，2020：125.
② 刘敦桢. 中国住宅概说——传统民居 [M]. 武汉：华中科技大学出版社，2020：126.

伊东氏所谓的"一栋之内也要追求左右对称"的表述，表明其对中国民居的观察不够深入，院落左右的厢房如前文分析所言，其实本栋之内并不对称。而刘敦桢先生所认识到的"侧面采取不对称的外观"，可能也是没有注意到不对称外观的房屋与中轴线另一侧的房屋的对称关系，故有此结论。

辛家庄戏台东南侧有一配置简墕砖雕的大门，此大门向西开，原来也应是坊门级别的大门。此门之南，是两块舌状台地地形，西侧台地南端有一废弃院落的宅门，门上墕头只有盘头而没有任何砖雕，简到不可再简，其东侧又有一院，虽也是小门小院，但宅门上有陡砖无雕饰平墕。此两个宅门，大小、结构有颇多相似之处，都是硬山，都有木构，但东侧宅门在装饰上用心良多，不但有墕头砖雕平墕，还在门楣上设置简易斗拱，拱眼壁中有精美木质透雕。

辛家庄的位置自古至今靠近交通要道，无论是村庄中的歇马店门，还是某些里坊制院落群坊门，还是单独的院落大门，都容得下马车出入。在这一带，有许多院落门大院小，可以看得出来，这些院落主人小有积蓄，以宽敞的大门和外院容纳车辆的回旋，而垂花门内，紧凑的三合院安居着一个不大不小的家庭。辛家庄、颉纥都有保存尚好的这种格局的院落，内外有别，秩序井然，至今如此。

辛家庄的墕头除了在大门上有变化外，内院厢房的墕头砖雕基本上都是较高的有束腰有分段隔板的雕饰平墕。大门上的墕头砖雕有简墕、太原墕头、平墕、叠涩等，村东有座只剩下内院的院落，木构的内宅门匾额上隐约显示"凝瑞"二字，其院内厢房上的墕头砖雕接近分三段并束腰的太原墕头，是介于简墕、无雕饰平墕和太原标准墕头之间的一个例子。

（二）十里沟

十里沟村是与古太原府隶属关系最复杂的一个村落，此村在明代属于太原府，清雍正二年（1724）平定州升为直隶州，十里沟随着平定离开太原府管辖，同治十一年（1872）又划回榆次县，附于新置村（今兴治村），算是又回到太原府管辖范围，新中国成立后，该村又随着榆次归晋中管辖，就又脱离太原了。此村分前、中、后等三个自然村，基本等距分布于一条大约十里长的狭长沟中，1972年5月，建成十里沟水库，本村众多人口搬迁离开，古村遂成遗迹，随处是废弃的老屋，景致也称得上独特。今天的十里沟水库已经不蓄水，沟中的零星居民，也只在播种、管理和收获玉米等作物时临时居住。

前十里沟位于沟东高阜，南部有几户仍有人居住，在沟壑角落因陋就简，大有穴居野处的原始风貌。北部聚落已经纯为遗迹，但最上部可以见到比较讲究的窑洞正房院落，青砖檐墙仍在，院落宅门仍全，正房檐墙上排水简墀完好，院落中散落神龛砖雕，杂草没膝，真正是人迹罕至之所在。该处聚落中下层，院中青砖已经完全拆除，只余窑孔。

中十里沟残余的房屋上除了简墀，没有其他类型的墀头。

(三) 刘家坡

相对于十里沟，其东部高地上的三个村落——颉纥、陶上、刘家坡，都在1724 年之后一直处于平定州寿阳县的管辖之下，新中国成立后这三个村加上林家坡曾准备一起划归榆次，但林家坡选择留在寿阳，而颉纥、陶上、刘家坡三村划入榆次，这三个村在地形上就是被十里沟分割出来的一个小单元，尤其是颉纥与陶上，二村相距很近，古民居保存也多，刘家坡位于最北，与陶上村隔沟相望，但此二村之间仍有坦途相连。

这三个村既在太原之外，其古民居应该就是平定古民居，陶上、刘家坡二村的民居也确实反映了与古太原民居所不同的特点，但颉纥村的民居却不然，该村反映了在两府边界两种民居相互影响的复杂情况，通过分析该村的不同类型墀头的分布和造型特征，可以帮助我们通过找墀头来判定民居类型的路径。

刘家坡在三村小单元中有一定的独立性，刘家坡的村庄规模相当之小，处于沟壑边缘。从陶上村北的沟沿向北望去，可看到刘家坡全貌。村南半坡上有三官庙一座，此庙院内戏台与正殿、厢房皆备，正殿下有较高的台基，两侧有狭小的耳殿，处于院中的厢房（配殿）在与正殿的对比之下显得低矮，现在只存西配殿，东配殿已经了无踪影。整座三官庙面积不足 300 平方米，有乾隆三十一年（1766）碑记一通，因长期处于无人管理状态，正殿与戏台的斗拱下昂等木质建筑装饰被严重盗割，正殿对面的戏台虽然尚屹立着，但台顶和后檐墙已千疮百孔。

刘家坡三官庙的墀头显示出很好的尊卑有序的秩序感，在正殿上使用的是大体积的雕饰平墀，左右耳殿上的雕饰平墀则减小体积，小到容不下主题性的图案，只是浮雕的须弥座形状，配殿上只用简墀，这种现象说明，简墀是原始而低阶的墀头砖雕形式，墀头砖雕亦是大者为尊。正殿砖雕平墀体积较大，正面有圆形文字图案，具体内容为"寿"字，两侧图案完全一样却上下颠倒，是因为某种含义而有意为之，还是误砌，不能确知，但从陶上村中部民居正房窗户上的相同图案判断，误砌的可能性是很大的，十字朝上为正（西），十字朝下

为倒（东）。（阳泉小河村 170 号院东厢房南侧平insert头南面图案与此近似）

刘家坡村南有两座古民居，靠西者硬山宅门insert头处以砖雕模仿垂花，此门之装饰的精美程度与稍后介绍的陶上诸砖雕门相比相差甚远。靠东者（刘家坡 16 号）亦有硬山顶，insert头砖雕为陡砖无雕饰平insert，上下砖不是斜面，而是阶梯状。东院内正房为平淡无奇的本地最常见的砖甃檐墙窑洞，但东厢房有全木构的槛窗檐墙，气度非凡，此院已经不完整，一时无法探知东厢房如此奢华的原因。

村中部有一处拱券大门院落，从院门可知本院主人有马车出入的需求。

（四）陶上

陶上村中遗留多座精美的砖雕门楼，使这个村庄的古民居遗存独树一帜。如果没有遭受人为的破坏，这些门楼的审美价值更不可估量。陶上之"陶"本是"窑"，《榆次乡村简志》中称此村原有烧制陶器的窑，所以成村后取名陶（窑）上，这也仿佛帮助人们找到本村中有多座精美砖雕门楼的原因，而对于这些门楼的形制、纹饰的分析和研究也将会是一个有意义的课题。

古太原府及紧邻周边地区古民居院落格局，大致可有以下几种。最为宏大者为数进合院，再下者为分内外院的合院，另外还有大门小院、小门小院、小门敞院等。这些院落的格局应与整个村堡一起考察。本村中部偏西有大门小院型院落一座，门上有陡砖无雕饰平insert，其余古院为小门小院或小门敞院。

陶上村西南入村处有观音堂古座，观音堂的频繁出现，在观音崇拜盛行的地区是很正常的。窑上这座观音堂布局甚是奇怪，首先是其正殿向西，对面为戏台，因此本庙的轴线为东西向。因只有一进院，庙门并不在轴线上，而是开于南配殿与东耳殿之间的南墙上，戏台之北，北配殿之西，院落西北角有鼓楼在，但与之对称的西南角并没有钟楼痕迹。在这样逼仄的院落中既要修建正殿，又要修建戏台，压根没有考虑将入庙的山门修建在中轴线上，也许本庙原来的格局要较现状大些，在经过了某次维修后有缩建的可能。西蒜峪的观音堂、东左付的圣安寺也是戏台建于院内的格局。

在佛寺正殿对面建戏台，并非佛教寺庙本来的做法，这是佛与道在中国乡村中融合并兼顾公共需求思路下的一种设计，同时需要有发展到一定程度的戏曲艺术提供支持。所以以上所提及的各寺庙中的戏台，大多是后期改建或增建之物。圣安寺戏台台体中使用了许多块前代的碑座，就是很明显的改建和增建痕迹。陶上观音堂的所有建筑都封闭在一个有限的空间之内，戏台所占比例较大，加上较小的院落内还有一圈环绕的殿堂，又占去不少面积，在唱戏时不会容纳多少看客，但聚音的效果应该非常不错。

观音堂戏台上的堰头砖雕也是怪例，从形制上看既非平定又非太原，高度高于宽度，不分段，其两侧素面，前面两边有浮雕柱，柱中间的浮雕图案左右两堰头砖雕几乎一样，具体为盆栽菊花，图案风格非常写实，没有采取什么变形手法，这样的做法达到了将两盆盛放的菊花永远供奉于戏台两侧的效果。

观音堂的正殿和北配殿已经完全倒塌，南、北耳殿为当下状态较好的建筑物，其上堰头为砖雕简堰，残存的配殿堰头上为陡砖平堰。目前，陶上观音堂的保存状态十分之差，但木构相当精美，梁架部件基本无缺失，对于一次全面的整修，人们是十分期待的。

五号民居外有一大门遗迹，现只剩南侧一堵尚有堰头的山墙，从其高度和堰头上面的砖雕体量可推知此门原有的规模很大，这枚堰头砖雕的图案与观音堂戏台上的堰头砖雕图案的风格有神似之处，观音堂戏台的植物是从花盆中长出的，这枚堰头中的植物（草本的植株，向上生长出两个硕大的果实，柔软的舌状叶子边缘布满缺刻）是从波浪形的图案中长出的，不管其表现的究竟是云还是水，总归是一种植物生长基础的表示。一般来讲，建筑装饰中以花草植物为题材的图案并不需要交代植物的根部是从什么样的环境中长出，这一点与绘画中的折枝法相类似，已经变形的、图案化的植物更不会有人追究其萌发于什么样的环境之中，特意对植物根部进行交代，应该是受一种写实理念所驱使。另外比较特殊的一点是，大门遗迹堰头砖雕之上没有象鼻子单元，其原本的屋顶形制因此也不好推断了，有可能为灰背平顶。

此门内的五号民居亦如观音堂一样为西向，而且此门距观音堂不远，这两处建筑的西向受道路影响的可能性大，五号民居北临道路，观音堂南临道路，影响了建筑用地的形状，为了提高土地利用率而西向，而此村中的其他院落朝向仍以南向为主。

三号民居位于村西部，此院相当独立，院南门为蛮子门，正房窑明间窑顶上有一硬山阁，在硬山阁与院内厢房上均有六砖平堰，六砖平堰的雕琢需要六块与普通砌墙所用无异的原砖，上下须弥座用卧砌砖两块，中间用两块陡砌，均削小，但如果平堰不够大时只雕外面，也就是前面，不雕侧面（后砖）。

本村传统民居房屋上现无太原型堰头，院内正房很宽，这样的民居院落格局，与古太原府的狭长合院不相同，是地域差异在民居上的体现。

（五）颉纥

1. 颉纥村概况

晋中市榆次区什贴镇颉纥村十分适宜进行墀头砖雕研究。第一，颉纥村位于榆次区什贴镇东5.5千米处，偏远而僻静的环境使整个村庄的格局与面貌保持着前清时期的原样；第二，本村位于清代太原府东部边界，恰好处于不同类型墀头交错分布的核心区域；第三，本村墀头砖雕种类较周围村落为多，且村庄规模小，便于考察。

2. 颉纥村墀头的地域属性判断

大量的观察表明，山西古民居的墀头砖雕在同一州府之内的各县之间有很大的共性，以县为单位进行墀头地域属性判断不可行，以州府为单位则较为合理。

颉纥的墀头根据砖雕部分的不同可分为七种不同的类型：

第一种，简墀。此类墀头的砖雕部分是以切削打磨等简易手法加工原砖而制成的，造型在所有墀头砖雕中最简，本书因而称此类墀头为简墀。简墀的砖雕部分由三块砖组成，上块下半部和下块上半部都削磨成梯形，与仅削小体积的中层砖块构成斜线过渡，形成有束腰特征的造型。下块下部外缘又加工出弧面，与盘头混砖自然衔接。

颉纥村西的法宝寺正殿与东西配殿都是硬山房屋，虽为宗教建筑，但其结构平易近人，缺乏像前殿那样的宗教感觉。本寺正殿山墙上的墀头砖雕即为简墀，与村内简墀无大差异。配殿的简墀上下两砖不是斜面梯形，而是做成阶梯形，在视觉上较斜面的简墀复杂，阶梯状过渡对砖的质量和工匠操作有更高的要求，也可以说是在加工手法上小小地进了一步。第二种为檐墙排水简墀，这种墀头砖雕其实是只有盘头，没有下碱与上身的墀头，因其被运用于古太原府与平定州交界山区诸村民居窑洞的檐墙上，作为屋顶雨水排放设施，不符合墀头是山墙之一部分的概念要求，本书依形状仍视其为墀头，因其位置特殊而单列为一种。排水简墀是当地民居的一大特色，在颉纥村，除正房檐墙上外，有些厢房檐墙上也有这种墀头，皆为解决灰背屋顶的排水问题而使用。

第三种，浮雕简墀。浮雕简墀是与简墀结构无异，但添加了简单的浮雕图案的墀头。颉纥村东西主街中部，一座未编号的民居院门上使用了浮雕简墀，图案是很简单的几何花卉纹样。

第四种，三段简墀。颉纥五号民居院门山墙上的墀头砖雕，有着与简墀同样的造型方法，但大幅增加了高度并添加了分段隔板，形成了明显的三段，上下两段明显短于中间段，较简墀有了类似于乐谱中切分音的视觉节奏，本书称之为三段简墀。

以下的墀头类型将被冠以太原和平定的地域定语，以表明其地域属性。颉纥村中的太原墀头和平定墀头的地域属性是通过比对确立的，比对的对象分别是太原府中心地带（太原、清徐、太谷、祁县、榆次等县市平原地区的众多古村落）和平定州中心地带（今阳泉市小河村与大阳泉村）的墀头砖雕，经过认真比对，基本能够确保墀头地域属性结论的合理性。

第五种，无雕饰太原墀头。太原墀头砖雕是清代（很可能是中后期）太原府地区民居主要的墀头砖雕类型，经观察它们具有以下特征：其一，被方而薄的隔板分为明显的三段，与三段简墀"切分音"比例一样，上下两段较矮，中段高，为主体；其二，被隔开的三段相较于盘头都变细呈束腰状；其三，体积上深度加大至与宽度几乎相同；其四，高度从五至十砖不等，为大型墀头砖雕。太原墀头中有相当数量的实例体积相对较小，没有雕饰或雕饰极简，有的实例中段外角加砖制或木制圆柱，此即无雕饰太原墀头，颉纥村中的实例在村东南部，本例中段加装了砖雕竹节方柱（这种做法有平定墀头的痕迹）。

第六种是太原盛期标准墀头，此类墀头在符合太原墀头基本特征的基础上布满了雕饰，体积变大，隔板变薄，玲珑剔透，两块隔板与整个砖雕的上下端均与盘头同宽，上一块隔板为中段的天花，装饰有垂花，下一块隔板为中段的台面，其上有阑干，垂花与阑干围绕的中段内部适当挖空以模拟台阁，台阁中可以根据建造者的喜好，用透雕或浅、高浮雕的手法装饰各种吉祥的图案，内容涵盖人物、花、鸟、山水和文字，因为墀头大多是成对出现，所以成对的两个墀头上的图案也有一种对仗的意味。此类墀头砖雕是太原府腹心地带（清徐、太谷、祁县、榆次这些古太原所辖县份的平原地区）民居山墙的标准配置，比比皆是，存量庞大，可达到逢山必用的盛况，装饰图案繁复，一派繁荣景象，同时总体造型又遵循着一定的标准，因此本书称之为太原盛期标准墀头。此类墀头在颉纥村东南部的一处宅门上存有一例，与第五种那一例无雕饰的太原墀头比邻而居。

第七种，雕饰平墀。平墀在平定州范围和太原府东部接近平定州的地区分布，所以简称之为"平墀"，"平"是"平定州"之义。颉纥村五号民居内院厢房山墙上为雕饰平墀，其雕饰之后的造型拟物化，整体上像个柜状。

在墀头造型进化论中，从简墀到太原盛期标准墀头一线的各型墀头砖雕始终贯穿着共同的造型基因，那就是三段化和束腰造型，这是所有太原墀头的共同特征。简墀砖雕也是具备三段化和束腰造型这两大特征的，其束腰不难理解，但它们的三段化特征稍显隐蔽，事实上组成它们的三块砖势均力敌，这是它们三段化的根本表现，与之极相似的无雕饰平墀之所以可以十分肯定地判断其具有平定州属性，即是因为它们加大中间而使上下砖边框化的做法削弱或丢失了它们的三段化特征，与太原府墀头的造型特征渐行渐远。

基于对太原墀头形制的认识，可以判断颉纥村除雕饰平墀之外的所有墀头均具备太原府的属性，各种简墀是广义的太原府墀头。墀头的太原府属性又可以赋予整座民居太原府属性，所以，配置了太原墀头的古民居都可以被称作"古太原民居"，颉纥村的民居基本上都可入此列。

若"古太原民居"的概念能够确立，那么太原墀头将会作为古太原民居的识别符号而存在，人们将把对墀头的认识从一院、一村的狭隘范围中解放出来，对这种极有可能是批量生产出来的砖雕小品的研究也能够从"造型"层面提升至廓清民居建筑文化版图的层面。

3. 颉纥周边墀头分布情况分析

在明代，太原府的范围十分广大，彼时的太原地域文化已经模糊不清。太原府与平定州分治始于清雍正二年（1724），平定州在该年升为直隶州，寿阳县划入该州，从此不再隶属于太原府，州府边界这种人为划定的界线，给人们带来的本地与外地的地域认同心态，对形成有相对地域特色的文化审美习惯有不可忽视的作用力，平定州在建筑文化上与太原府逐渐有了差异，墀头之别即是这种差异的具体表现，时至今日还是比较清晰的。

基本可以肯定，颉纥村及周边村落中的大多数民居建造于平定州升直隶州之后。太原府和平定州二地留存至今日的墀头砖雕数量之大、种类之多，反映了两地区人民均对墀头砖雕相当重视，这是两地民居共性所在。观察通过考察得到的墀头分布情况，可以发现：第一，太原墀头与平墀的互相渗透不出意外地在太原府与平定州交界地域——颉纥村所在的榆次、寿阳交界的山地向平原倾斜的地区进行。第二，太原墀头在颉纥村周围的太原府东部边界地区运用骤减，乃至不用，这与本村之西那条太原府与平定州的分界线有莫大的关系，州府行政区划会对建筑文化的地域性改变产生较大的作用。第三，简墀和平墀的势力范围越过太原府与平定州的交界线直抵榆次城边，并且偶然出现在太原府腹地，有地理地形因素的作用，也反映了平定州人民携带着自己的建筑审美文化不断地向省城方向靠拢的情况。

在当下的山西古民居研究中，人们习惯于以现在的地市行政区划单位为标准来认识和定义山西古代民居，难免将风格各异、差别较大的不同类型民居强扭在一起，给古民居研究带来不少的困惑和麻烦。从颉纥村的实例来看，由墀头地域属性所判断出来的"古太原民居"更符合历史真实。太原府、平定州之类的地方行政单位在民国取代清朝之后退出历史舞台。颉纥村于1953年划归榆次，寿阳县也早已划归晋中市管辖，历史上的太原府与平定州的交界线不复存在，人们在新的行政区划格局下正在形成新的地域文化。但在当今社会生产力水平条件下，各地已不像州府时代容易产生地域文化的个性特征，此时通过颉纥古村墀头砖雕等一时难以磨灭的历史痕迹来体会古时州府的余韵，太原府与平定州的历史样貌就会再度浮现。

颉纥古民居墀头砖雕类型的集中、多样和典型性，使本村俨然成为一个墀头博物馆，而这些墀头有较为明显的太原府地域属性，表明该村的民居受到太原府民居建筑文化的影响。根据本村当时在行政上隶属于平定州的事实，此现象可称作"平中有太"，是明清州府行政区划结合地理因素，共同影响人民社会文化生活样貌一般规律中的特殊情况，具有尚未被人们所重视的民居建筑文化标本价值。

（六）林家坡

林家坡位于陶上、颉纥之南的沟壑之中，本村的行政隶属情况在太原府时期与陶上、颉纥相同，但如今仍属寿阳管辖。可能是受到与之相距不远的榆次后沟古村成功开发的启发，现在的林家坡将本村的古民居作为重要的文化旅游资源，结合黄土丘陵地区的自然风光观光与农村生活方式体验，开办富有特色的农家乐副业，已经使不少坚守在本村的民众受益，同样是古村落，颉纥、陶上在利用古民居资源方面毫无作为。不过以笔者的观点来看，林家坡的自然景致确实优于所有的村庄，古民居是在自然风光的基础上锦上添花，这是林家坡较之于周围诸村的优势所在。

根据林家坡村的地形与交通情况，本村实际上受榆次的影响比寿阳更大，村民在行政事务上受寿阳管辖，但在物资获取上主要依赖榆次，这种情况表明一个地方行政区划范围的划定，从实际生活的情况来看并不一定完美。在二地的边界地区，相互影响导致地域文化过渡会有渐变性、互渗性。

林家坡的交通状况仍然不太好，从榆次境内的县道331柏林头至兴治段中部向东拐，是较近的通往林家坡的路途，这段道路规格较低，宽度一般，路面粗糙，不过这是双刃剑，闭塞的交通虽然不利于当地民众的生活，但也使古村免受过多的外来干扰，对古村风貌能够起到保护作用。山西的许多古民居之所以能够保存，与交通不好、经济不振也有很大的关系，现实中并没有多少人真正怜惜古代的民居，同时人们对于"文物"的定义也是随着时间的不同而不同，好多的民居因无力拆除而意外熬到了它们成为古民居并被认定成了文物的时刻，也算幸运。古民居被认定为文物之后，它仿佛披了一重保护外罩，不过这层保护罩至今还没有充分地发挥其效能，虽对肆意的拆除有一定的遏阻，但仍无法保障保护和维修的投入。

在我国目前的现实情况之下，改善包括古民居在内的历史遗产的处境，需要大多数的人民具有积极的正确的传统文化观，否则，仿佛无懈可击的文化保护政策只能看上去很美。传统文化观是由与之相关的各种观念以一定的生态关系共同组成的复杂观念，它主导着人们影响传统文化命运的行为。以下不妨对这种观念的内部生态进行初步解析。

首先是纵向的历史认识与观念，包括从大的国家历史到具体的民居的历史，我们国家历史的纵深度有足够的能力填补大多数人大脑中的空白，近年来的文化热与旅游热，在纵向的国家历史意识进入人心的过程中有很积极的作用，不过通过这种无压力的手段获取的历史知识有片段化的特征和故事演绎的成分，符合普通民众接受特点。

历史虽属于人文科学的范畴，但注定包罗万象，民居的历史在历史洪流中只是一个小分支，在探究的时候可以从不同的角度切入，如果从造型塑造和感受等过于人文的角度来看民居的历史，会将建造技术的因素置于次要的地位，这并不是说建造的技术不重要，没有技术是无法建构有造型的民居历史的，所以在研究民居造型历史时，不可忽视对建造技术的关照。造型是美术学角度研究的根本，造型信息之有或无依赖于实物民居，没有实物，造型只能依靠一定的线索来想象，本书前文中对民居的留存特点有所分析，民居历史的上溯并不容易。

历史的各个分支因为实物例证的存在状况导致纵深度各不相同，民居历史中的大部分完整而鲜活的实例距离当下并不太远，所以是纵深度较短的历史分支，这与先人们从来没有停止过在民居上投入精力、智慧和财富，一有能力就毫不吝啬地开始营造可望可居的安居之所的实际情况比起来，实在遗憾。如今，在人们呼唤增强民族自信心的情况下，保全民居实物例证、巩固民居历史纵深的时机来了，第一，现在仍遗存的古民居（建于民国及之前的民居）是中国古代文化最后的真实证物之一类，因为之后的文化发展走向了以技术革命为基础的道路，在各个生产与创造的领域，手工性被机械性取代，这极大地消解了文化的人文感，带来审美趣味的变化，现代世界中新生的一切造型物的视觉美感基本上都是机械的美感，古民居所拥有的美感是古代社会的略带含糊的人文美感，为了对比机械美感，保留古代文化的一切物证在此时的迫切感空前的高；第二，传统民居不太可能再次因意识形态原因而被毁坏，在人文素质正在升高的人们的认识中正在回归到宜居与宜观的状态。

民居史反映着建筑技术历史、美术史、文化史，它所反映的东西越多，它的价值就越大，应该成为健全的传统文化观念中的重要部分，如果行为主体的传统文化观念中没有健全的观念生态，古民居的历史所包含的东西就越不能被他们认识到，在他们眼中古民居的价值就越小，价值越小就越不足惜，古民居的命运就越悲惨。或者也存在本来合理的传统文化观的观念生态被某种价值观冲击、破坏的现象，这种情况下对传统民居不积极的作为会更加不可思议，产生的不良后果更加不可挽回。

其次是对横向的世界文化格局的认识。当今，横向的世界文化格局显示着中国文化地位与本身固有文化的历史内涵不符。我国对传统文化遗产的态度有时过于粗暴，缺乏呵护的心态，在保护和利用时以功利为先，方案制定和具体实施比较粗糙，曾导致历史文化实物低质化，民族的软实力一度趋弱。粗暴地对待传统文化遗产的不良记录在中国古代历史上不胜枚举，而这些记录大多发生在没有横向比较条件的时代，所以自我批判来得十分迟缓，与现在不同的是，彼时用于破旧和立新的体系有统一性，旧与新的改变是渐变的，有继承的，也可以被渲染为正当的。但当这种粗暴直至当代还一直发生，那就是我们正在用一种对传统文化有巨大杀伤力的新体系在不经意间斩断绵长的文化传承。这一点，只有绝大多数普通人都能够有机会了解全球各国各民族对待自身传统文化的态度，才能激起比较有力的传统文化遗产保护的集体力量，这可以帮助我们认清包括古代民居保护与研究在内的传统文化振兴活动在国家间软实力竞争中的地位与作用。

我们曾经认为，决绝地破除被视为前进羁绊的一切过往的实物和精神，是更好地开展革新、走向未来的良好手段，并且其本身是革新的一部分，但当我们又看到传统文化与现代文明能够相安无事的实例后，当年鲁莽毁坏的行为才显现出余痛来，并且越来越烈，这都是未建立正确的传统文化观念的表现。在当今社会中，这样的事例仍然在发生，仍然存在着少数的、文弱的、但比较有情绪化思维的传统文化爱好者、保护者与麻木不仁却掌握行政和产权资源的为传统文化遗产消亡推波助澜的决策者的拉扯与较量。在这样的较量中，大部分以前者的落败而告终，但有时也可以看到功利主义能起到协调的作用，能够使较量的双方皆大欢喜。

从县道331向东下坡，进村不远路南即有一座古民居大院，朝北的硬山大门高大宽敞，大门山墙前后堰头都有砖雕，前面为体积较大的雕饰平堰，两侧素面，前面两侧有柱，柱中间图案主题为执拂尘乘瑞兽的仙人，后堰头是三砖简堰，上、下砖不是斜面，而是弧棱，观感独特。进入大门是外院，内院朝东，内院门为木构悬山，院内厢房上则是上下砖斜面的三砖简堰，正房檐墙上有简堰排水堰头，与当地其他的院落正房做法无异。

离开此院向东南走，可以见到多座不分内外院的短而宽的四合院，院门大多位于院东南。

61号民居宅门堰头砖雕的三段与束腰造型符合本书对太原堰头的定义，同时也极适合作为简堰与太原堰头简繁变化之间的一个过渡性实例，因为这组堰头的隔板与下砖采取了与简堰一样的原砖斜面化处理，最终的制作可能需要原砖加工与专门的砖雕预制构件相结合。本组堰头的图案极为简约，正、侧皆为浮雕讹角方形图案，纯装饰无主题（注意：阳泉小河村堰头有此图案），中段前面两侧有浮雕瓜棱柱。这一类太原府堰头与太原盛期标准堰头比较起来，有较强的原始性，与榆次罗家庄的一例有极大的相似度。从图案角度来看，此堰头与阳泉小河村同图案，看来各种平堰间真是血缘紧密；从形状看，又与太原堰头形制近似，这又表明太原堰头与平堰之间也有造型近似关系。

本院内厢房上为三砖简堰，反映的是简堰与较繁杂的堰头砖雕共存的情况。

林家坡有多座造型原始得不可思议的简陋黄泥宅门，但在建成时间上却不一定称得上是古建筑。林家坡48号宅门通身上下被黄泥包裹，在盘头处向外突出，没有任何的装饰，且比较矮小，与黄土地浑然一体。榆次区的近城村有许多新建的被瓷砖包裹的宅门，在造型上与林家坡黄泥宅门是近亲。黄泥宅门从其材料与做法上即可判断其寿命不可持久，却极有可能是真正的传承造门古法的标本。这种黄泥宅门在榆次与寿阳交界的山区中也有不少，它们往往与精美讲究的砖雕宅门比邻而处，48号之西即是一座简朴而讲究的简堰宅门。此门为硬山顶，堰头为简堰，门楣以上有非常节制的木构，所有部分都传递出一种干练的气息。

林家坡52号院落是格局完全对称的三合院，对照有内外院的院落，此院只相当于内院。有内外院之分的院落因为在外院有倒座房屋，所以可以称为四合院，单以内院来看，只是三合院。如52号院落这一类的院落，没有外院，院落与公共区域之间也没有实在的过渡，开门见山，在治安不佳的时期，这样的院落安全感很差，也许此院原来曾经存在过外院或有可以发挥外院功能的相关设施，才使得这座院落得以保存。52号院有完好的砖雕硬山宅门和完整的合院厢房，也有可以为平塈进化提供例证的平塈宅门。此宅门上的平塈是图案从几何抽象走向具象的实例，整件塈头的外形也开始模拟台阁、柜橱之类的物品，此类物品的最大的功能是可以提供物品摆放和展示的空间，所以52号宅门的塈头砖雕较之于三砖的、在中间砖块添加几何花纹浮雕的简塈，在用砖上需要多加一块专门通过浮雕模拟有腿底座的砖块，从而成为四砖浮雕平塈，上下枭也通过浮雕莲花花纹使砖雕整体上呈现须弥座形。须弥座是一种与佛教有联系的建筑单元，从此看：有雕饰平塈的造型可以分为须弥座类（太原府与平定州交界区）、浮雕竹节柱（平定州各处）和台阁柱（类太原塈头之中段）（寿阳县太安村等处）类。砖雕主体前端有柱的平塈，其柱式有浮雕于主体上与独立于主体两种情况。如果平定塈头有浮雕柱，紧贴于主体上，形式有方竹节，这类塈头砖雕不通透。像独立于主体的比如瓜棱柱，柱与主体之间有空隙者显得通透，此类塈头与太原塈头更加接近。须弥座类塈头是塈头模拟台类建筑的明确证据。

讹角方形图案，可能是可以称得上图案的图形中最简的种类。讹角图案的象形表现力不强，是在方正的大印象下略显调皮的装饰。林家坡的塈头上多设讹角方形浮雕图案，权作装饰，聊胜于无，是略显讲究而又简朴的建筑装饰，此类塈头实际上也属于素方塈头。

林家坡45号院落为一座西洋式门，建成时间应该是清末或民国。古太原也属于清末民初的西洋风所及之处，在榆次、祁县等县，西洋风建筑均能见到，在林家坡这样的寿阳山村出现，令人有些意外，从这座门楼来看，西洋风的作用只是使门楼在样式上有了新鲜感，对建筑结构的本质影响甚小。

（七）逯村

林家坡几乎位于沟底，从林家坡向东走乡村道上坡可达逯村，不过两村之间的道路很是迂回。在榆次、寿阳各有一个叫逯村的村庄，两逯村直线相距37千米，除重名外并无联系。寿阳逯村清代由平定州管辖，本村一度是这一区域的中心村落，如今却为城治村下一自然村。光绪八年（1882）《寿阳县志》中记载："逯村所"下辖七村，即包括前文所述之陶（窑）上、颉纥、徐家岭、南沟、林家坡和十里沟诸村（十里沟在列让人疑惑，按此村同治年间已经划入榆次，或许是部分划入，二县共有），所以村中颇有古民居遗存，古村原貌有迹可循。村中的墠头砖雕可以起到与太原民居墠头进行对比、参照的作用，作为已经离开太原府与平定州交界线较远的村庄，逯村古民居墠头砖雕的平定州特色更加明显。

逯村中部的永兴寺只遗留着破败的山门、钟鼓楼和院中的一株古松。寺庙的西墙有受到暴力冲击的痕迹，或是因为轰然倒塌，导致断痕处的砖块受挫而方向扭曲，满地的砖头更是狼藉不堪。永兴寺的残败景象让人无奈，而此景又有一种倔强悲凉的张力在内，让人不禁对寺庙的过往展开惆怅的想象，个人认为永兴寺大可不必全寺修复，像圆明园一样保护与维持现在的样子未必不是一种有意义的选择。永兴寺的山门是硬山屋宇式，向南开，前后有墠头，如果不是拱卫左右的钟鼓楼，这座山门与普通人家宅门无异。后（内）墠头是平墠，前（外）墠头是须弥座式，中间部分略大，观察其图案，缺乏对称性，前部西墠是喜上梅梢，东墠的图案是卷草龙，不是砌错了，就是将就所致。两侧图案为花卉图案。这种在中间部分布满图案的须弥座式平墠算是体量较大者，雕成上下部分需要八块青砖，中间部分是原砖雕成还是专门制作，不太明朗，如果由原砖雕琢也需用砖至少三块，这样用砖十一块，比简墠多用三块砖。

57号院有简墠宅门，院中有排水简墠窑洞正房。

村中有古槐，古槐之北有两座已废弃的院落，都有前后陡砖平墠硬山宅门，这两座宅门的平墠在上下砖与中间陡砖部分过渡处，都有些小花样，全是几何的手段，没有任何具体的图案浮雕，比如雕出隔板样的过渡或增加一级台阶，只是略略改善了这种墠头的单调性。向东行便到逯村民居的精彩之处。13号宅门气宇轩昂，其上的墠头图案为卷草龙，此组图案的题材内容与图案的对称性足可以证明永兴寺山门墠头图案实属谬误。本户须弥座式平墠砖雕上的荷花瓣样式减弱，整个造型更加像是箱柜。值得额外注意的地方是戗檐处设置了浮雕图案，这种做法与汾州府南部（介休灵石）相呼应，本处戗檐浮雕破损严重，东墠头戗檐已经脱落久矣，西边破去一小半，露出了戗檐后面的结构，也显示了戗檐浮雕倾斜放置到墠头顶端的方式。本座宅门的精彩绝不止于墠头，檐柱间的木雕和整个梁架都让人充满了欣赏和探索的兴趣，龙纹的应用也让人印象深刻。

逯村3号院是保存较完整的院落，且有人居住，该院落甚是整洁。3号院大门是拱券大门，不见装饰。外院原来应该有倒座房，现不存。内院完整，这个院的内院仍是对称结构，但它是四合院，这是与周边有内外院的大多为三合院院落不同的地方。南房明间即为内院门，看结构应为金柱门，内侧有木屏门结构，本院有多种措施在很有限的空间内保障正房的私密性，首先，屋宇式门的进深就给人以深邃感，其次，木屏门又对院内进行了遮挡，进入院内，正房的房门开于两侧，又是一重空间的迂回，这在不破坏不太私密的对称结构的同时，保护着主人的隐私，这些措施并不会带给访客太大的阻拒感，但已经传达了内外有别的意味，足以让人在适当的时候却步，以采取措施提示主人有人来访，免于唐突。

本院内院的正房虽是灰背窑洞式，但檐墙上没有排水筒墀，这一点颇感意外，此房房顶的排水问题看来采取了别的解决方案，极有可能是流向房后。厢房的墀头是厚陡砖平墀，朴实无华，房屋现状是平顶。本院墀头的看点还是在南房南檐墙墀头和因开门而又增加了的内院门墀头砖雕，这两组墀头都是雕饰平墀，比例独特，保存很好，门墀的中间部分收束幅度较大，南面图案是对称的瓜瓞，两侧是花卉，房屋墀头上的图案是花卉，本院墀头砖雕的图案完全是植物题材，营造出一种生机勃勃的氛围。

（八）南河村

南河村位于林家坡和逯村之南，山区的道路蜿蜒曲折，不经过几次峰回路转不能从此至彼。南河村仍属寿阳县，其景致优美，在本村所见的墀头为简墀和雕饰平墀。村南道观中有古戏台一座，后台山墙上有造型简单的须弥座式平墀砖雕，砖雕中间部分不足一砖大小，上边两块，下边两块，共需五块原砖。村中民居大多为简墀，低调简朴，只有一处采用了与戏台墀头规模相仿、做法略异的平墀。低调的南河村不光是墀头低调，就连村中都弥漫一种整体的低调氛围，也许是因为考察时间恰好在午后，笔者在村中感到一种沉静的气息。

（九）柏林头

柏林头是林家坡西南方向沟上的村庄，本村历史上属于古太原府管辖范围。柏林头本来并没有被列为考察目的地，在太原府东界一带考察时偶然进入此村，发现该村竟出人意料地有古民居留存，最终也有不小的收获，这样的村庄在古太原地区不胜枚举，说明留有古民居是本地各村较为普遍的情形。如今的柏林头没有因村中有古民居而具备任何名声，这与太谷孟高等村的情况一样。

331县道在村西头由西来折为北去，从此处继续向东直行可立即进入村庄。一入村就可以看到一座被废弃的附近山区常有的窑洞正房院落，正房上有三个排水墀头，两边是叠涩的样式，中间为排水简墀。在排水简墀下方，镶嵌着正方形的简易天地神龛，檐墙顶端是四层叠涩，第三层是菱角牙子砌法，使叠涩产生变化。

这些建筑的现状带给笔者的问题是：太原东界山区有排水简墀的窑洞正房在民居文化中的文化独特性到底鲜明不鲜明？到底这种形式的房屋在建筑艺术上有没有任何价值？这种居住空间如何在修建时适应了人们对住宅舒适性的要求？

在对以上问题进行思考的过程中，笔者也理解到柏林头的这座房屋太过于朴实无华，结构布局老旧，从一般实用的角度考虑，其被废弃的理由已十分充分。像柏林头的这座房屋一样，这一地域的这种房屋大多处于已经被废弃或将要被废弃的状态中。诚然，这种类型的正房总体造型就是简单的长方体，没有让人目眩的彩绘梁架和结构精奇的飞檐屋顶，但这种房屋的门窗造型独树一帜，将拱券砌筑技术运用得相当娴熟，并在拱券上适度地施加浮雕，此种房屋最值得夸耀的建筑装饰并不是本书所关注的墀头，而是天地神龛和有些房屋上的砖雕装饰枋带，精美程度远超墀头砖雕。欣赏完神龛和砖雕枋带，回头再看平淡无奇的排水简墀，根本就算不上是砖雕。民居通过其造型和装饰所反映的美术方面的价值，只是民居所承载的文化总体的一部分，古民居应该得到保护，是因为其有反映人民的居住文化状况的功能，造型因素仅仅是因其易于被感知而居于人们容易关注的位置而已。以此逻辑来看，人们对太原东界山区古民居窑洞正房的漠视，是缺乏保存历史文化实物见证的自觉性的表现，这样的判断与表达似乎有些抽象，但一时也难以找到更恰当的能够陈述实情、预示利害的说法了。

柏林头村东部有一座久已荒废的庙宇，只余硬山正殿和东西耳殿。正殿墀头砖雕类型为须弥座式平墀。东耳殿上有钟楼，钟楼是这座非常民居化的庙宇的宗教属性标识，与之相对应的有西耳殿，两耳殿墀头为简墀，这是墀头砖雕随着建筑物等级的降低而降低的现象，也是雕饰平墀与简墀并存的情况。此庙宇有开阔的院落。这座庙宇与它附近两处新建的乡间别墅形成了鲜明的对比，两处新建别墅尤以位于南边的令人惊奇，其建筑风格充盈着西洋风范，它很注意山水环境与民居的关系，重视现代人类对住宅功能的要求，表明主人比村中其他的新民居建设者有更强的审美意识，但这种审美意识已经与近在咫尺的传统建筑审美意识脱钩，这是一种无可厚非却令人遗憾的情形。新民居如果都有柏林头东部这一座别墅的质量和建筑装饰意识，对农村民居整体的品质有很大助益，虽是一种洋气十足的样子，但也可以改善当下农村新居完全丧失审美要求的状况。

柏林头村南有比较集中的古民居群，有些是以里坊形式组团建造的，至今坊（里）门犹存。

对于建筑物建造年代的判定，是必须有所谓像判定其他文物年代"标准器"一样的标准建筑的，标准建筑物具有结构清晰而完备、建造时间明确的属性，依此标准建筑，可以推知具有相同特征的建筑物的建造时间。太原府南部民居建造时代判断的标准器可能是几处著名大院，乔家大院声称始建于1756年，但同治光绪的建筑应该占多数。大多数古民居的建造时间坊间普遍的说法是光绪三年（1877）之前，太谷东里村的里门上记载的建造年代是光绪二十二年（1896），可能是山西传统古民居绝响的时间，其后乱世纷扰无常，建造民居无力无心，待到民居建造活动恢复时，人们已经完全改变了生活的方式，传统民居的建造标准和方法已经被遗忘。柏林头村南部崖头的一处民居在《榆次乡村简志》中被记载为民国民居，应该是经过了调查，但从该处民居的种种特征来看，都是清代的特征。如果在民国这段民荒马乱的时期，在榆次这样一个被各种势力不断侵扰、争夺的地域上能够继续传统民居的兴建，不得不说是一个奇迹。当然在民国早期，极有可能继续延续着清代民居的建造做法，这种情况需要以下条件支持，第一，民居建造业主的审美未经改造，生活方式与前朝无异，有足够的经济能力完成民居建造；第二，建造民居所需的原料供应能够保障；第三，传统建筑装饰的艺匠和普通的建筑工匠仍活跃着，继续熟练地运用着自己的传统技艺。不知道在民国时期（1912—1949年）柏林头是如何满足以上条件的。民国民居的门楼为砖构，硬山顶，墀头下碱与上身看面为马莲对，所以荷叶墩处并未收窄（马莲对上身本身的宽度即已很窄，所以其上的盘头一般保持着上身的宽度），墀头砖雕的形式为简墀，象鼻子单元结构完整，戗檐面积较大，上有圆形寿字图案，这一点是较特殊之处。院内厢房墀头砖雕与祁县阎漫卫生院相同，也与高壁南头村南部宅门类似，也是方形陡砖平墀，中间与上下部间加过渡的砖块，戗檐上有圆形寿字图案，这一点与门楼上相同。该院正房上的浮雕图案精美异常，檐墙正中嵌有砖雕天地神龛，神龛上有砖雕字匾，文字内容为"锡彩瑞"，檐下砖雕装饰枋带与房屋同宽，雕出浮雕垂花来显示房屋开间，实际上未能反映房屋的真实开间数目，依浮雕判断，应为五开间，实际房屋为四开间。不得不承认，此院精彩处在正房的浮雕上，墀头只是低调的陪衬物。

古民居集中的情况显示村南部是村中较古处，遗存以宅门为主。上述民国民居附近有一处砖木混合的门楼值得注意，此门楼上有须弥座式墀头，外套垂花木构，在雕饰精彩度上木略胜于砖，但砖构部分也没有过于简朴，须弥座平墀也有一定的雕饰，主图案为动物，但其形象十分模糊，从形体上判断，麒麟的可能性大。

柏林头虽为太原府村庄，但村中的墀头砖雕完全笼罩在平定州的影响之下，这是古民居建筑地域特征范畴内一个有意义的标志，是建筑文化版图与行政区划界线的不完全重合现象，实际上反映的是此区域两地人民之间建筑文化交流的情况。

（十）后沟古村

此处所记之后沟古村，即是声名远扬的榆次东赵后沟古村，此村历来属太原府管辖，村中碑记也有明确记载，是太原府与平定州界线中段之内村落，为区别多个"后沟"，这个后沟有时被称为"东后沟"。本村与林家坡位于同一沟壑内，本村很是幸运，它被选中作为传统农耕文化的载体进行了修复和开发，成为闻名遐迩的乡村旅游点。后沟古村的现状是许多同类古村可望而不可即的。本村为发展旅游业，把全村原有居民搬迁到全新设计的新村中，新村的设计相当现代，完全满足了现代人对居住空间的要求，甚至超过预期。但同时对于旧村的保护却有一种稍一放松即出现滑坡的情况，原居民离开村中古民居之后，古民居即刻显现出破败迹象，看来古太原地区的古民居，在不断地跟时间和人拉锯，如果人一旦松懈，古民居就会输给时间，继续其颓败过程。

此村也是一个虽位于古太原府境内，但墀头却深受平定州影响的地点。后沟村最古老院落为建于村后高塬上的张家老院。该院大门为金柱门，门的墀头为宽大束腰的平墀，束腰部分两侧为素方，前面为左右对称的瓜楞图案。院内正房檐墙装饰门窗精美，其结构与当地一般清代民房有明显差别。

后沟古村西南部的观音堂又一次让人感受到了观音崇拜的普遍性，根据观音堂在古太原府乡村中出现的频次推断，观音堂极有可能是当时各村的标准配置，它比标准的禅宗寺院更有建立的必要，人们在观音身上寄托了太多的祈愿，有大量的祝祷需求，而这些祈愿、还愿的活动还是在家门口进行比较方便。后沟观音堂由于建设于村中大路之南，所以朝向为北，由于后沟村的地形高低错落，没有太多平坦的宅基地，兴建的院落多为合院但形状不统一，观音堂是全村最规整院落，该院墀头也极有代表性。配殿南组墀头是与太原府标准墀头很接近的平墀，这些墀头有隔板，但很厚，束腰不明显，总体上是在须弥座形的基本形状上进行雕饰，不改敦厚观感，不如太原标准墀头玲珑，无法将其视为太原墀头。大殿（正殿）上的墀头隔板则很有太原墀头的风范，但还算不上是太原墀头，配殿北组墀头则为无雕饰的平墀。观音堂墀头图案又一次反映了古太原寺庙、道观中的墀头图案绝少直接表现宗教内容，而与民居图案题材类似的现象。后沟村大部分民房的墀头与其他流行平墀的村庄的墀头相差无几，只在西冲沟中一处民居上有形制特殊的一例（图5-5），在砖雕部分之下，只有荷叶墩和混砖，砖雕部分比较扁，也不太高，被两块薄隔板分为三段，下段素方，中段两侧素方，前方两侧有竹节柱，中间为讹角方块图案，涂有红色，但可能是后人所为，不一定是墀头原来的面貌。上段顶端有垂花砖雕，此例垂花，实际上与大多数太原盛期墀头的栏杆相似，只是做了上下方向的颠倒，从这一点上看，这一例墀头相当怪异，所以说，古太原古平定的建筑工匠在营造实践中，不满足于既有建筑物局部的传统形制，经常会开动脑筋，翻新花样，但形制过于怪则不易推广，导致在有些地方出现多个墀头形制的孤例。关于墀头上的讹角图案，应该是彩画的画框，因为这种图形本身并不能表达任何寓意。

　　在古太原东界中段不容易看到标准太原墀头，从这一点来看，这一带的古民居建筑工匠大部分应该来自平定州内，因为工匠们对建筑物的风格细节有相当大的决定作用，所以造成以上这些村庄中墀头的平定州地域性特征明显，这种情况在古代营造模式下可能是普遍而长期的。如果是工匠活动的地域性决定了建筑物造型特征的地域性，那么工匠的活动受哪些因素制约，建筑物的地域性就受哪些因素制约。

第三节　东界南段

一、潇河之南

　　古太原东界南段区域的主要道路变成了东西向为主，这是从八缚岭上延伸下来的条条沟壑与流淌下来的数条河流所决定的，在这种交通情况下，这一段边界周边村镇的考察效率远低于中段。在榆次区境内，本地最著名的两条河流流经此区域，南为涂河，北为潇河。潇河的古称是洞过水，也是山西中部的一条名河，而涂河原称涂水，是此地文人们所认可的原乡标志。涂河因为至今未

图 5-5　后沟西冲沟民居墀头

曾断流，而成为一种奇观。涂河的南部，沟壑纵横，交通情况复杂，古村落散布其中，各有乾坤。

在考察完这一带之后，笔者相信交通因素会影响古民居建筑地域特征，道路是古民居建筑地域性特征蔓延的重要条件，只要对以墀头为标志的平定类型和太原类型民居的地域特征有准确的认识，就会敏感地认识到这一点。

这一带地跨现在的寿阳、榆次和太谷三地，这样的行政范围划分是传承自古代，至今未做太多改变。长期的行政区划稳定性，使边界线基础上的地域性对照的可靠性大为增强。

（一）南东（平定州境内村庄）

后沟村向南行，直至东赵乡所在地，可到达省道 S317。南东村为沿此线东行进入寿阳县西洛镇后第一个重要的古村，此村的基本属性如下：平定州所辖的太原府与平定州交界线南段区域村落，村中墀头以简墀和平墀为主，但村中有至少两处太原盛期标准墀头，这充分说明本村墀头受到了古太原墀头砖雕的影响。

南东村位于潇河南岸高地之上，入村时需登坡道，上坡之始的道路左侧，有一窑洞式庙宇，根据其处于潇河支流岸边的位置情况即可知其为河神庙，此庙埠头为陡砖无雕饰平埠，由于久不祭祀，庙中并没有神像。古太原地区的众多庙宇均是如此。

古代庙宇的荒废和倾圮，是与人们意识形态改变分不开的，一旦放弃了对庙宇中神祇的信仰与崇拜，人们便失去了维护庙宇建筑的动力，又因其在自然的坍损过程中丧失了实际利用价值，会招致被彻底抛弃的命运，造成古建筑文化资源的损失，古太原府及其周边有太多这样的实例，它们大多承载着明清建筑文化的信息，而这种信息的历史价值长期没有超越这些建筑作为普通房屋的实用价值，随着时间的流逝这些信息的价值日渐显现，在 21 世纪的当下，社会经济的发展使重修这些濒危的古建筑成为可能，这种重修对于注重传统文化的民族来说也是很有必要的。对于这样的建筑，如果得到重修的机会，应该是以恢复建筑物本身为度，还是恢复包括重新塑造神像并重启人对神的崇拜活动为度？前者是纯建筑文化的保护，后者则包括了宗教文化和民俗文化的成分，可能会影响人民大众的意识形态。这两种方案各有利弊，前者是一种纯学术的、科学的古建筑保护方案，在此方案下，建筑物的恢复和保护比较理性。后一种方案，是整体地从静态的建筑和偶像到人们旧有的信仰与崇拜活动的全方位的恢复，这其中的改变不光是可见的建筑物修复与偶像的重塑，还包括随之而来的人意识形态的倒退式改变。如果人们重拾旧时信仰，而与之配套的世界观也会重新回来，我们一度所认为的"愚昧"和"糟粕"也会重新流行起来，从而对科学与文明进步产生消极影响。不过也得承认，纯粹技术性的庙宇维修，其不可持续性是显而易见的，即便一时得到维修，庙宇建筑也有再次损毁的可能。古建筑就是需要一种持续维护的长效机制，才能够屹立不倒。而适当地保持对神祇的信仰，是获得古庙宇持续维护的驱动力和资源的条件。日本国的寺庙与神社能够得到很好的保存与维护，即是与他们保持着宗教信仰有关。现在，在山西境内仍有大量的残破古庙宇得不到应有的保护和维护，其原因一是社会资源没有来到这个领域的顺畅渠道，二是庙宇缺乏赖以存在的信仰基础。

登上南东村所在的台地，首先是一个由戏台和庙宇（观音堂）所圈起来的小型广场。戏台在南，戏台后台山墙上的埠头为简埠。戏台对面为一座三开间悬山庙宇建筑，其东侧为一简埠小型庙宇，其上埠头亦是简埠。

南东村中部"扩充四端"坊门内有传统民居院落一座，院内只余厢房，正房主要结构已失，只余山墙，上施四砖陡砖无雕饰平埠。厢房檐墙上的排水埠头只有盘头，无简埠，与太原—平定中段界线附近村落中的檐墙排水简埠不同。

稍向东有一院落，宅门上砌着与上身同宽的陡砖无雕饰平墀，砖雕随混砖、象鼻子单元变宽，中间部分相应也加了两砖厚的宽度，整个墀头砖雕共需九块原砖来加工，手法只用刻划、削、磨。刻划主要为了找准切削和打磨位置，由于刻划的线条仍在，有些装饰效果，但根据这些刻画线条的粗率来看，这种装饰效果不是工匠的本意。

"凝瑞气"院宅门（拱券大门）内墀为陡砖平墀，内院厢房为简墀。此院气势颇大，而墀头颇小。"凝瑞气"院斜对面又有一院，院门上装饰简墀。

南东村中宽敞的拱券大门不止一处，由此可知本村原来大（马、牛等）车运输兴盛之状，这种拱券门也是家族所建里坊的大门，由于今日村貌已经有变化，里坊原有的规模和格局也已非原样。

该村的地窨院也是本村的一大特色，有一些至今仍在使用中。地窨院主要是应对缺水问题而产生的，在晋南的万荣等地多有，南东的地窨院是因来自哪里的启发而建，恐怕已经无法考证。

本村的墀头以简墀和无雕饰的平墀为主，值得再次对简墀与无雕饰平墀的关系加以注意。这两种加工方法完全相同、外形接近的原始墀头砖雕，是因为将简墀视作平墀和太原墀头的共同源头而做区分的，所以在认定简墀时，只要是三砖卧砌的墀头砖雕即视其为简墀，中间部分砖块一旦陡起即视为平墀的原则仍应适用（頫纥的三段简墀除外，详前）。

南东村有至少两处院落中使用了太原盛期标准墀头，这在以较为原始的墀头形态为主的村庄显得鹤立鸡群，虽说一处宅门上的太原标准盛期墀头已经丢失（图案为麒麟），另一处也（也是宅门，残存墀头的主图案是菊花）损坏大半，却也不能忽视确有太原盛期标准墀头随着横向的交通线传播而来，它们的造型十分标准，地域属性确凿，与太原府腹地的墀头造型相同，是太原墀头向周围地区扩散的证据。这两处院落的总体风格也异于它院，颇有太原府风范，这种风范不是只从院落格局看到，更是因为太原墀头的使用而愈加明显。

南东是本书所叙述的考察活动在古平定州的最后一站，但是，离开了平定州并不等于离开了平定州的影响，在古太原东部，还会有许多古民居使用平定州型的墀头。

（二）西窑

西窑是笔者自划的太原府—平定州界线南段区域的村庄，现为榆次区东赵乡所管辖，本村为清代太原府境内的村庄，位于潇河南岸土塬与河谷过渡的沟壑与土崖之间，这种地形决定了本村的民居院落用地不太规整，村民即便有足够的财力，也没有足够大的平整宅基地用来兴建与平原地区多进院落类似的深宅大院，所以村中的院落规模均很小且朝向不一，虽然院落形状经过整理后基本保持方正，院与院之间却是高低、前后的错落布置，窑洞是主要的栖身之所，正是因为窑洞多，本村才得名"西窑"。现在，西窑旧村已经几乎被废弃，大部分农户已经搬至集中新建的新村之中，因废弃未久，旧村的民房建筑仍未倾圮，地形高低错落，村貌古朴有趣，僻静无人，前些年本村被从事影视剧拍摄的人士发现，遂成为多部影视剧的外景地。旧村中古民居上的掣头以平掣为主，说明西窑村的古民居建造受平定州影响较大。

在西窑，我们可以深切体会我国古代民居与土地之"土"的关系。

土地是全人类赖以生存的基本资源，无论在何种土地政策之下，人们都渴望拥有一定的土地使用权利，在此处，土地所强调的是面积方面的属性，与土地由何种成分组成关系不大，解决了一定面积的土地使用权或所有权问题之后，方才可以开始考虑土地的其他性质特点。如果强调土地之"土"，黄土高原上的土最具有代表性，这里的土地"土"性十足，聚而为厚土，散而为尘土，人民掘土为窑，栖身于内，这种民居传统至今仍未被完全抛弃，应该说，窑洞是所有类型的民居中与"土"联系最密切的一种，但纵观人类营建住宅的历史，是以逐渐远离"土"为趋势的，当今人们的住宅，也以成功地与"土"隔开并距离生土越远为越好。

农民在整天与土打交道时，培养了与土的淳朴感情，所以并不介意与土亲近，一旦不再从事种植业，人们对土的态度就会改变，这在营建住宅时就会体现出来，以前在许多村庄，民宅主要由生土材料建成，直接使用泥土处理墙面的方法虽然不至于运用到室内，但室外并不少见。在室内的地面上夯打原土，变硬即为地板，这类"原始"的住宅"装修"方法被运用的时代并没有离开现在太长时间，但无论如何，尘土作为土之微粒，因为总是能够弄脏人体及衣物，污染水源和食品，所以历来是清扫活动的主要对象，而利用木材、陶瓷等材料把居住空间与土隔开的做法很有效，以此来避免尘土扬起，来区分室内与室外，这种做法的历史也不短。实事求是地讲，古太原府境内许多建造精美的传统民居，没能很好地处理隔绝尘土的问题，使人们始终怀疑其品质，它们稍不维护即与尘土混作一团，让人头痛。古民居的墙体是用锤打黄土制作而成的胡基砌成，然后表面包砖，我国古代建筑历来多采用这样的方法，不管外表装饰得多么华丽，也改变不了它们的基础和墙芯是土的事实。

在许多传统民居建筑中，本来已经使用了通过火烧来改变土的性质而制成的砖块，今天的住房在维护老宅时仍嫌其未能远离土性，继续引入现代建材（同样离不开火烧的加工手段）改变古民居性状，如我们能够在多处见到清代民居被贴上瓷砖的情况，这是为提升古民居抗水拒土的性能而采取的优化举措。从纯粹的便利生活角度来看，这种方法称得上"与时俱进"，但从尊重历史的角度来看，则让人啼笑皆非。这是人与土之间的矛盾的一种表现形式。

与寿阳县大远村一样，西窑人选择逃避的策略来处理不可调和的旧住宅与土地的关系。在西窑旧村，黄土与旧房现在已经模糊在一起，这显示的是人退—房颓—土进—草木生的过程，西窑旧村不大可能复兴。在我国各地，许多村庄都正在遗迹化，这个趋势不太容易逆转。

西窑村与前文所述之南东村距离不远，西窑的旧房上檐墙排水简墉保持完整的墉头结构，也有与南东村的简化版排水简墉相同者。村中无雕饰陡砖平墉自荷叶墩开始收缩，样式很规范，有些中间部分与边框有阶梯状过渡。

本村最值得关注的古民居是"校园南街一号"，本院不在被弃的旧村范围之内，院门朝向为西，样式在整个山西都很罕见，高度一般，但感觉很宽，墉头下碱和上身不分，均使用了看面形式中宽大的规格——四缝，整个院门的宽度大于高度，看起来宽厚粗壮，给人以十足的安全感，荷叶墩向上收缩为狗子咬，嵌入的是一组精雕细刻的雕饰陡砖平墉，门的厚重与平墉的敦厚结合得相当恰当，这组平墉中间部分前角有竹节柱，为平墉所常用，两侧素面，前面有浮雕，其图形之大方、雕工之精细令人赞叹，南侧为双瓜，北侧为双花，都从外角有圆孔的器物中生长而出窍，两侧图案方向均向内，枝叶特征相同，有随风舒卷的动态，既然是枝叶相同，应该表现是同一种作物，也就是甜瓜，只是开花者代表雄，结瓜者代表雌。建筑装饰中常用的瓜瓞图案，其中瓜的形象都是甜瓜，甜瓜的大小以及形状特征都比较适合进行图案化处理。实际上，所有被纳入图案设计的事物，都应符合这个要求，蝙蝠一直被人认为其仅是因为与"福"字谐音才被纳入祥瑞图案之中，如果仅从其形象考虑，人们避之唯恐不及，但请不要忽略了蝙蝠翅膀的对称结构的韵律之美，有了这个基础，古人才会把它纳入图案系统之中。

从实地考察所掌握的情况来看，西窑在古民居上面所表现出来的属性是太原府境内平墉与简墉流行的村庄，本村对于太原核心地区民居建筑文化的疏离可能是地形因素和平定地域文化因素影响双重作用下的结果。

二、涂河一线

涂河，古称大涂水，在大部分河流都断流的当今时代，涂河至今保持着自然流淌的状态，人们见到这样的河流备感亲切。

涂河沿线的沟、河、路并行的便利条件，使这一线分布着众多历史悠久的村庄，甚至榆次的溯源，也得从这一河上进行。"榆次"这一地名的本义，是"榆社"旁边的意思，而榆社，在历史上正是需要从这一条河旁边的道路才能前往，所以榆次就从这条河畔，一路搬到了离太原越来越近的地方。比起西窑，省道318线上的东、西长凝距离太原府东部界线较远些，这并不是说长凝比西窑靠西，而是界线向东偏去。这一地区位于太原府—平定州界线的南端，现在榆次与寿阳的分界线基本上继承着历史上的两地界线，此一地域非常靠近平定（寿阳）—太原（榆次）—辽州（和顺）三地的交界点。

（一）西长凝

西长凝和东长凝中的"长凝"原名为"长宁"。

本书认为，宅门上如果有太原堚头砖雕，这座宅门即是太原类型宅门。这种宅门的其他特征还在于它的屋顶与硬山房屋的一致性，有些太原宅门并不是单独的一间房屋，只是模拟出了向外突出的堚头。在太原府东界平堚与太原堚头混杂的地域，太原堚头仿佛受到平堚的压制，这种情况在长凝—相立—石圪塔—张庄一线有所纾缓，民居的古太原气息比起这一区域的南部与北部丘陵地域都较浓厚些，位于比较靠东位置的石疙瘩、张庄等村，已经相当靠近另一区域——古辽州，但古民居都是比较地道的太原类型，民居中的太原堚头形制也比较标准。

西长凝村中有一座太原盛期标准堚头的太原式宅门，位置大致在村子的中南部，堚头浮雕主图案为狮子，这是宅门堚头经常使用的图案，左右两堚头中的狮子都愤怒咆哮，有跃跃欲出的架势。本组堚头中段两侧的浪头图案为太原盛期堚头所常用，在很多实例上实际上已经幻化为一种图式，而并不用在意它究竟表现的是什么（图5-6）。这座门的特点是用砖规格较小，下碱上身看面虽为狗子咬，但因砖小，所以宽度一般，导致荷叶墩之上并未收缩，因此这种门透着一种相对单薄的感觉。此门檐柱内有木质透雕折线云纹雀替，是整座门中精美可观之处。院内东厢房堚头是方块平堚。

太原式宅门院落后街，有一座简堚宅门，朝南开，其西侧堚头与倒座后檐

图 5-6　西长凝罨头砖雕中段侧面图案

墙（或院落南墙）连为一体，没有突出墙面，东罨头看面为"狗子咬"，其荷叶墩往上的部分向内缩窄的做法与别处很不一样，此处荷叶墩比上身窄，但却是向罨头内侧看齐，外侧收缩让出的部分靠上身向上延伸补齐，其上身也可以说是院落南墙的一部分。本门罨头无论左右，墙体并没有吞没罨头的砖雕部分，而是避开砖雕向上砌去，让这组简罨砖雕能够有侧面，从而有独立完整的形状，中间砖块与上下枭砖有所过渡，这是一种较复杂的简罨。本村有一户新建民居的宅门，用新式的红砖和新式的砌法，对这组罨头进行了模仿，可能是施工人员专门到原作处进行了认真的观摩学习，然后回到施工现场进行了罨头模仿的实施，虽然有些滑稽，但也让人体会到今人对古人的致敬。

　　民居建筑地域文化观念是一定地域之内所有人民集体创造、接受、认可、运用、传播并体现于民居建造上的意识形态，对传统民居建设有一种无形的约束力。在共同的地域建筑文化观念下，人们营建民居时创造出结构和布局相似甚至雷同的民居建筑，把这种观念固化下来，未来只要建筑物实体还在，总会有人能够将其重新揭示出来。如果已经确定其中的地域范围，在此范围内则应该不大可能出现超越地域建筑文化特征的实例。我们在一定范围见到了一个又一个雷同度非常高的建筑物时，终会导致兴致索然。而在西长凝二号民居的宅门上又看到了不守常规、勇于创新的工匠在罨头砖雕上的花样创举，在挑战着民居建筑地域文化观念的束缚。西长凝二号民居宅门为与倒座连在一起的屋宇式金柱门，其堰头做法也与太原式宅门后街的简堰宅门类似，不过这座门要比那座简堰门高大。这组堰头看起来体量很大，分作三段，也是中段高，上下两段低，但分隔不是靠隔板，而是由像平堰和简堰一样由原砖雕成的上下砖块，每段的角上都加装竹节圆柱，有束腰的感觉，由于没有外侧面，看起来更不完整。这是一组在归类上有难度的堰头砖雕，在局部制作上使用的是平堰和简堰的方法，在大的框架上吸取了太原堰头的结构，同时又有对特殊的随墙堰头形式的适应，在体量上够大，在形制上有创新，在纹饰上没有什么作为，是一个十足的另类。看到这组堰头侧面的不完整情况，让人重新回想起寿阳大远村东院宅门上的堰头形制，都是堰头用于宅门上的另类做法，不过大远那一组是内侧面因砖雕靠外而得不到呈现，导致结构似乎不完整。这些另类的堰头都可称得是堰头砖雕中的"逸品"，因为它们实在特立独行，不易归类。

西长凝三号民居门楼上是方块平堰，前面有对角四叶浮雕，戗檐上有寿字图案，两侧相同，院内厢房上是浮雕简堰，此门不知何时曾被涂成全黑。五号民居是标准太原式，有太原盛期标准堰头，荷叶墩向上未收缩，与上身同宽，其特别之处是荷叶墩上有两方连续花卉浮雕图案。本例主题段图案为狮子，现已全被砸毁，左面堰头隔板也被砸掉，所以相当不完整。该门天花上有平棋彩画，内容为花草，可以看得出，画工很有绘画功底。

六号院落分内外院，宅门和内院厢房、内门两侧影壁为古建，正房和内院门完全经过了改建或新建。宅门为悬山顶木构，门上有字牌镌"安恬雅"三字，这三个字在当今仍然是人们对住宅的合理期望，这个门因其结构关系，不存在堰头问题。内院厢房南北二组堰头不同：南奢而北俭，南组有栏杆、垂花，是由类似于太原堰头中段的部分和平堰砖雕边框的过渡砖块演变而成，也是借鉴了太原盛期标准堰头的形制，有前柱和正面的雕饰；北组为二卧砖平堰。西长凝村中还有被完全抛弃的残院，其大门上有赋色的平堰，图案为狮子，这是平堰中较少见的情形，另西长凝多处堰头自荷叶墩处向上涂为黑色，不知何故。

西长凝中部有一相对独立的大院，墙高房崇，大门木构近年被火灾烧毁，碳化木构仍然勉强竖立在门前，令人望而生畏。这座大院由于院门紧锁，并未能进入其中一探究竟。这种位置好、规格高的大院，在古太原的许多村镇中都有建造，以其独有的醒目特点而成为村中的标志性建筑物，但此类建筑物的保存现状都不容乐观。

（二）东长凝

与西长凝村已经没有明显村间空地的东长凝，古民居比西长凝更破败。此村中平墀大减，太原盛期标准墀头大增，村庄中民居的太原府特征明显，太原府气息浓厚。

欣赏和鉴别太原墀头，要学习忍受雷同，因为雷同是某种标准得以执行的表现，太原府墀头的主题表达以及其他装饰图案都必须适应到三段和束腰的基本形制之中，这样的情况可以通过打唱戏的比方来说明：将墀头的基本形制比作戏台，将砖雕次要部分的浮雕比作装饰戏台的帷幕，主体图案和主题比作戏曲曲目，那么，在基本形制多变上，太原墀头完败于平定墀头，平定州内的墀头除了观感敦厚的共同特点之外，造型变化颇令人目不暇接，所以平定墀头是在各式戏台（墀头形制）上演出各种曲目（各种主题图案）。而太原墀头则是在同样的戏台（墀头形制）上演不同的曲目（主题表达）。

山西古民居正房的形制主要受制于地形和地质因素，如前文所述，太原府东部山区的院落正房是窄门窗的窑洞形正房，而东长凝等地古民居的正房门窗变得宽阔，天地神龛变成小型窑洞形式。东长凝一座已经被完全废弃的古太原府类型院落即是如此。此院实际上应是民居建筑群的一处内院，而今日此院之外的结构已消失殆尽，除了一个仍然倔强挺立的叠涩墀头外，其余部分已经坍塌为阻碍行人的一堆瓦砾。越过这一堆瓦砾，走近院落朝南的宅门，悬山木构威严尚存几分。此院东西厢房上，南北都为太原盛期标准墀头，主题图案为折线文字主题，南组两墀头皆为"禄"字，以此情况来看，北组应该是"福"字，北组墀头只有西厢房上的存在，东厢房已经倒塌，东面"福"字砖雕墀头已然全无。各墀头砖雕上主体侧面是浮雕卷叶（类似于西长凝的海浪图案，因已经成为一种图式，所以形象可以是多种事物，只要符合图式骨骼即可），其余次要位置的图案以造型简陋的十字花为主。此院墀头的浮雕难度指数很低，但以十字花代替福字右下"口"中的"十"，是很俏皮的。此院曾经被某个小型工厂占用，现在内院南墙上的动力电线还没有拆除。

本院正房上的排水墀头砖雕部分符合本书所定义的陡砖平墀的特征。根据此院现状判断，院中的一切不会存在太久，让这些文字权当此处古民居的纪念文吧。

村中部一处民居宅门上装配无雕饰太原墀头，砖雕三段前端均装圆木柱，所有木柱奇迹般地保存完好。象鼻头砖侧面有顺着前端卷纹向后伸展的线刻卷须图案，极不易发现，但给墀头增加了些许精美感。主题段三面均有讹角方框，此门气宇轩昂，威猛朴实，保存得当，结构完整。

东长凝戏台墀头如众多宅门墀头一样，主体图案为狮子，制作比前述福禄墀头精美得多。戏台年久失修，檐椽外露，屋顶已经洞穿，修理维护刻不容缓。

戏台附近有一院，院门墀头为与太原墀头形制接近的寿字文字图案墀头，因其分段不足三段，在此视其为平墀。戗檐有福字，寿福二字的字形都经过了图案化，又参用了异体字，变得不易辨认。此门的木构门框匾牌上有四个异体字，无法辨识，从此可了解原建造此院的主人对文字比较感兴趣。

东长凝一号民居（"传诗礼"宅院）是一所标准的古太原府楼院，这是本村民居院落中等级较高的一处，共二进，二进院门已被拆除，现在已经成为一个大通院。本院宅门上的墀头主图案仍处在泥巴的覆盖之下，未能辨识其究竟是狮子还是麒麟。院内有二进厢房，最南一组墀头图案为精细浮雕卷草龙纹，侧面为八卦阴阳双鱼。中间一组山墙为两进厢房共用，图案为寿字，侧面图案为在圆形区域中浮雕的侧飞蝙蝠，最北一组图案因考察工作疏失暂不明确。主楼墀头设计精美，正面主图案是浮雕菊花，侧面为卷草龙，顶部有瓜纹。本院南墀头正面的卷草龙图案很成功。卷草龙图案是我国传统图案中极富浪漫主义、神秘主义和唯美主义色彩的装饰图案。卷草龙名卷草，实则像云，是将龙、草和云的形象融合形成的，龙身是条状飞舞的云彩，可随意变换姿态，作为图案设计的内容有很强的适应性，在头部有稍具体的龙的五官。孔子见过老子后曾经感叹道："鸟，吾知其能飞；鱼，吾知其能游；兽，吾知其能走。走者可以为罔，游者可以为纶，飞者可以为矰，至于龙，吾不能知，其乘风云而上天。吾今日见老子，其犹龙也！"（《史记·老子韩非列传第三》），这句话表达了孔子对于龙的神秘莫测属性的认知。提到龙，在本质上不应该只将其想作帝王的符号，龙本不是帝王创造出来的，它是人民将几种动物的特征进行综合而形成的，在综合的过程中，人们把相关动物的习性赋予了龙，龙的外形使凶猛成为它最容易被人们察觉的习性，畏惧是人们对凶猛事物的第一反应，所以如果"真龙"降临，它能不能理智控制它的攻击性则成为可怀疑的部分，这也是"叶公好龙"这个典故所蕴含的内在逻辑。如果龙给人的印象是理智的，叶公是不应该怕它的，龙其实是中国人心目中无法把握的最高境界的代表，将其进一步幻化为云和草，是在龙的缥缈印象之上更加缥缈化的一种做法，也在规避封建年代龙形象的使用禁忌，龙的形象除卷草龙外，还有云龙和拐子龙等，这些是人们低调地表达对于龙的崇拜的方法。

东长凝后街有一处太原墀头宅门，其特殊之处在于荷叶墩向上不收缩，但中间的束腰部分是按荷叶墩收缩的束腰大小来做的，那这一部分相对于与盘头同宽的枭混和象鼻子部分，收缩的比例特大，为了过渡好这特大的收束幅度，上下隔板都加了一层，工匠会为此门特制这样一例砖雕墀头吗？笔者猜想这例墀头恐怕是大小不同的太原盛期标准砖雕墀头零散部件组合而成的。这是很特殊的一例，特记于此。

东长凝村西北高地上有一处单独的靠崖院落，宅门向东，是标准的太原墀头宅门。

本村五号民居墀头上身下碱都与院墙齐平，形制亦是太原盛期标准墀头，因从荷叶墩处才向前突出，以致墀头砖雕大部分都嵌入墙体。其主图案是麒麟，侧面图案为文字，做工精细，图案精美，是墀头中的精品。

东长凝十一号民居的存在，表明了本村古民居留存的丰富程度，虽历尽劫难，仍可称大型古村，这一定是有赖于本村古民居过硬的建筑质量。本村墀头图案可称道处在于优美的卷曲线条处理，给笔者留下了深刻印象。

（三）相立

相立村与村南省道318以及村庄所处山坡的相对关系早已如今日一样，省道318还是古道的时候就将村庄挤到北面的山坡上，相立村的人家在高低落差达45米的山坡沟壑中卜居，院落完全随着地形分布，虽然基础条件不佳，人们还是整理出不少面积不大但还算平整的院落。

相立村墀头有简墀、平墀和太原墀头，且太原墀头处于劣势，这其中有两个值得思考的问题：一是平墀与太原墀头流行的时间问题；二是二者的地域意义究竟如何。相立古民居留存的数量不输于与之不远的东长凝，古院落编号达到十九号，而相立的村庄规模却小于东长凝，所以其古民居的密度大于东长凝。这些民居有的建于民国，有的建于清代，以不同年代院落内的墀头形制差异为根据，可略知各类型墀头的流行年代。

相立村的古民居遗存，有人居住的院落保存得还算不错，而被人遗忘抛弃的那些则岌岌可危。据《榆次乡村简志》载，相立村的古民居中，民国时期民居有三处，三号民居和解放时期华野十八兵团指挥部旧址在列。山西地区民国时期民居可以分为略受到西洋风影响的类型和延续清代传统的民居类型，而西洋风的影响在清即已开始，延续清代传统的民居又与清时民居没有太大的差异，甚至会走回头路。所以，如果不依赖一些有确凿的建造时间的民居为参照，是无法在民国民居和清代民居之间进行分辨的。民国短暂且动荡，能够在这一时期大兴土木的农村人家，肯定有不一般的神通，所以，那些被称为民国民居的院落，其建造时间值得怀疑，如果建造时间确定无疑，那其建造行为与民居风格的保持则让人感佩，毕竟在此之后，传统民居的脉络几近断裂，这种断裂以人们的意识形态剧变为前导，也促使人们的心理和行为发生更大的改变。传统民居在民国时是如何回光返照的，是相当令人费解的问题，而且从它们目前存在状态的实际情况来看，其保存状态还不如清代民居，它们的寿命为何如此之短？其质量水准令人不敢恭维。

根据现场考察得来的资料，通过位于相立村西北高地上曾作为第十八兵团指挥部旧址的一处民居进行民国时期民居讨论，该民居朝东，原有内外院之区别，现外院不存，只有内院，院内正房已坍塌，只余南北厢房和内院木构院门。北厢房后檐墙已倒，东山墙外层包砖上部已无，房屋梁架暴露在外，胡基墙失去砖的保护，直接承受风雨，日渐零落。这个院落建成较晚，遗弃较早，坍塌较严重，如果此院是民国建筑，那么20世纪40年代后期被十八兵团借用时尚为新居。虽这段历史并不长，却因此让此院比普通民居多了一层历史的厚重。本院厢房上的墀头是简约的平墀，只有一段，有须弥座式边框，三面均浮雕有梅兰竹菊之类的图案，从这简单的结构来看，此类平墀应该是对早期简约墀头样式的沿用。这座院落的保存状态使人十分困惑，既有十八兵团指挥部旧址的保护碑记，又有民国所建较晚的建造时间，正房却已经完全坍塌，北边厢房也是摇摇欲坠，实在让人难以理解。

相立村中的平墀形态居以厚重的隔板将砖雕分作两段墀头，戏台、十五号等处均如是。二段平墀体积或厚或薄，造型与太原墀头十分接近，但厚重观感不变，雕饰或有或无，均无法达到太原墀头玲珑剔透的程度。这类二段墀头砖雕的隔板之所以厚重，是因为它们是原砖切削打磨而成，而太原类型墀头的隔板，大多应该在烧制之前即以成形，这二者的区别从制作程序上来看如下所示。

简墀与平墀：泥→砖坯→烧砖→雕砖或削砖→砌筑；

太原墀头：泥→砖雕部件泥坯→烧制→砌筑。

所以简墀与平墀总能够在尺寸与原砖砌筑的部分配合好，而太原墀头则常会在砌筑山墙时预留出整个盘头的位置，单独砌筑，即便如此，盘头高度也会与同层数的原砖卧砌存在尺寸上的误差，为了弥补这个误差，太原墀头砖雕上下经常会加垫削薄的砖块。

相立村的墀头砖雕图案和造型，包括几处太原墀头，水准无法跟东长凝相比。其中文字主题图案的多处使用也是造成这种状况的原因之一。通过观察可以发现，以文字为主题的墕头雕工难度不大，文字图案化使文字的笔画变为等线方折形态，许多作为图案的文字经过了不规范的变形，给识别带来困难，其美学的效果也并不太好。所以有理由这样认为：以文字图案作为墕头砖雕图案的主体，存在敷衍了事的嫌疑。直白的寓意表达，在当时究竟是对现状的讴歌还是对未来的期望？如果二者都有，那就是主人希望一直能够保持业已拥有的怡然自得的生活，砖雕上的文字图案因此可以被认为是现实主义加理想主义的装饰设计。

异体字是我国文字的一种正常现象，这种现象由来长久，人们之所以能够理解和包容异体字，是因为文字发展早期在事实上就是以字形不一的状态存在的。秦统一文字之前，春秋战国各诸侯国的文字形成同源异形的状况，通过文字学的研究至今被人们所了解，在文字统一并通过隶变定型之后，也从来未能消除异体字。异体字的存在理由有：它是文字本身趣味性的一种表现，是不同的文字结构与字义主张的结果，是中华文字博大包容的表现，也是"书呆子们"表现博学的一种武器，而在墕头文字图案中，有可明确辨认是何字者，有大致可以辨认是何字者，有无法辨认是何字者。不易辨识的字使寓意变得委婉含蓄，或者模糊，此种婉转使字形本身的美术性得到发挥。文字类型图案在太谷城中有许多实例，并且能够体现出几种值得讨论的设计思维，容后文再作一专门探究。

相立村村北高地上有一座砖雕门楼孤立在草莽中，门后的木构部分随时会轰然倒塌。此门西侧的一座小院，精美的门楼已经失去，院内原有东西厢房，现在西厢房只剩下带着墕头的南山墙，保持着一种兀然挺立的状态。山墙墕头看面是很窄的马莲对，所以其上的太原盛期标准墕头也不存在收缩的情况，主题图案是几何化的福字。仍存在于东厢房上的墕头砖雕完整，北墕头组是以"寿"字为主要图案，北墕头组较南墕头组做工好，侧面图案的精美程度尤能说明这种情况。

（四）石圪塔和张庄

石圪塔早年曾是公社和乡政府的驻地，近年来，乡镇撤并工作不断开展，石圪塔乡成为历史，石圪塔逐渐变回一个普通村落，不但如此，由于固有人口向城镇聚焦，石圪塔越来越冷清，不过凭着未断流的涂河水，石圪塔仍然是人们休闲踏青的好去处，这也使得本村经常有人光顾，未被世人完全遗忘。石圪塔村是附近许多更小村落的交通节点以及物资集散点，而且它的这种地位可以说是历史悠久，所以村中保存着一条小有规模的东西走向的商业街，街道两旁散落着三五处古旧的大院和临街的店铺。本街中段街南的一处院落，临街为三开间店铺兼大门的房屋，檐柱间敞开为廊，金柱处砌墙开门，现在，此处墙体为红砖新砌，原貌如何已不可知。此房墀头为太原盛期标准类型，中间段两侧图案相同而对称，均为菊花，侧面为镂空十字大花，由此可窥此件墀头为中空形制。由于侧面图案有粗放之嫌，所以这对墀头虽中空，也没有玲珑之感，只是前面的菊花还算生动。该院内厢房全用简墀，这再次说明简墀与太原墀头之间存在着"血缘关系"，同时表明古太原东部长期保持着比较原始的墀头做法，使其与新式的太原墀头做法并存，以供业主建房时根据房屋所处位置进行墀头类型的选择。

张庄是一个非常小型的古村，村子的交通状况不太好，由石圪塔向东行可达，但已经不在318省道沿线。张庄所处位置实在促狭，村南为深壑，村北为丘陵，村中古民居有数处，完整者只有路旁一座，这一座院落曾遭侵华日军火烧，失去倒座房屋。院内厢房、正房保存较好，大门为太原墀头金柱门，院门墀头为太原盛期雕饰墀头，图案题材为花卉，中段主题为菊花，其他部位或同或异，有机地进行变化调节。该组墀头形制特殊处在于最底层花纹，为模仿底座形式，这种形制，既可以理解为工匠对太原墀头的主动变化，也可以理解为工匠对太原墀头形制的误解，也可以理解其受到平定墀头的影响。从笔者的见闻来看，太原墀头在整体上是在模拟台阁，而非模拟柜橱，所以未在别处多见过太原盛期墀头在底层模拟底座者，这是一值得铭记的特例，这种做法在永康村还会出现，不过在细节上仍与此处墀头有所区别。本院内厢房低矮，墀头处于人之平视高度，无须仰视即可见细节，形制做法与大门上类似，但题材不同，南组为狮子，北组为麒麟，瑞兽姿势有力，神态生动。此院虽然遭过浩劫，所幸主体仍在，而且本院虽有加盖房屋，但正房仍保持原样，其余各处雕饰保存有方，相当完好，做工细腻，细节清晰。正房位于崇阶之上，加之木质门窗皆为原物，又有天地神龛，所以真实地呈现了这种类型院落原本最美的一面，真是一座好院！

（五）东部山区诸村

在榆次东南部山区和南部，政区边界是不容易接近的，即便接近也常常一无所获，所以在这一带的考察活动所及的范围是模糊的带状和片状。榆次东南部山区诸村，隐伏于涂水河之南、津水河之北的黄土沟壑。这些村庄中时有古民居，但囿于地形所限，这些民居规模并不宏大，墀头上身使用陡砖砌法，节省了砖的用量，这是东南部山区诸村中常用的做法。这些地区的居民财力有限，所以常用这种砌法节约建材。寨底村有平川地区的常家等大户在此地建设的堡寨，作为躲灾避暑之所，可能曾经把富贵气息带至山中。

东部山区诸村墀头以平墀为主，罕有太原盛期标准墀头，这风气来自本地正东面的判断比较可靠，因为从东部山中向西出发，一旦抵达平川，太原墀头就突然多起来，地形决定不同墀头类型的力量也就显现了出来。地形和政区边界不重合时，地域会更加显现其地域文化的区隔能力，而政区边界的作用则可能稍退其次。

（六）太谷上安（靠东的古太原墀头核心地带）

太谷县的范村镇位于太原盆地的东南部边缘。《山西通志》中说这里是主簿驻地，至今这里仍是一个重要的交通节点，是高速公路通往山西东南部山区的入口。

范村镇上安村，是一个职业官僚世家之村，村中的民居建造所依赖的资本为本村人做官所得。从流传至今的事迹可以知道，上安人为武官则勇武，为文官则贤能。在学校院前小广场上，散落着墓碑墓表数通：康熙四十四年（1705）《清处士牛应佑》碑、乾隆三十一年（1766）所立《汉儒牛公墓表》、乾隆四十年（1775）《牛纯修墓碑》，其他碑碣有天启七年（1627）《圆觉殿叙》碑记，均可说明上安人明代即开始显赫，并且很平顺地将显赫延续至清代中期。牛天界可能是清代上安人中成就最卓著者，民国《太谷县志》中就有此人的事迹，他是乾隆朝武进士出身的武官，在平定大小金川的战事中阵亡，受到乾隆皇帝恤奖，因此事件载入史册，为世人所熟知。牛天界官位最高为"提督"，是从一品大吏，其功名是武进士，上安人真是能文能武。

据村中人讲，上安村原来建有令人引以为傲的高大楼房十几座，现在大部分已经被拆除，遗留有楼房的院落大约只有两处，村西有一完整院落，曾为学校所占用，即为"学校院"（也可称为"南山寿"院，因其门匾上有南山寿字样），另一所为村中部广场西侧所遗留的牛氏院落，人称"砖雕楼房院"。学校院，两次到访上安均不得其门而入，不过在院外即可清楚地观察到正房上的墀头。学校院的位置在村西部，门前的小型广场，环境僻静，是学校师生开展文体活动的场所，学校院因被学校占用，免于被村民拆除而得以保存，其建造的时间可能相当靠后，因为其样式与太原腹地的古太原民居非常相似，而腹地中的民居是清中后期的晋商所营造，这比上安村人热衷于为官的时期应该晚一些，虽没有十足的根据，但有一种感觉，那就是上安人失去了在封建年代做官为生的窍门之后，该村便开始衰落，而有些晋商人家与此相反，在经商致富后开始琢磨通过入仕加强自己家族的实力，这些好像都是在上安衰落之后发生的。

上安所处的位置仍属于太原府东部山区，民居的墀头具有东部山区与平原地区过渡的特征。但该村砖雕楼房院和学校院中的楼房上仍是比较高级的太原墀头，而戏台后的旧屋是叠涩墀头，简朴低矮，十分不起眼。

学校院正房墀头是素方的双层隔板（每块隔板都是双层，上下共四层）砖雕太原墀头，素方的中段束腰部分正侧都有深槽，难道这种深槽只是起到装饰作用吗？如果是，那这种装饰手法也太过于简陋，角上有柱洞，相对于总共四块隔板的规格，在束腰处通过额外安装的方法添加装饰物的可能性不能排除。墀头象鼻子单元与盘头之间有挑檐木。

砖雕楼房院所遗留的正房为二层楼，与其他古太原大院中的正房差别甚大。这种差异是因房屋功能性差异所致还是别的，并不好判断，也许此房原来是为某种特殊用途而建造的，所以才有独特的形制。此房只有三开间，底层与二层的风格不协调，可能底层为先建，保留略早时候官员建房所允许的繁复装饰，二层则依照清代中后期的太原民居风格所加，从房屋后面看，后加的痕迹更明显。一层卧砖砌墙体，二层陡（立）砖包墙面，一层多砖雕，二层砖雕少，木质格扇槛窗有破损，实用性已经变差，当下只作贮物空间使用。

砖雕楼房院正房一层的样式颇值得玩味，檐墙明间开宽大方正的门户，两次间开正圆形窗户，两圆窗外套正方外框，四角有云纹砖雕装饰。檐墙顶端有砖造普拍枋，枋下有砖雕垂花和挂落（雀替）。普拍枋上密布砖雕仿木斗拱，共二十四组，两端二组不完整，无转角特征，单栱计心，厢栱、耍头皆雕云形卷杀，拱眼壁布满砖雕，皆为毫无结构意义的纯装饰部件。一层最上为砖雕屋檐，向前挑出并不远。二层砖雕栏杆的精美程度可与一层诸处砖雕媲美。在该座房屋的各处砖雕中，可辨明的主题不外乎瑞兽、花鸟、吉祥物件。二层硬山屋脊损坏较多，脊刹模样不可知，在屋脊两端，并未依例安装脊兽，而是安装了双层叠涩檐券门方塔，这又是本楼一大怪异之处，其标新立异到除太原墀头外几乎没有古太原民居房屋特征的程度了。在这繁复的檐墙砖雕比照之下，二层太原雕饰墀头有所失色，虽说各层各段都布满了图案，也不容易把人们的眼光从别处吸引过来。这楼上的墀头，中段前面的图案是在讹角方框内构图较满的梅花，侧面是折线装饰图案，遵循着堡头侧面图式规范。两个堡头的梅花图案有所变化，避免了雷同。

上安所遗存的这两处重要院落，是不是可以代表上安全盛时的几十座楼房，已经是一个谜团，上安的大建设和大毁灭的时间相差不会太久，建筑物的毁坏代表曾经的骄傲无法被继续享有和守护，在今天看来着实令人痛惜。

2014年到上安时，村中挂着条幅，号召人们复兴上安古村，但看到遍地瓦砾和粪土的村庄，真难以知道其"复兴"将从何处着手，倘若真正实现了所谓复兴，不知道此处是会建起一座游人如织的仿古建筑群，还是一个人烟辐辏的现代农村。

太原东界南段的这些考察，使笔者可以从以上所述及的几个节点性村庄来掌握此地堡头特点，这几个村重点就是北部的南东、中部的张庄和南部的上安，这些村庄都有标准的太原堡头存在，但都基本上是被周围很多平堡所包围，这些村庄的太原堡头分布都得益于由古太原腹地延伸过来的道路的地域文化传播功能。

古太原东界的堡头考察至此结束。

第六章

古太原之中部墀头考察

第一节　榆次各村

　　此处所谓之古太原中部，是逐渐远离了古太原府界线一定距离的区域，处于交界线两侧的村庄是两种地域文化变换的锋线，理应在地域文化的各种因素上发生互相渗透式的融合或直截了当的剧变，再向里则应完成了不同的地域文化的转换。榆次东北一带可以算是太原府中心区，在民居建筑地域文化上是否能够比较单纯呢？从墀头砖雕类型的分布上来看，离开州府界线并不一定意味着会在地域文化上变得单纯，说不定这些区域会更容易受到其他区域特征的影响。如太原府城，由于它是整个山西的中心，对于全省都会有一定的磁吸效应，所以反而受到来自全省各地地域文化的影响，讨论真正的古太原地域文化，应基于府城之外的考察来进行。

　　从墀头砖雕的类型来看，古太原府在南部各县之中，存在共同的、可称为古太原地域文化的证据是充足的。在许多地域的硬山砖屋太过雷同的情况之下，墀头砖雕是一个重要的地域辨别信号。行政区划中心区不与其他地域文化范围接壤，是本地域文化的大后方。不同地域文化接触的地区，互相的影响有如打仗一般，有些作战是两军在锋线上对垒，有些作战却是在一大片区域内敌我混战。在榆次城的西北各村，就是太原墀头与平定墀头一片混战的战场，这种"战斗"也会影响到地域文化大后方。

一、榆次东北各村

（一）小寨

榆次区的前身是榆次县、榆次市，因具有靠近太原的便利条件，新中国成立后成为管理古太原南部外围地区的新行政区机关驻地。此种行政规划一出，影响深远，使晋中、吕梁等地域中原属太原府管辖的数县与太原分离，时至今日，太原已经在上述各县人民心目中成为完全的异地。榆次与太原距离仅二十余千米，因行政区划隔断了许多本该存在的联系。由今推古，行政区划界线对地域认同乃至区域文化之影响不可小觑。

小寨村是榆次区东北榆盂线北侧的一个古村，因为采取了在旧村东面建设新村的政策，所以没有发生大范围的拆除古民居并在原址进行房屋新建的现象，使得新村旧村并存，堪称是"梁陈方案"的缩微版，对于保持古村的完整性真是幸甚！但现在，得以保存的小寨古村尚未实施强力而有效的维护与修复措施，以此村的交通状态来看，小寨古村整体的旅游开发与利用条件十分优越，就等待有识之士下定决心。

小寨村的多座古民居被破坏的痕迹很明显，走访村民得知，原来在抗日战争时期，该村曾作为抗日武装袭击日军的隐蔽阵地，后遭到日军报复性的破坏，不少古民居在那场暴力浩劫中被焚毁，直到今日亦未能得到修复。这样的一场战争暴力袭击只是全中国在几十年间所遭受的全部暴力侵害中的一个极微小的部分。

小寨村旧村部分被称为"门里"，也就是"寨门里边"的意思。院门上的编号皆为门里0××号，门里大致可分为四部，东部紧贴东寨墙，仅有两座废弃残院，南部与北部依村中北道相隔，是旧村的主体，西部位于在地形上向西延伸的舌状高地上。村中的这几个部分西部和东部被人们抛弃的程度高，南部和北部均仍有居民生活在其中，以北部之西和南部居民较多。小寨旧村是未改动的古村原样，东寨墙仍然矗立，曾几何时它坚不可摧，但它注定在火器面前变得外强中干，否则寨内的民居也不会遭受兵火之灾。小寨村所处的位置，周边的南、西、北三面的地形都是深达二三十米的深沟，有易守难攻之特点，特别是南沟，是天造地设的护城壕；村西的舌状高地，其上只有一条羊肠小路通入沟底，在崖端建有一座扼守此路的小院，有"一夫当关，万夫莫开"之气势。村北，沟壑与高地犬牙交错，能使有意犯境者知难而退。村东南面与古官道地形持平，为出入古村的通途，所以在此修建的堡寨高墙，今日犹在。如此有利的地形，加上人工的防御工事，使小寨成为安全之地，来犯之敌如果不是拥有枪炮的正规作战部队，而是握持冷兵器的匪徒是奈何不了它的。

古代的城寨，根据建成规格的不同，其可防范的冷兵器时代攻击是有差别的，这有如不同规格的堤坝可以防范不同年数一遇的洪水一样。国都之城，如果没有国家级的军队，莫想攻破。这里所说的国家级的军队，主要是装备、训练、指挥、后勤保障以及单兵作战能力达到国家水准，县城则大概率可以抵挡相当规模的正规性逊于国家军队，后勤和指挥也不能与国家军队相提并论的割据武装。村镇的筑城目的也主要是想抵御匪盗侵扰，匪盗大多是凶莽豪横、不学无术之徒，是出自百姓而为害百姓的败类，他们面对戒备森严的村镇城堡往往束手无策。从城外人的角度来看，不同大小的城堡，可以容纳的政治与经济资源也不同，为夺取或破坏这些资源，城外的人组织相应的武装力量去攻打，围城道理就在此。古人打仗，对于攻破城池十分重视，所以攻城先登是很了不起的功劳，也是攻城将领所追求的荣誉。小寨的城墙防卫能力应该能够抵挡一般乡间匪盗。旧时小寨寨门有两重，后来拆除了一重，现在的一重保留了墙和门洞，门上原有庙兼城门楼，目前已毁。侵华日军是凶恶的国家军队，握有与城寨有时代差的枪炮等兵器，他们入寨行凶凭小寨城寨是难以阻挡的。

现在的人们已经难以想象，每当发生攻城战争的时候，在运筹帷幄的战争艺术后面，是血肉横飞的骇人悲剧，过惯了和平生活的我们无法想象也无法承受，小寨就是一个战争创伤至今难以愈合的实例，它的断壁残垣是浸过血和泪的。

惨烈的战争结束之后，各个城寨的防卫使命也彻底结束了，它们因为战争遭受破坏，失去了阻挡外来侵扰的作用，大部分因阻碍交通而被拆除，毕竟它们不是为现代战争而设计的。我国各地在几十年前，县、村等基本都有城墙，大部分在城乡建设过程中被夷为平地，所以，中国传统城堡也大多跟古代一起作古。少数留下来的现在都"物以稀为贵"，变成了人们体味时空交错的存在。这就是中国从城池的国度如何变成了只有少数城池残存的国度的过程。

游历过小寨村之后，对于堡寨型的村落不能不产生更多思考。在整个山西以堡、寨、城等形式命名的村庄不胜枚举，这并不是徒有其名而已，其所必需的外围高墙，本为居民聚集的所在，于战乱时为了防卫所需而建，自己的村庄因此而成为军事攻防的战场。那时的人们把自己囚禁于高墙深壕之内，着实有很高的安全感，容易在自己身上培养出一种规矩而内向的气质。

小寨村中最重要的古迹除了旧民居院落之外，还有舞霓亭、神栖宫和吕祖坛。神栖宫是一个小型院落，墀头样式是平定式，目前已经整修完毕。舞霓亭实际上是一座精致戏台，是神栖宫的娱神设施，其位置位于南部之西北角，墀头是一种较小型的有平墀味的太原类型墀头，这组墀头上的隔板不同于一般太原墀头上的隔板，是小方板，可能是专门为这个舞台所特制的。2018年，舞霓亭与神栖宫得到精心修缮。古村中北部吕祖坛前新修戏台一座，2020 年吕祖坛周围窑洞也得到维修，吕祖坛前有左右厢房，是规整的古太原风格，曾经被村集体占用。这两处确实是村中比较重要的地点，能够得到开发保护对其继续保存非常有利。

小寨村中的居民主要是赵姓家族的成员，旧村北部东北角门里 060 号，是挂牌的文物，称为小寨二号民居。该院虽似无人居住，却一直保持着一尘不染的整洁。厢房上有墀头，是太原盛期类型，门窗已经更换过，墀头也经过了粉刷。059 号在 060 号前面，本院可分两进，第二进厢房上为平定须弥座式墀头，主图案为荷花。西侧为三座三进院，都只有第三进院尚完好。墀头基本上是太原类型和平定类型交替出现。门里 057 号院，在北部诸院中，为所见所有厢房之间较为宽阔的院落，仅凭这一点，该院就可以给人留下十分深刻之印象。观察过许多山西民居院落之后，其深而狭的院落空间已经成为固定的印象，猛然见到如此宽阔的院落，顿觉豁然开朗！以上这几座院落中的正房保持着太原府东界山区的特征，与丘陵中的院落不同，小寨的院落可建造为狭长的多进，所以院落的纵深远大于丘陵中的同类型院落。加之厢房已经与太原府核心平原地区中的构造无甚差异，故村中民居为太原府平原类型与丘陵类型混合型。1937年，本村遭受日本侵略军破坏，众多院落的厢房被毁，小寨古村东部数座民居的外院保留着当年被烧毁的残迹，断壁残垣，至今触目惊心。

村南部的门里 010 号，建造了气势不凡的太原墀头门楼，但建好此门之后，主人家突然家道中落，无力继续兴建院内其他建筑物，所以，这个院在高规格的院门之后，连接着简陋的夯土墙垣，这种情形一直保持到现在也未改变。这座院落的建设中途停止，可能并不是单纯的一家之事，从此一家中可看到整个村庄的整体衰落，随之而来的是那一波民居大建设的终止，传统古民居建设在小寨停止，且再也没有恢复。由于这座门上的墀头是非常标准的太原盛期标准墀头，可以说明太原盛期标准墀头的流行时间较晚。

从村中现存的墀头砖雕类型来看，小寨无论是在地理位置上还是民居的特征上，都已经渐入太原府腹地，太原标准墀头在村中的比例上升，而简墀、浮雕简墀、排水简墀、须弥座平墀在村中亦各领风骚，还有一组深度只有一半的浮雕太原墀头，是平墀与太原墀杂糅混合的产物。

（二）龙白

龙白位于小寨之西，龙白曾经的辉煌使它赢得了"小太谷"的美名。与小寨相似，龙白在旧村之南规划了新的宅基地，人们现在都向村南集中了。龙白村中的墀头以须弥座浮雕平墀和非标准太原墀头最为引人注目。

　　龙白村中的浮雕平墀（图6-1），做法上的异样在于束腰在宽度上窄于上下枭，但在深度上与上下枭相等，为了保持束腰效果，把束腰后面的砖块削了一块，让束腰可以后缩，以达到束腰的效果，这也造成了形制上的些许不一样。

图6-1　龙白浮雕平墀

　　非标准太原墀头实例在小寨的舞霓亭已经见到，在龙白又看到，既然在这一带容易出现，就应该认真把其形制作一了解。龙白等地的非标准太原墀头，首先是在尺寸体量上不标准，龙白村中部有一大院，院中各处墀头以太原盛期墀头常见形制来衡量，皆显怪异，不是薄了，就是厚了。以两个实例来看（图6-2），可知差异究竟在何处。

　　第一例在于造型扁和没有栏杆和垂花，而且把墀头形式由台阁式变成柜橱式，所以其底层改成了底座。要知道，墀头砖雕最底层的花纹图案，对于整个墀头砖雕的造型类型有些特殊意义，如果做成底座，所产生的放置感会让墀头砖雕的空间想象变小。前文中张庄底座纹样墀头的其他特征是非常标准的太原

图6-2 两例龙白非标准太原墀头

样式，像这一例，除了总体上具备三段结构之外，每个部件的细节都有不同于太原墀头的感觉，其底层为底座花纹倒是合理。第二例的总层数是与太原盛期墀头相当的，但整体造型感觉臃肿，最下层直接变成了一个铺有桌布的矮桌，上面的部分好像是陈列于桌上一般。这两例墀头可能是对太原盛期标准墀头进行了仿制，在仿制过程中根据工匠自己的审美喜好做了发挥，这种发挥实际上是不太成功的，因为龙白的墀头喜欢在主题段设计鹿、马、牛等动物，而把这些动物放在一个柜橱之中，那会形成一种使动物无法自由奔腾的窘境，从而给欣赏墀头的人带来压抑感。

龙白的墀头，无论是什么形制，其最底层基本上都是模拟一个底座，在底座腿子的缝隙中夹杂着各种图案，而这种影响不能肯定是来自雕饰的平墀，因为有许多平墀也是没有这一层底座的。以村为单位来研究墀头形制，范围还是太小，但确实在某些时候可以发现本村墀头上有区别于别村的一些个性特点，龙白是这样的村庄的代表。

在龙白村中，还有枭混重复墀头和简墀，而地道的太原墀头没有发现，所以此村的民居建筑可能是异地人承建，他们来到此处，在墀头形制上邯郸学步，并未能掌握太原墀头的真意。所以龙白的"小太谷"名号所反映的对太谷的向往在民居建筑装饰上没有得到很好落实。

龙白村中部有一大院，正房危楼高耸，梁架横七竖八地塌落在屋内，西厢房发生过火灾，火烧痕迹明显，这个院的保存现状是众多古民居保存困境的集中体现。

（三）北要店

北要店与小寨隔着古官道两两相望。在元明清三代，此道都是许多古太原人民前往帝都的必由之路。古时的官道现在已成遗迹，而沿着遗迹新建的各级道路都车水马龙。两村之间的太旧高速现在已经成为 G5 京昆高速的一部分，这条路是山西省的第一条高速公路，可见两村之间的这一片土地在交通上的地位是何等重要，这样的交通地位会产生一定的人文效应。尤其是北要店村北的三岔口，已经被附会为戏曲中表现的三岔口故事的发生地点，虽然十分牵强，但这个地方曾经的繁华确实令人遐想，也一定发生过不少真实的精彩故事，不过都已经随着过往的时光一起消逝了。

北要店是一个古村落元素齐备的村庄，因为村中有古民居、古戏台、古寺，在古民居中也有附近地域流行的各种墀头。北要店戏台的结构基本如下：以一座五开间的硬山房屋为后台，前舞台只有三开间的宽度，有强大的承重能力的粗大普拍枋，使舞台撤掉了明间檐柱，代之以宽大精美的雀替，保障了演出空间。顶棚是卷棚歇山顶，后台硬山屋两侧墀头后部向两边外层伸出八字影壁，既美化了戏台的造型，又达到了拢音的效果。后台的墀头砖雕为没有隔板的须弥座，在地域属性上比较倾向于平定。主题图案似乎是图案化的荷叶背面，此图案甚为罕见，究竟是何寓意，不得而知，或者说辨认错误，并非荷叶？只能说有此可能性。

戏台东有独立小院，院内有厢房，墀头为素方平墀。整个小院，除梁架上原来可能有彩画外，基本没有其他有图案的装饰。

51 号院门是灰背门屋顶，可能为后来改建的结果。门上是须弥座式平定墀头，束腰主题部位雕出左福右禄行书文字，这种用通行文字作为图案的墀头，并不多见。

本村中多个院落院的宅门既方且阔，显示此地以前位于交通要道，村中因此曾经开了不少停车店，这种门就是大车店的遗证。

（四）南要店，李坊，桥头

南要店、李坊和桥头，古民居遗存相对较少，但每村都会有，毕竟在晋中一带，找一个没有古民居的村子是困难的。南要店南街上有一保存较完整的老院，内院是对称结构，外院不对称，东厢房有带底座的平墀，主题图案是寿字。西厢房相当矮小，墀头为一简墀，根据各房的时代感来判断，好像当初就设计为不对称的院落。本院内院门保存完整，是院子年代感的集中体现之地。

李坊有一处大门上有不太标准的太原堺头，其主题图案仍是设计过的寿字，这个寿字设计，与南要店那一例是相类似的，它们的设计方法以及最终的样子，使它们堪称寿字图案的姊妹篇（图6-3）。

图6-3 南要店（左）和李坊（右）堺头寿字

在桥头村的戏台上，见到了相当怪异的堺头，也就是在一般正常的雕饰平堺上有一木挑檐，在挑檐之上又加砌了垂直向外的一组象鼻子，由于这座戏台毁损严重，其原来的屋顶是什么面貌已经不得而知，所以究竟为何有这样的堺头，以及这种堺头在没有损坏时是什么样子也无法知晓。

榆次东北的这些村庄中的堺头，一句话概括就是撇不清的平定堺头影响和学不像的太原堺头形制。在这一带的村中，平堺仿佛是硬山式堺头样式的默认选项，有些堺头与太原堺头接近，但是总与造型标准的太原堺头存在程度不同的形制差异。

（五）罗家庄

罗家庄的村庄规模比较大，古民居保存较多，所以村庄显得很古朴。因为有村中罗家大院的存在，这个村民居的古太原风格比较正宗，是古太原气息已经变得够足的村庄，本村的规模比起周围的小型古村落，俨然有鹤立鸡群之概。罗家庄的村庄格局体现了平原村庄的特点，本来完全有条件方正，但又有奇妙的迂回弯曲的街道，在村子的中央，建了一座高墙崇楼的罗家大院（现在由村委会使用），其周围集中了戏台、寺庙、广场、陂池等功能性的公共建筑，这是有意识地规划出来的公共区域。罗家大院的高大规整以及纯太原盛期的风格，使它与村中其他的民居建筑有所不同。罗家大院的保存状况很好，如果现状并未经过整修的话，可以表明村民对该院的用心呵护一直在持续。不过影壁似乎经过了人为的破坏，是这座院落的遗憾。如果没有这座大院的存在，罗家庄的墀头分布情况会跟前面几个榆次东北村庄一样，是平墀为主外加形制不太标准的太原墀头的情况。

罗家大院的建造，肯定受到了罗氏家族来自榆次南部或太谷等地重要社会关系的支援，才使这座大院如此的高大威猛，且又规整。这座院的内部布局相当简单，在狭长的院落中，二进厢房的北边就是正房，南边朝东开着大门，大门内迎面一块影壁，表现的内容不过是百姓劳动和出行的场面，但所有人物的头部都被破坏，这与保存尚好的院落比起来没有那么好运。影壁主画面左右原来镶着一副砖雕对联，现在上联仍在，文字内容是"赶出邪魔去千年巨富"，下联已不存，其内容难以从上联那好像并不通顺的语句中推断。除了影壁残破、二进院门被拆除和房屋门窗被更换外，本院的其他结构均保存得不错，墀头的保存，可以说是所有太原盛期标准墀头中最好的，如此判断有以下原因：首先是本院墀头的形制比较标准，各处结构清晰规整；其次是结构比较完整，图案细节基本无损伤，在其他实例上，很少见到中段前柱能够保存得住，但本院第二进厢房的墀头上，中段有栏杆至垂花的通柱，现在都是存在的，这就可以帮助理解其他地方的太原墀头完好时的样子；再次是所有墀头的戗檐处都有浮雕的戗檐板，其上的图案也是相当清晰。二进厢房加上正房，本院共有墀头五组，与别处不同，本院墀头的象鼻子、枭混等结构与山墙同砌，第一进象鼻子单元底层混砖前面有蝙蝠图案（太谷孟高亦有此种例）。各组墀头的主图案题材分列如下：一进厢房南组中段正面为麒麟，侧面为卷草龙，戗檐西为福字，东缺失；一进北组中段正面为牡丹，南侧面东兰西竹，北侧未知，戗檐为圆形万寿图案；二进南组中段正面为葡萄供桌，侧面为琴棋书画，戗檐图案西侧为博古形寿字，东侧损坏缺失。二进北组中段正面为佛手供桌，侧面为卷草龙，戗檐为方折寿字图案。二进院墀头图案表达的主要就是多子多福的寓意。正楼房墀头中段正面为菊花，侧面图案未详，戗檐图案东鹿西鹤，二层盘头有瓜纹，博缝头不使用博缝板，而使用原砖砌，博缝头雕有折线型云纹，除墀头外，正房栏杆栏板砖雕图案也是相当精美。

在罗家大院对面的一处古院中，墀头的形制相对罗家大院中的不太标准。从分段来看，本院宅门和厢房的墀头倒是都由隔板分成了三段，但宅门上的墀头整体造型粗短，院内北厢房墀头薄短，比例上都给人一种另类的感觉。不过，虽说墀头造型不标准，但图案水平却不低，尤其是宅门上的双狮图案自然古朴，比罗家大院的雕饰更为耐看。

罗家庄各处的太原堰头上，都镶嵌着寿字戗檐板，这种现象表明前文对太原堰头戗檐处的形制分析有所局限。

本村中也有使用素方平堰和简堰的地方，而东大街 30 号简堰实例的中段又加了简单的雕饰，同时出现了角柱，这是介于简堰和浮雕平堰之间的一种堰头形制。

角柱在多种类型的堰头砖雕中广泛运用，这种做法跨越了州府甚至省域，不为太原堰头所专有。堰头砖雕中的角柱根本不能起到任何的结构支撑作用，不但如此，有众多的独立柱竟率先折断，甚至完全丢失，留下了黑乎乎的柱洞，影响了堰头砖雕的整体观感，故其纯装饰性显而易见，也因此，有好多堰头的角柱是浮雕出来的柱形，这种柱虽不容易丢失，但显得笨拙。在榆次一些地方的堰头中安装的是木质角柱，在当代新建门楼中，有些堰头（水泥造）更是安装了不锈钢的角柱，这种现象算是对传统的继承。竹节形柱（古太原少）是山西地区堰头砖雕之角柱的常见形式，是故意模仿自然之竹还是对单纯的柱进行形状变化后与竹节形态的巧合？其实，根据我国人民对竹子历来的喜爱，以砖雕来模仿竹的形态毫不意外，当需要对某些结构进行分节处理时，当然优先考虑竹节的形态，只是有些方柱的基本形与竹不符，所以才有此疑问。

罗氏宗祠大门上的堰头是上枭较薄、束腰长和下枭壮的外形，是三块形状不一且有雕饰的长方体的组合。堰头与大门建筑一起被白灰浆涮成了白色，这是美化和洁净村容村貌的一种举措，但对建筑原貌的呈现却很不利。

罗家庄戏台北侧的砖门上向人们展示了一段"冰盘檐"，这段冰盘檐就是太原堰头的荷叶墩加枭混横向一直砌去而成的。

（六）聂店

聂店村在十几年前还是一个距离城区有数千米之遥的郊区村落，榆次大学城开建后，迅速成为一个名副其实的城中村。聂店是山西高校新区（俗称为榆次大学城）范围内唯一尚未被拆迁的村庄，村中有古民居、古戏台，而古戏台在当年即将被整体搬迁至榆次东阳镇车辋村时，由于村民们强力反对，得以在原地保留。

从堰头来看，聂店也是以简堰和平堰为多，但最精彩的堰头也就是在戏台上的那一对太原盛期标准堰头了。对于晋中地区的戏台，虽然遗留了不少，而且这种建筑应该是每一个村庄的标准配置，但应该是集中建于同一个时期，因为它们的形制类似，尤其戏台上墀头的形制，实际上可以暴露一些建筑年代的信息，太原盛期标准墀头是一种到传统民居营造的最后时期才成熟了的墀头，戏台上的墀头如果是这种类型，建造年代可能会靠后一些。戏台的衰落与人们对神祇没有了信仰有关系，前文所提的东长凝和桥头村的戏台，均是保存状况相当不佳的个例，如果人们在信仰上未发生改变，应该不会允许戏台任意地破败下去。现在这种建筑的保存越来越需要很大的经费投入并且需要聘请专业的施工人员。传统建筑保护的主体究竟是谁这个问题，也经常纠缠不清，这都不利于戏台的继续存在。

由于戏台的公共性，人们在建造时一直保持着在结构梁架上使用大式木作的习惯，同时把砖造硬山房屋上的建筑装饰，有过之而无不及地运用到砖砌的戏台后台上面，聂店的戏台就是这样。从墀头上看戏台装饰相当过度（图6-4），在形制规格上可能无法再进行提高了，不过墀头装饰过度，其实给墀头的形制带来了新的突破。第一，这座戏台的墀头，枭混前面浮雕了一对壮硕的力士，肩膀和双手正好把枭砖的枭嘴托举起来，这种做法应该是从佛教造像的须弥座上学来的，由于枭混前面的空间十分逼仄，这个力士的体型被匠人们进行了超越极限的改变。第二，在象鼻子单元的第一块炉口前面浮雕蝙蝠图案，这种做法也是非常做法。第三，这组墀头不但配有戗檐板，而且面积非常大，上面刻着骑马武将的图案，非常不幸的是，两侧墀头都在最重要的部位，也就是墀头的中段，丢失了最重要的主题图案，图案失去后，露出了安装图案使用的砖茬，砖茬是向下倾斜的，表面有被凿过的痕迹，可以想象到这个主题图案是一个面向看戏人群的高浮雕，具体是什么呢？可能也是人物。而在该段的外侧面，匠人们安装的八卦炉鼎图案，至今仍在。

聂店村中其他两处民居中的太原墀头，做工就与戏台上的墀头形成有非常大的差距。在戏台西边一巷中，有一古院，院门为古太原墀头硬山金柱门，墀头上各段正面虽雕有花草图案，既缺少图案化变化手段，又不够写实，乏味的观感使笔者觉得还不如径直把这对墀头处理成素方为妙。这组墀头的戗檐处有可能以前能够给人们提供些看点，戗檐板的向下倾斜角度很大，体现了对站在门下向上观看的人的照顾，然而此处的图案却被故意凿去，戗檐上的看点也就不存在了。从此处再向西北，有一大里门，墀头上有文字图案，墀头上的文字图案所在意的是拐弯抹角的寓意表达，本身的图形美感不足，所以这组墀头的欣赏价值也不太高，而且文字经过不规范的变化，寓意也不易传达了。

前人所遗留的历史文化遗产，不会全都是优秀的东西，其品质也有高低之

图6-4　聂店戏台舆头（左）

分，这是事实，我们当下的新创造也是如此。对于这些事物的扬弃，是历史发展进程的一项功能。当然对于这些事物的价值需要进行理智的集体判断，任何人的个人好恶不能作为决定其命运的依据，笔者觉得我们看到了自己不太满意的古旧事物时应该如此想。

（七）新付

新付村在聂村之东，本村还遗留着一个旧的城门洞，并没有几处古民居可以参观，村中散落的墀头都是平淡无奇的简墀和平墀，但有两个墀头值得探讨。一处是旧堡门外的荷叶图案平墀，其图案与北要店戏台墀头上的近似，这种荷叶图案既不太美观，也一时无法了解它的具体含义，只是看其形状，与旧时银元宝俯视时的样子比较相像，是不是这个用意，值得思考。第二个是南大街13号院内东厢房上的平墀（图6-5），在参观之初仅注意到这一例的束腰也是由上下枭组成，且在象鼻子混砖之上的第一块炉口也为一块上枭，从侧面观察，这一例墀头实为五块上下枭所砌成，而且这五块材料也未切割整齐，所以它可能是用人们垒砌别处建筑上的墀头时剩余的边角材料砌成的，这无意中创造出平墀的新形制。

图6-5 新付村南大街13号平墀

二、太原盆地中的榆次其他村庄

（一）使张

现在的使张村古民居数量十分稀少，虽如此，这个村的地理位置决定了村中墀头样式对墀头地域属性的判断比较有意义，因为此村位于榆次与太原之间，是榆次通往太原最近道路上的村落，肯定在古太原地域文化的覆盖之下。经过考察，使张村中的墀头主要有简墀和太原盛期标准墀头两种，这两种墀头是山西中部所有墀头类型中形制简繁的两个极端，同时也说明简墀是太原墀头形制之基础的判断是有道理的。

在使张村城中村改造的废墟中找寻古民居，发现凡是古民居都未能拆除，而新建的民房则基本变成瓦砾堆矣，这其中究竟发生了什么情况，是准备作为古民居保护，还是恰好这些古民居中的住户没有把赔偿合同谈好，古民居之古如果可以作为一个赔偿谈判的筹码，那就说明古民居的历史厚重感可以作为拆迁谈判的筹码，同时也能使决策者犹豫不定。

贾街04号是能够引起考察兴趣的一处古民居。该处现在残存着靠近北垣的系列建筑，有正门、东西耳房和西厢房。西耳房只剩余墙壁的下碱和地基，东耳房、正门和西厢房相当完整。根据这些残存的建筑物或痕迹，可以看到东耳房的进深不及西耳房，从此来看，该院原本的建筑物布局不是规整对称的传统院落布局，如果西厢房的后檐墙与东耳房的东山墙之间的距离为原院落宽度的话，那么这座院落原为一宽大院落无疑，如果现存的西厢房是本院原来的正房，那么该院的原布局遵循对称原则的可能性还是有的。本院的墀头有些特色，其大门外（北）面上的古太原盛期墀头砖雕有些"不标准"的做法，此处所说的"不标准"不是指形状上的不标准，而纯指制作方法上可能的不标准，这处墀头明显不是预制的，而是由工匠用原砖雕琢堆砌而成。西墀头中段前部最重要的砖雕组块已失，暴露出三块由原砖雕成的组件如何围合成墀头的中段，即便是隔板，也是由数块原砖切削拼凑而成。本组墀头砖雕后立衬须弥座，此现象为其他实例上所未见，比较特殊。组成此例墀头的原砖规格与最终的太原墀头整体造型很悬殊，拼凑的痕迹明显，但最终墀头却相当标准，显现了制作工匠对太原墀头形制的熟悉。此院西厢房之墀头是一种在后文中经常遇到的墀头类型，其实并不是墀头，它是被高大围墙围绕的正房（围墙是正房的山墙和后檐墙），在独立房屋墀头的影响下，于围墙上砌出的墀头形装饰，宽度在正常墀头的一半以内，所以实际上是"假墀头"，称之为"半墀"也可以。这种把围墙建成一个小型城堡，把正房围起来的院落在古太原平原地带非常常见，因为我们的考察也将更多地来到平原，所以这种墀头会更为常见。

西大街03号大门是太原盛期标准墀头砖雕金柱大门，墀头形制纱标准，中间段前面图案为菊花，侧面为炉鼎之类，这组墀头与博缝之间无挑檐，枭混、象鼻头与墀头墙同砌。院内除了规模尚可的影壁外，现存的东厢房是规格普通的寻常人家的民居，灰背的屋顶和叠涩的墀头都很平常，大门与院内房屋的差异是该处民居里外有别的表现，也是太原墀头等级较高的体现。像这样的人家，建造宽阔的墀头大门，是为了车辆出入方便，也是通过一定规格的门庭来向外展示院内人家的兴盛，而进入院内之后，建筑规格节俭一些，以实用为主。从今天的院内情况来看，即便是曾经经过改造，也能够体现出整个院落的建造投资在大门上做了倾斜的实情，这是中国人重视门面的一种表现，或者说这也是世界上各国各族人民所共同拥有的一种心理，只是外在表现形式会有不同。院内的房屋，其叠涩墀头是原有的，但屋顶是否改造过，不太清楚。这种灰背顶，实际上需要经常维护，以防漏雨，本院矗立于使张这种在清朝时实力相对较弱的村庄，由于院中有规格较低的旧房居，可以加深对晋中农村为什么后来以灰背平房为主流民房的理解。

从使张的情况来看，太原盛期标准墀头的发明可能就是为了彰显民居的门面，最初只用在大门上，后来漫延至院内外各处，终使太原盛期标准墀头大行其道，成为太原民居之一大视觉辨识特征。

（二）小东关

在设榆次区之前，榆次为市，建市之后，榆次城区乃向北发展，几十年来向太原靠拢，今日这种靠拢已经接近对接完成的状态。在原本的榆次县时代所遗留的遗产，经过了以旅游开发为目的的改造之后，面目大异，可信度急剧降低，但若徘徊在老城之内，仍然能偶然发现原样的民居，或许能够稍微感知榆次为县之时的原本面貌。在榆次老城之内的众多仿古房屋，此处不愿多谈，但在榆次旧城东南隅，有小东关村，在全村拆除之后新楼未建之时，兀自在荒凉的村庄旧址上立着一庙一院。庙为文昌庙，在东部由一位老人和一群狗崽守着。文昌庙背东向西，现在有大门和正殿，正殿木构框架基本完整，容易整修，两配殿已经完全被拆除并重建为厂房，除墀头为旧物，其余部分则是今日常见的红砖房。原配殿上的太原墀头砖雕图案怪异，正面大抵是文字主题，这再次证明墀头上的文字主题图案是偷工减料、敷衍了事者，侧面采用了太原墀头惯常的“卷浪”图案。庙的大门有回廊，规格不低，因有廊柱而显得宽大，有三开间。

小东关所残存的院落在文昌庙正西路北，为道光年间赵培基根据六品官员允许的规格所建。小东关赵氏是以经商为业，功名则是用金钱捐得。赵氏宅院建成之后，号称榆次第一院，此院为道光年间所建，是建造年代较为确切的实例。赵氏宅院保存现状非常差，因其被强拆，头进院和木构中门都已经不存在了。院中正房为半堰楼房，厢房较低矮，内外院之厢房，可能均采用了北部复杂、南部简单的做法。一进院堰头砖雕部分不分段，为平堰，现在也已经只余北组，南组已经随房屋一起被拆除。二进院堰头砖雕上为文字图案，总体造型和体积较太原盛期堰头为小，上下隔板皆双层，无垂花和栏杆，这种做法，可能是因单层隔板无法和谐地对堰头进行分段而做出的改变，这种形制在后来的考察中多次见到。进一步细观此例堰头，其砖雕部分上下段都仅接近中段的一层较厚，上下两端的层很薄，与成熟形制中的两层都很厚不同，但太原堰头三段式的形制特征未受影响。

（三）车辋

车辋是榆次常家庄园景区所在村落。常家庄园在已经开发开放旅游的晋商大院之中算是后起之秀，但即便如此，它作为旅游景点对外开放也已经二十年了，它原本的大院建成时间亦不晚于其他大院。这些大院自打被开发起，就开始了改变其原始形态、建筑氛围和存在价值的历程，简言之就是在不同方面、不同程度上变得不真实起来，对于这些地点，其可能的不真实对于旅游参观体验来说也许有所帮助，但对于"学术研究"来说却很有害。可以确切地讲，常家庄园的修复过程中，有根据记载重造的部分，有从其他地点拆迁来的部分，有从外地采购的部分，有根据现代理念新造的部分。当然也有裹挟在以上各部分之中的真实部分，这些不同的部分如果不经查询翔实的修复记录，并不容易分辨清楚，所以常家庄园等处虽然整齐漂亮，也有一定的参考性，但不足以作为真实可信的科研资料。

幸好车辋村中的古民居总量够多，在景区之外仍散落着众多古屋，这些古屋上的建筑雕饰比起景区以内的就可信多了。通过对车辋常家庄园景区之外古民居遗存的考察，能够发现车辋的堰头有其特殊之处。在北街西端的长院内，堰头中间出现罕见的花石图案，此一题材与山水和花鸟都有联系，这一处堰头，绝对是高手工匠绝妙的创造，其他一般堰头的图案题材，正面与侧面图案分得很清楚，各自为政，而且可以没有关联，而此处的花石图案，把正面与侧面进行了合并，把主题内容适应到这个空间之内，在中间段集中全力表现太湖石和周围花草相互依存的场景（图6-6），加之其他各处也是花草图案，使这处堰头成为上下主次浑然一体的花草主题堰头。从这一处堰头来看，如果传统民居的砖雕墀头传承未曾中断，建造实践能够继续发展，说不定能够涌现出更多的创新。

图 6-6　车辋花石墀头图案

在村西南卫生院中，只有厢房为旧屋，其他全为新建。厢房南端的墀头，是将栏杆改作仰莲的实例。在装饰图案中出现莲花，除了受周敦颐的《爱莲说》影响之外，总会有些来自佛教的影响，本例仰莲之上的主题段，图案是狮子，这些元素使人产生对文殊菩萨的联想，但本院并非佛寺，墀头也不太表现宗教内容，还是应该将其作纯粹的瑞兽来想。北组墀头与南组类似，也是莲瓣代栏杆的形式，主题图案为麒麟，像本院这样，把狮子和麒麟两大瑞兽集中在一处，使笔者又一次觉得墀头图案题材与其在院中的位置关系不大，也就是说，墀头图案只要成组关系没有错，具体在何处放何种题材图案并没有什么讲究。本例这两组瑞兽图案墀头的底层花纹也有模仿底座的意思，但与平墀的底座相比要含蓄，这也是工匠根据一种观察图案的方向心理所做的处理，用这种底座图案产生一种砖雕被放置的感觉，还未影响墀头模仿台阁的大感觉。在前文的墀头形制分析中，根据实例调查可知，大部分的太原墀头砖雕并不会在底层模仿出底座，而是采用与顶层相同或类似的图案，即砖雕上下段各层的图案是关于中段对称性对应的。本院墀头的图案，这种对应并不严格，追求让欣赏者在心理感受上更为合理，所以在顶层模仿出一种垂幕式花纹，在底层模仿出底座式花纹，这是旧时的建筑工匠思想活跃的一点儿表现吧。中国古建筑上的装饰历来就是要把萦绕在中国人心中的佛、儒、道、迷信等杂乱的意识和福、禄、寿、喜等良好的生活向往固化下来，在这样的建筑物包围下，主人才能有心安理得的居住体验，墀头图案也是如此。

卫生院附近有一院，其房上墀头为人物题材，具体表现的是一位着明代官服的长须男子手持书卷，跨在鲤鱼背上，最下部是浪花，画面的画框是讹角式，这也是最常见的墀头图案边框形式。这个图景所表现的寓意包括鲤鱼跳龙门、学而优则仕等，可惜本墀头只剩一侧，与之成组的墀头上表现的是何内容，则无从知晓了。

在车辋南街，也有一处保存完整的民居，这一处墀头的形制、主题图案内容都与孟高朝阳街18号相差无几。这两村虽不在同一县，但直线距离较近，地域文化相同。

从车辋的墀头形制来看，大部分古太原民居的硬山房屋在墀头上会有以下几处值得注意的地方：一是博缝是用三层原砖垒砌的，不用博缝板、山尖等特殊砖；二是在盘头处偶然会有砖雕图案，或头层，或二层；或正面，或侧面，前已有罗家庄正房楼房墀头上二层盘头前方的瓜纹，本村则主要是在头层盘头侧面（拔檐墙）刻折线或卷草等纹样；三是如果墀头墙专门为墀头砖雕留空，砖雕周围所砌的砖（枭混与象鼻子单元）之尺寸比普通砌墙砖略小，象鼻子单元上面的挑檐也逐渐成为标配，这些墀头比那些枭混、象鼻子单元与山墙同砌的墀头在规格上要高。

（四）东阳诸宅院宅门墀头形制

东阳村宅院的宅门，墀头形制自荷叶墩往上与他处古太原墀头并无差异，但宅门整体退缩至墀头与院墙齐平的程度，上身下碱本就没有区分，且其看面与院墙融合为同一平面，由此可以认为此种墀头没有上身和下碱。从檐柱与墀头的关系来看，墀头退缩的幅度比较准确，这种形制的宅门在观感上比较内敛，由于墀头不向前暴露，墀头砖雕得到了墙体的掩护，所以主人采用这种形制不是因为用地不足，而是为了保护建筑装饰。

（五）张庆

张庆小西街长春轩旧院的基本情况如下：院为四合院，大门（偏东南）、倒座、西厢房和东厢房的南半部为古建筑，东厢房的北部和正房都改建为当前榆次乡村流行的平房。全院所有房屋目前皆为灰背顶，在厢房上原有墀头四个，由于东厢房重建了北半部，厢房北组东墀头已经不存在。本院墀头为太原盛期标准墀头，但纹饰不繁，中间段垂花和栏杆层无细节，主题图案是文字，现在所余的三字无一容易辨识者。本院大门上的墀头，主图案被黄泥覆盖，垂花与栏杆间有木柱，中间段侧面图案为博古类。

张庆村东北有浮雕简墀实例，中间图案为小圆寿字，寿字两旁为卡子，不过与彩画卡子不同，此处卡子并非线型，而是与卷草图案有所结合。

村中观音堂号称为雍正十年（1732）所建，为悬山殿堂建筑，故无墀头。

张庆的位置比以上所列各村都更为靠西，但不知道为何又出现了平墀样式的墀头。在村西有净盆寺，寺内有两进配殿，一进上为素方平墀，二进上为雕饰平墀，想是主持建造的人跟古太原东部地区或平定州有所联系。

（六）永康

永康村是榆次区内古民居较多的村落，本村以前曾为一个镇，村中部东西街名为康裕大街，至今保留着清代城镇的主要特征，店铺建筑遗留较多，且有所谓"永康大楼"和较大规模的东岳庙留存。永康村接近榆次与太原之交界，墀头的形制在永康大楼之类的硬山建筑上都是太原盛期标准类型，但在众多临街店铺建筑上，则有很多不分段的平墀。康裕大街北，有一店铺的墀头在形制上有以下特殊变化：一是在象鼻子单元混砖前有蝙蝠图案，二是枭混的混砖被浮雕上荷花瓣，形如须弥座的上枭，这一处特殊变化为其他地方所未见。又有一例墀头，只在墀头前面进行浮雕，侧面则保持素方。还有一例平墀，荷叶墩上有雕饰，这都是比较特殊的用法。

永康村中部，有一处崇楼大院，本村人称为"永康大楼"，2017 年得到了全面的修缮，现在被作为老年活动中心来使用。该大院朝北的大门上，是素方太原墀头，戗檐成为墀头雕饰的重点，有面积较大的戗檐板，上有桃子图案，博缝使用戗檐板，这不是别处太原墀头所遵循的，可能是在重修时才使用了官式硬山博缝的做法。院内墀头为素方，中段有柱，和大门墀头的做法一样，戗檐也有大面积砖雕。

永康大楼院内新立一通《永康大楼修缮碑记》，记述该院修缮事迹如下：

> 永康大楼始建于明清时期，方圆百里独领风骚，雄伟壮观，七丈之高，上承天地之灵光，下挡四方之煞气，佑一方百姓，几经风雨沧桑，见证世事繁华，实乃古镇之宝。虽逢盛世，但历经数百年雪雨风霜，已呈现颓败之势，高墙塌陷，木断瓦落，楼顶漏雨，四面透风，

杂草丛生，砖雕、木雕、石狮、石柱，一应古建文物，均已失窃，此即大楼现状。二零一五年仲春，两委班底率四千民众急切呼吁，八方化缘，修缮大楼，一呼百应，八十余岁侯德顺，率先捐款。吴焕文重病卧床，闻听动工，嘱托家人捐款，不日寿终。祖籍永康、定居北京之名士许觉捐献九百九十九元，寓意救救救，速救大楼。太原籍善人侯育新，素不相识，得知修缮，专程捐赠巨款。村民许二虎兄弟数人，慷慨解囊万元之多。罗臭娃之后人罗锡丰，携兄弟姐妹捐款万元。邻村善人柳润才，路遇修缮，即刻捐献，善童贠嘉璐、仝扬帆，童心可贵，许永祚为人师表，操持捐赠，善始善终，爱心奉献，不胜枚举。艺人田林玉负责施工监理之责，工匠郝三娃、田民强、张福喜、李江华等人，不计酬劳，尽心尽职，可嘉可敬。众人拾柴火焰高，短短两载，喜换新颜，留住根脉，慰藉祖先，欣喜登楼，远眺四方，群山绵延，潇水烟波，经汾入黄，源远流长，晋阳湖畔，万亩良田，尽收眼帘，凝祥云瑞气，风调雨顺，润泽乡梓，聚英才贤士，百业兴旺，福祉黎民。

撰文王建武　公元二零一七年十月

对于此碑，我有以下的读后感，一是大部分古民居的确切建造年代现在的人已经无法知道；二是人们普遍支持对已经破旧的大院进行修缮，只要组织得当，就能够实施，像龙白村中间的大院和西长凝的大院，应该参照此处做法，把村中最主要的大院尽快进行修缮，不过有许多破旧的大院是因为产权问题阻碍了维修的开展；三是人们在对古建筑修缮的认识中，寻根敬祖的意识得到了加强，这也是古民居修缮成功之后的一个重大收获。古民居保护对当地人在文化意识上的激发和养育是很重要的，也只有这样才能使古民居的留存越来越久、越来越好。

东岳庙戏台兼有山门的功能，其两侧有耳房、旁门和钟鼓楼，耳房为硬山小屋，向街开有门窗，有形制相当奇特的小型墨头砖雕。砖雕部分很低矮，却也有两块薄薄的隔板。中段前面原有图案，现在已经漫漶不清。东岳庙院内，厢房耳殿均有墨头，图案为麒麟，保存不佳，多有缺损。

榆次中部村庄中的墨头类型，太原墨头的分布占了绝对优势，而且造型也更完备和标准，平墨只是偶然见到，与榆次东部那些村庄的情况明显不同。

第二节　徐沟与贾兆

一、徐沟

徐沟原为古太原地区一著名县城，与清源县组成清徐县之后，变为一镇。虽为一镇，能够体现古代县城要素的建筑遗物现在仍然存在。徐沟是太原盆地中较低洼的地方，文庙之西的大片水池就是证据，周围的地下水容易向这里涌，这可能也是徐沟未能以县城继续进行发展的原因之一。徐沟的城市结构很简单，方形的城池与主要街道组成一个田字，城中有四村，分别为东北坊、东南坊、西北坊和西南坊。

旧文庙位于西北坊，这座古建筑经历了多年的失修，于近年得到了全面的修缮。文庙前面有一片规格较低的民居，灰背顶，其上的墀头与山墙分开砌筑，墀头是普通卧砖砌，山墙用立砖砌，为节省材料，墀头取消了砖雕部分，只有荷叶墩、枭混和象鼻子单元，与寿阳下洲等地的无砖雕墀头形制相仿。

东北坊仁里街 12 号，是一处布局典型的古太原民居院落。院内东西厢房和正房均在，因位于街东，所以大门开于院落之西南，西向是一座高度适中的太原墀头大门，也因为高度适中，墀头砖雕 2019 年 3 月被盗，露出墀头墙在安装砖雕之前所预留的空位，可见砖雕内部砌筑支撑的情况，墀头砌筑外紧内松，并在墀头砖雕中段位置，有一前伸的砖块，由此可知砖雕中段中空，前伸砖块可能是有定位和稳定砖雕的功能。杨家巷 10 号"清白家风"古院门楼亦是太原墀头式，主图案为牡丹花，此处墀头砖雕险些与仁里街 12 号同时被盗，最终因门楼结构变差，拆除时容易导致门楼坍塌，盗贼知难而退幸免。

由于墀头砖雕容易被盗，东南坊临街一旧民居主人索性用红布将砖雕包裹起来。

徐沟的标志性古民居建筑是处于西南坊村的"天禄堂大楼"，在院内的介绍文字中，此楼被称为"绣楼"，这座高楼因为一直被信用社使用，保存得不错，通体粉刷簇新，古民居本来面目被遮盖。天禄堂大楼墀头本为素方，因为粉刷时经过粉刷匠拙劣处理，在色彩搭配、图案添加上都呈现极不和谐的状态。尤其是在挑檐前端添加虎面图案，最为幼稚可笑。

在天禄堂周边，还有数座古院，院中可以见到平墀和太原墀头，其中太原墀头图案有葡萄，葡萄颗粒在砖雕烧制之前用泥巴粘在一起，天长日久脱落殆尽，墀头上留下粘接葡萄颗粒的坑，失掉美感。

徐沟西北坊的观音堂内正殿上的墀头形制怪异，隔板为方砖，表面雕满二方连续花纹，在整修时，这组墀头被青绿红三色涂刷，俗话说"三分塑七分彩"，塑与彩要互相成就，但如果彩的部分失败，那三分塑也会受到伤害。

二、贾兆

因到清徐县贾兆村时，村中古民居上的墀头基本上已经拆除完毕，所以本村中的墀头究竟会有多少特色，无法掌握，但从残破的部分，仍可知道由于位置偏古太原府之西，本村的太原墀头在形制上与他处相比又有些差异。首先，本村大门上的太原墀头，挑檐为石质，挑檐、盘头与象鼻子单元等宽，象鼻子混砖前有下降的蝠纹。其次，本村有较小的院落，厢房只在靠内侧的山墙有墀头砖雕，外侧则用叠涩。再次，宅门博缝用博缝砖砌，院内厢房博缝用原砖砌。以上数端，仅是根据当时残存的古民居观察而得，是不是本村古民居建筑普遍遵循的条规，永远无法再进行查证，因为贾兆村现在已经不复存在。

附大常：2015年游历过大常村，本村是榆次车辋的临村，因属于清徐管辖，附列于此。本村有古寺、古民居等，但硬山民居遗存不多。村北的寿宁禅寺保存得很好，而且寺西新建了罗汉堂，对本寺的存在是个加强。本寺的主要建筑，包括正殿三座和配殿四座都是悬山殿堂，殿堂两侧的附属建筑则为硬山小屋，可见硬山之等级一直低于悬山。硬山小屋上都是素方的太原墀头，分段的隔板有单层与双层之分。

第三节　太原县

一、古城复建工地

进入21世纪之后，山西开发出了多个新的景点，这些景点的开发过程很是值得商榷，有许多有心的游客进入景点后，纷纷质疑景点中建筑及格局的真实性，不过这并不影响大部分普通游客纷至沓来，给地方带来可观的经济收入。在这种模式下，山西几处有能力的地方开展了古城修复的工程，这些新的古城也并非全都是新建，都有原建筑所遗留的痕迹，不过开发维修之彻底，宛如新建，同时从异地搜罗古建构件甚至古建的整体，这其中究竟发生了什么故事，参与开发的人是清楚的，而一般旁人，不太关心也无从关心。

古太原县城的复建工程是迄今发生时间最晚的一件造景工程。在施工期间，我们走访工地，终于得以见证一个新景点的诞生。在修复之前，古太原县城是晋源区，称区之前是晋源镇，原太原县城的遗留物零散地分布于镇上，与古太原地域内的其他普通村镇并无太大差别。启动太原县复建工程之后，政府对本镇居民进行了全面的拆迁，包括原城池周围的村庄，悉数搬走，复建了完整的县城城墙，城墙之内的普通现代民居全部拆除，按照县志描述恢复古城原有各种建筑群，甚至进一步加强，遗留至今的真正古建筑也得到了修复。

2017 年 9 月，太原县的城墙基本已经建成，周围村庄正在动迁，城内各处复建工程开建，在复建的建筑物中，只要是硬山房屋，皆安装墀头，但形制上有太原盛期标准墀头，也有不分段的形制怪异的墀头，太原墀头的使用是依据城内遗留的真实古建筑上的墀头所决定的，算是修新如旧了。但这些墀头的隔板是方边的，造型也都有些木愣，无法与真正古建上的墀头相媲美。

东街村段氏宅院是真实的古建，院内墀头的隔板果然也是方边，而且上段被严重压缩，已经基本没有内容，这是太原墀头形制在太原县的变化，还是后代复古时随意的改变，无从知晓。晋源东街北还有一处真正的古建，墀头砖雕被拆，从拆除的痕迹看，是双层尖缘隔板，与太谷等地的墀头形制比较一致。

2021 年 5 月，太原县城已经修复完成，开始作为一个旅游景点向外开放，据说人头攒动，在此过程中得到修复的古建筑是幸运的，对照贾兆村被拆除的情形，真无法猜透人们对于古建筑的感情究竟有多少是真，多少是假。希望有更多的古建筑能够借旅游之名得到修复和维护，并且都能够像榆次永康大楼一样，被村民们认识到这是根脉。

二、北大寺

北大寺位于晋祠正门对面，村中结义庙和武氏宗祠等是有墀头的硬山建筑。结义庙耳殿上的墀头是只截取了太原盛期标准墀头中间段从垂花到栏杆的部分，其他部分被舍弃，这部分可能是近年重修，所以其形制之特殊性不太值得注意。武氏宗祠上的墀头稍具有参考性，因未能进入宗祠内部，只见到宗祠倒座兼大门檐墙上的墀头，具体是无墙身形制，只从荷叶墩开始有突起，程度极浅，从结构和分段等特征看是遵照太原墀头的形制来制作的，是用原砖浮雕加工而成，造型木愣，雕工粗糙。从悬挂着文物保护标志这一点来看，这座祠堂也应该是有些年头的建筑了。来自网络的图像资料显示宗祠院内主建筑上的堡头为太原盛期标准堡头，说明这一区域仍在太原堡头分布区域之内。武氏祠堂用砖给人黑硬的感觉，与古太原他处建筑物所用砖块的颜色不同，不知道是在何处烧成。

古太原县城之西，是大片的山区，所以本县处于太原盆地之边缘，也许也是太原堡头分布区域的边缘，在形制上有些小的变化也算正常，但由于在本地调查非常不深入，具体的情况还是相当模糊。

第七章

古太原之南部墀头考察

第一节　太谷县

一、太谷县城

（一）太谷县城古民居建筑兴废

太谷县城乡各处，在世态剧烈地变幻了百余年之后，仍然遗留了数量惊人的清代民居，这些民居有过硬的建筑质量和值得玩味的建筑样式，它们当中，有许多都被人们有意识地保护起来，但也有相当数量的古民居正走在令人扼腕叹息地消亡道路上。

中国古代的城池，虽然多数是以方形为主，但能够像太谷县城一样正方的绝不多见。与徐沟县城不同，太谷县城的南大街与北大街错开了很远，东大街与西大街对齐，不过二街交汇处有鼓楼存在，还是起了些阻挡的作用。鼓楼后面不远处就是太古县衙，这一区域像是太谷城的"内城"，太谷的鼓楼就是太谷内城的城楼门，对县衙能够起到保护的作用。现在的太谷县城内，保存着大量的民居大院，还有古寺安禅寺和无边寺，古时的文教公共建筑群——文庙也在，县衙的核心建筑物也在，并且得到了一定的保护。但是，太谷县城的完整性却是受到了极大的破坏，首先是失去了城墙，县中的借钱庙、离相寺、关帝庙、财神庙、龙王庙、明伦堂、文昌宫、三官庙、观音庙、晏公庙、武庙、龙灯庙、东岳庙、万安寺、天后宫等均已经没有了踪影。最可惜的是，太谷县城的资福寺在20世纪50年代被拆除，只留下一个藏经楼在太原迎泽公园，作为相当遗憾中的一点儿念想。我们国人在20世纪自行毁坏了无数个像太谷县城这样完整的人文历史创造成果，如果留到今天都可以申报世界文化遗产了，不过此一时也，彼一时也，人类有权创造，也有权毁灭，无论是天赋之权或强夺之权，反正会产生一种旁人无法阻挡地破坏力量，何况人类的任何创造，最终总有一天都会归于完全毁灭，无论毁灭的力量是来自人还是来自自然，总是一种根本的趋势，对于太谷县城这一弹丸之地，岂能不受这种悲哀的宿命所控？人类之所以创造生产，根本上在于满足活着的对创造物有需求的人。我们现在的人，有感知人的创造物之美的能力，有感知人的创造过程艰辛的能力，会有惋惜之情，所以能够遐想历史并通过遗物进行深入的体验也成了一种活着的需求。当人们的根本生存与生活需要能够通过完全的新建而不是必须毁坏已有的人类创造成果来满足时，保持并维护旧有的一些东西的思想就会有条件稍占上风。在这样的现实之中，一方面，太谷县城正在不断地进行小规模的古建筑维护和抢修工程，另一方面，老房在继续慢慢地塌毁或被故意拆除，这是一场拉锯战，县城在拉锯中被继续磨损。

人有一种心理值得注意，那就是对待事物毁灭的过程。缓慢衰落直至失去的过程总是容易理解，但突然的毁灭却不易接受，于建筑物也是如此。如果建筑物随着时间的推移慢慢倾颓，很容易被人们当作正常现象。日本人在古建筑的维护中使用了一种新陈代谢法，最极致的是神社建筑的"式年造替"，这让木构的建筑物带给人们一种古物永存常新的错觉，但原材料所构成的古建筑真正的寿命是不会因此而延长的。在建筑物保存的理念上，原物向原构转化之后，可能在心理上能够更好理解一些。不过，新陈代谢法在以木构为主的建筑上容易实施，但在外观上主要以砖瓦材料为主的建筑物，应该不太好照搬。这主要是因为木料是天生的，制作新构件时其质不变，而砖瓦是人工制造的，材料的生产过程与技术指标及其成份会有差异，在修复中采用新生产的砖瓦，会改变原建筑之质。

在看到太谷那些拥有高墙的古民居时，可以体会到古人对高墙的依赖有如今人对网络的依赖。高墙与网络是前人与我们在生存所必需的资源之外最依赖的事物，换种容易理解的表述：我们有多么需要网络，前人就有多么需要高墙，这是依赖程度之比较，在这一点上二者可以相提并论。但这二者又有些风马牛不相及：高墙为防御而产生，网络因联通而存在，一合一开，一实一虚，一旧一新。我们如何依赖网络，是通过我们自己的生活现实情况判断出成分来的，而古人对高墙的依赖，是通过现实存在的各种有高墙的建筑物遗物、遗迹判断出来的。古代的高墙可以阻断信息，但也可以登上高墙去获取信息，而且没有比高墙更为便捷的，比如古代的烽火台都是高墙。我们的网络是信息通道，但其中依然需要虚拟的防火墙，以拦截来自外界信息形式的攻击。无论古今，人们受到攻击，所受到的都是生命与财产的损失，古人的有信息传递功能的巍峨高墙和我们今天的有墙的互联网，是各自时代的重要标志，都在上演着敌我攻防的把戏。

太谷县的古民居建筑遗存以清代建成的为主，这让人不禁遐想：在这些建筑物出现之前，太谷的样貌是怎样的？清代的太谷商人在经济上的成功，究竟是如何地改变了其之前的太谷？乾隆版的《太谷县志》中记载道："阳邑于郡以殷庶称闻，其间商贾辐辏，市肆鳞集，西北至燕秦，东南至于吴越之境，意者操奇赢计（原文如此，笔者注），子母习于金贝，钱刀之气深而文物诗书之意少钦？"① 所以是有了财富之后，在城乡掀起了住宅建设热潮。这番热潮的兴起，肯定引起了建筑技术的革命，也就是全系列的硬山砖造建筑物的建造技术和标准，包括整体规格、各个局部的做法以及与之配套的建筑装饰设计，太原墀头流行起来，就是其中之一。

就像今天人们继续在改变太谷一样，是不是这些清式建筑经过了几十年的建设高潮，在当时就重新塑造了一个新的太谷？在此过程中，是不是也像今天一样，在创造我们已经称为新的城市的同时，把更古旧的城市毁灭掉？根据旧志的记载，是不大可能。但是，大建设塑造了城市新的形象，改变了旧的城市容颜，使一个城市不断地被刷新。这在任何一个城市，自打把它建成之后就演绎过不止一次了。太谷老城的道路和重要建筑物的格局早已经如现在所呈现的状态一样，但于民房，肯定是在清代经过了一次重要的"提质改造"。

太谷县的东大街和西大街，是商业店铺集中的地方。一般中国古代的城池，为了防卫上的考虑，在街道设计上以丁字为主，在城门的安排上，虽然可以两门正对，但是不会用直线街道把两门进行连接。太谷县的东大街与西大街基本上却是对正的，各自连着城门，这样做便利了商业的发展，所以这两条街上布满老店。南大街上，除商铺外，还有大户祠堂、宅院等私人建筑，北大街则为民居集中之地，不是经商之所。太谷县各区的划分，感觉东、南、西三大街的区域分割作用比较明显，太谷老城依此可分三大区：北区、东南区和西南区。以 21 世纪的现状来看，西南区是太谷清代民居精华所在；东南区，本来庙宇占很大比例，资福寺一失，便索然无味矣；而北区，只有临街的商铺大楼，仍然

---

① （清）管粤秀，等. 乾隆六十年重修太谷县志［M］. 台北：成文出版社，1976：10-11.

带着咄咄逼人的气势，是太谷旧有辉煌的见证，大楼之后却是荒烟蔓草、满眼狼藉、棚户栉比、泥污满地，置身其中，常以为是身处于乡野村中。

太谷县中大量的古民居房产，已经进行了几十年的所谓"公经"，也就是通过房管局长期出租给住户，只收房租，不管维护，为解决租户空间不足的问题，让租户在古房前加盖临时小房，此种私搭乱建，并无人制约。这样做的结果就是民居风貌被破坏和掩盖，古民居维护无人负责，把曾经的富人区变成了贫民窟。

（二）太谷县城墀头考察

在古太原府范围内，分布有太原墀头的各县中，太谷县城与分布其他类型墀头的区域距离最远，所以在墀头类型分布上应该属于太原墀头的"内陆"。可以说，在地理上，太谷县城是太原墀头分布的绝对中心，是最地道的古太原墀头大本营。不知道太原墀头是不是发明在这里，但太原墀头的中心在这里，标准在这里，运用在这里。看太谷县城中墀头，院内多用素方墀头，大门上多用太原盛期标准墀头，其主题段图案以花卉、文字和瑞兽类为主，辅以人物、博古等，其中文字类图案在太谷县尤多，大致上以寿、福、禄、祯等字为主，尚有部分无法辨认的文字类图案，其中玄机有待耐心发现。

在太谷县，武家是重要家族。古城内西南部，有武家巷，就是武家聚族而居的地方；在城外西南的西庄，也有武氏民居；城北有南席村，也是姓武人家占多数，而且这三个武家都有非常壮丽的住宅建设，但在血缘上有无关联，不得而知。城外武氏民居因房地产开发而被拆除将尽，只有一座二进院落仍在与开发商僵持，虽然幸存但处境不妙，此院在前文已经提及，在此不再赘述。

城内武家巷，武铨旧居最为宏丽，此院梁思成先生曾做过详细的平面测绘，现在也是挂牌立碑的文物保护单位。东中西共三套院，中间一套共二进，是前后大楼夹中间的厢房和过厅的结构，这种布局排列实在没什么技巧，只是将主次房屋对称排列而已。大门位于前楼正中间，也是一种很有气势的结构，一般民居，大门位于正中者不多，所以这个院在建筑物布局上没有什么可过多欣赏的，主要看点还是院中的建筑装饰。此院的存在，可以说是把太谷县整个清代的建筑装饰的最精彩部分保存了下来，具体主要是指前后楼腰处黏贴的繁复砖雕。从墀头看，一进院南组墀头主题正侧图案皆为博古题材，栏杆处有变异，是如意、莲瓣和云头的综合体，位于上下段的两层变为薄片，如此处理使中间段获得了更高的高度，使墀头砖雕显得更为大气。临街楼房后檐墙上其实并无墀头墙伸出，只是在山墙和檐墙的结合处装上了体型较大的素方墀头。这些墀头，或在某层表面雕刻花纹，但无一定规。过厅因夹在院墙之中，于两侧做墀头样浮雕，也就是前文所说的"半墀"或"假墀头"，二进院墀头上下段处理与一进院相同，但隔板变为两层，无垂花和栏杆，可能这些两层隔板的墀头，栏杆和垂花已经变化为一层隔板，所以不做栏杆和垂花，以免中间段空间太窄，这也是太原墀头形制的一种特殊变化。二进院墀头主题段有两节竹节柱，主图案为文字，具体内容为"福""祥""禄""祯"等字，侧面为卷草龙纹。

武家巷14号，相对于武铨旧居，规模小了很多。其院内厢房墀头，南北二组共四枚，形制及图案完全一样，中段装棱柱，垂花与栏杆均变为须弥座中的上下枭形式。主图案为讹角框内的如意头纹，侧面为正面图案的一半，此图案与扑克牌中的草花图案极为相似，实际应该没有关系，只是巧合而已。（图7-1）

图7-1 太谷武家巷14号厢房墀头

武家巷4号大门墀头，虽经过了蓄意的人为破坏，但依稀可辨主题图案为"寿"字。武家巷9号院内，厢房墀头砖雕与上身同宽，素方形制，造型较矮。

中巷1号，可能是通过长期租给有财力修复的住户，从而得到了全面的修复，也许眦院原来的情况就不错。此院厢房的墀头雕饰还算清晰完整，只是垂花柱和隔板角有破损，主题图案为狮子，四枚相同，墀头留有彩绘的痕迹。看过此院墀头，可思考两个问题：第一，是墀头是不是在建造之初均需经过彩绘程序，方告竣工？因大部分墀头上看不到彩绘痕迹，这一点基本上可以认定为不一定，但彩绘究竟能够如何使墀头更为美观，并给建筑物更增一层色彩，因无成功的实例可观，现在也不好判断。有彩色的墀头，不排除是后人的妄为，如果真是这样，那彩绘墀头的效果更无须想象；第二，太原墀头的瑞兽图案中，无论狮子还是麒麟，其背部都有直接伸出或缠绕并向上举起的一段珊瑚或火焰图案，有时质感坚硬，有时有飘举之势，似乎又很柔软，究竟是何物？在道理上倾向于是珊瑚。但在太谷南席村比较清晰的墀头瑞兽上，看到这种结构则更像是火焰。珊瑚为稀有之物，是古人收藏奇珍的标志性物件，人们赋予这种事物许多寓意，将其与瑞兽搭配在一起相得益彰。另外，这段珊瑚在结构上也应该有些作用，由于瑞兽身体较突出，用珊瑚来连接墀头本体，起到了稳固的作用，而如果此结构是火焰，其意则不明，但如果是祥云，就可以解释得通，可是在形象上又不像。这是太原墀头瑞兽形象上的一种惯常做法。

正在全面修缮的安禅寺巷 1 号院，院内墀头亦为矮短的素方墀头，其隔板较厚，上身宽于砖雕，此例墀头的象鼻子单元中出现混砖改为枭砖的情况，使墀头形制又产生了新的变化。

南门楼道 16 号大门上的墀头，在形制上也有新的变化，具体是在隔板层数上达到了三层。南门楼道 21 号，墀头样式也很怪异，只在中段垂花和栏杆处雕饰旋涡纹，中段加三节圆柱，主体正侧面垂直刻划道数增多。

兴隆巷墀头宅门，象鼻子单元混砖改为枭砖。

钱隆巷 5 号（图 7-2），院门墀头和院内房屋墀头的栏杆和垂花层均变为宝函形台或盖。钱隆巷 3 号，大门墀头形制有以下变化：一是隔板与底、顶层紧贴，下、上二段收缩；二是栏杆为覆莲下枭；三是中间段无其他图案，只是做成斜方格纹窗户；四是象鼻子单元中的混砖雕有仰莲纹。此例墀头是最明显的阁子式墀头，此种样式恐怕在他处无法再遇。

醉乐园巷北一院落内出现素方太原墀头与有强烈"洛克克"风格的不分段墀头在厢房上共存的情形，此例"洛克克"式砖雕形制更接近平墀（图 7-3），但此地距平定已经有很远的距离了，所以地域影响鞭长莫及，形制类似应为巧合。此例墀头如果有机会放在真正的"洛克克"艺术品中间，一定会非常协调，但其与"洛克克"的关系，也只是一种装饰风格的联想，要说太谷民居的建筑

图 7-2 太谷钱隆巷 5 号宅门墀头

匠师对欧洲的"洛克克"风格有所了解，也不可信。此例于象鼻子单元中的混砖前端也有所加工，是浮雕成仰莲纹的上枭形式。

图 7-3 太谷县城"洛克克"风墀头

北大街 16 号的大门墀头，把文字放于主题段两侧，左墀头正面图案为书卷，右墀头正面图案为画卷，这种做法着实不利于主题表达，是文字类型图案墀头中的另类。

卖珠寺巷 1 号的大门墀头，主题图案是博古。这组墀头的形制为"双层隔板中内层的两块是由垂花和栏杆变化而成的"论断添加了佐证。

在借钱庙巷 12 号的宅门上，有一对形制特殊的墀头，其大致形制与一般太原盛期标准墀头无异，但其隔板特立独行地使用了边缘布满浮雕的方块砖板，象鼻子单元上的混砖也变成了枭砖。在前文解析太原墀头的形制时，曾根据众多太原墀头实例确认太原墀头隔板上不会有雕饰，此例一出，破坏了起初对于墀头形制的认识。有雕饰的方块隔板来分隔墀头砖雕，在别的地域是可以见到的，但在古太原，除去此例之外，再无见到隔板上有雕饰图案的墀头，所以此例的特立独行，实在令人奇怪。彼时的建造工匠之中，真的有人会在头脑中迸发奇思妙想来突破墀头形制的常规。

太谷东大街与西大街贯通古城东、西门的两条街道，于经商者有利。虽如此之近，然而东大街与西大街在墀头形制上也有不同风格，东大街的墀头很少用文字类图案，而西大街的墀头则有很多的文字类图案；东大街上的墀头有内敛气息，图案简单，西大街的墀头，形制较东大街舒展，数量也多。

小南街与南寺街街头对齐，位于古城南部，是除了东西两大街之外的第二条贯通古城最长距离的东西向道路。从小南街东端向西行，可以见到众多临街墀头，但小南街以前为公共建筑聚集处，没有深宅大院建设的空间，所以在小南街上所见全为较矮之门，墀头形制也是较为收敛，样式多为素方墀头。有一例太原盛期标准墀头，正面图案为菊花，此处的菊花，与孟高朝阳街 18 号之类的菊花相比较，内敛而安静。侧面图案，左墀头内梅外竹，右墀头内兰外梅。在六个面上安排梅兰竹菊四种植物，菊作为主要表现对象出现两次，梅花出现两次，虽无法工整对仗，但把持住了主题的集中表达。小南街对面，南大街之西，为南寺街。南寺街 41 号宅门墀头，主题图案为麒麟瑞兽，雕琢的方法，此处与他处有所不同，是采用"挖雕"，也就是通过挖的办法雕刻出来的。南寺街西头为王家老院，此院与武家巷东头呈丁字关系，此院厢房与正房高楼仍在，过厅前些年被移建至常家庄园某处，前门楼只余地基。正房很高，二层可与当代新建单元住宅楼四楼同高，但屋顶只是单坡硬山，屋顶样式与其高大规格不尽匹配。院内墀头多数被遮蔽在乱建的棚屋之后，不易观察。

第二节　太原墀头中文字类图案的设计思维

一、墀头的形制与文字类图案在墀头上的排列

在雕饰墀头各种类型的图案中，文字类型的墀头图案占有一定的比例，尤其在太谷县更为多见，而且能够体现其设计思维的几个特例基本上也在太谷，所以决定在太谷的章节中讨论这一话题。诚恳地讲，由于笔者水平有限，目前这一课题中尚有一些问题没有得到解决，但也到了把它抛出来的时候。在本章节，为保持相对独立篇章内容完整性，将对某些在本书前文中已经陈述过的问题进行复述和进一步明确。

古太原墀头的形制设计广受本地域内民众的欢迎，且被大量地运用于古民居院落的厢房、大门、正房甚至倒座的山墙上。太原墀头的砖雕部分是体现其形制特征的主要部位，其形式是三段台阁式的砖雕，用隔板分段，上下段各二层，中间段三层，可分素方和雕饰二大类，素方者，是由纯粹的几何方块堆砌，可能在最初曾通过彩绘进行装饰并表达寓意。雕饰者，墀头中的三段台阁式砖雕。此类墀头除隔板外（太谷借钱庙巷 12 号有隔板雕饰的特例），顶、后、底三面均与墀头的其他段落及墀头墙结合，无法显露，但露在外面的每一层、每一面都布满浮雕图案。太原墀头砖雕的中间段，为模仿台阁，上层常雕垂花，下层常雕栏杆。中间段主体前角常常需要加柱，表面凹陷，给雕饰图案腾出空间，面积在三段中最大，主题图案依附于中间段立方体的前、左、右三面，其题材范围很广，涵盖了花草、瑞兽、博古、人物、山水和文字等门类，以此来看，墀头砖雕生产者在墀头雕饰图案上的精心设计，广拓题材，为业主提供了自由选择的可能。根据此种形制特点，文字类图案的分布在调查中发现有以下类型：

对称—前内外，左右两枚墀头沿轴对称，在中间段的前、中、后三面有文字类图案（太谷钱市巷 3 号大门）。

对称—前，南席旧宅门上可见。

相同—前内外，左右两枚墀头从荷叶墩至象鼻头完全相同，相同图案所处的方位也相同（太谷武家巷 36 号），左外与右内，左内与右外以及两个前面的图案，均完全相同，目前只见一例。

成对—前，左右两枚墀头不一样，但整体以及各部分沿轴成对，图案位于中间段的前面，图案内容亦有对偶性。

成对—内外，中间段的前面是其他图案，只内外侧面为文字类图案。

成对—前内外，此种形制最为普遍。

以上所列墀头文字类图案的描述文字，其顺序、含义等需要做逐个说明。对称的墀头必须造型完全一样，且呈镜面反转关系。成对的墀头则不必在造型上完全一样，但应该是在各处都有对应关系，这种关系最常见。相同的墀头就是造型完全一样，但不做镜面反转。这种一组墀头内部宏观的成组关系表述完之后，就需要表述文字类图案出现在中间段的哪一面，因为至多有三面可以利用，所以按照前面、内面、外面的顺序罗列，哪个方位有字就列哪个方位，在此不分左右只分内外，可避免只注意相对的方向而使方位理解产生错乱的问题。

墀头上究竟布置何种图案，与墀头在哪儿可能有些关系。从已经整理过的文字类图案判断，这种图案在临街房屋，如商铺、大门上比较多见，在院内厢房上相对少见，而正房上的墀头则更少使用文字类图案。关于文字类图案的排列特点是：在临街房和大门上可以侧面布置文字类图案，而厢房上则一般只在正面有。因以上关系，文字类图案的墀头研究对象主要位于大门和临街房上。

一组墀头共有六个面可以安排文字类图案，因成对原因，最少也得有两个面安排文字。由于大门上墀头主题段各面均可有文字，所以在墀头上最多可以容纳六个文字图案，又因为有些时候，左右墀头的内容相同，此时虽六面有字，但实际上只有三字。如果两枚墀头上文字相同，这种情况下只表现重复两遍的一个字。根据上述对称的三种情况与有字情形组合可以形成以下的样式：

前面有字，两墀相同，共一字；

前面有字，两墀不同，共二字；

三面有字，两墀相同，共三字；

三面有字，两墀不同，共六字；

三面有字，前面相同，内外侧面不同，共五字；

两侧有字，两墀不同，共四字；

在理论上还会有其他的样式，但在实际的考察中只见到以上所列的情形，其余未发现，所以在此不列。

二、文字类图案的特点

(一) 占用深度空间小

太原墀头上的主题浮雕图案均对墀头的结构进行了适应，花卉、博古和瑞兽等类型的图案厚度深，占据的空间相对多一些，视觉效果好于文字类图案。而文字类图案的浮雕，受制于文字是一种天生的平面造型事物，所以占用的深度空间较小，观感扁平，但凹凸感比无雕饰要强得多。

（二）做工难度小

文字图案的做工难度在所有题材之中为最小，折线型文字类图案的设计和制作均较为容易。其他类型的图案需要处理的造型问题较为复杂，匠师需要掌握较高强的塑造能力和较多样的雕塑技法，比如处理图案中各种曲线的曲度、造型的层次等。各类型墀头图案的制作难度不一，以人物为最难，瑞兽次之，花鸟博古又在其次，文字类图案一望便知不会有太大难度，所以人物类图案最少。瑞兽花鸟等最为常见，文字类图案虽最易，但这种图案的总体数量未必最多，只在太谷县城较多，数量与难度未成绝对之反比。

在其他有建筑装饰的部件都使用繁复图案的时候，在墀头处使用美观度低、技术难度小的文字类图案，体现了墀头造型与文字类图案的较高适应性，也体现了主家对这种图案的偏好，或者是业主对文字类墀头图案有某种硬性的需要。无论如何，从实际情况看，选择文字类图案降低了墀头制作的难度，可以节约人工。

折线型文字浮雕墀头与其他题材浮雕相较，颇有偷工减料之感，美感明显不足。

（三）文字类图案的寓意最为直接，但需要识字

通过建筑装饰表达寓意，只要抓住题材就完成了，因为基于题材的图案寓意内容是约定俗成的。以物寓意，是较文字的直白表达更为含蓄的方式，但这要看文字是什么样的文字，是通行的标准文字还是经过设计的图案式文字。在建筑装饰中，直接用通行文字字体书写容易辨识的吉祥文字是所有祥瑞图案寓意表达最为直白的一种，也是一种相当常用的方式，但在太原墀头上的文字类图案中，这种方法还未有实例可资鉴赏。

因为文字是具有一定意义的载体，识字这一学习活动使最抽象的文字图案在寓意表达上变得最为直接。为了避免这种情况，匠师们在文字图案设计上使用了一些技巧，制造了一些识字障碍，使其寓意辗转达成。

三、太原墀头文字类图案的一般设计思维

太原墀头的文字类图案笔画与外形处理的基本方法有以下四点：

（一）字体以方折的笔画为主

笔画方折的阳文（笔画凸起），字形方正，是文字类图案对其所依附的瑋头造型的适应。这种风格，受到了印章尤其是方正雄浑的汉印的影响，除了风格上的证明，文字类图案中有许多的反字也是另外一条证据。

避免书法影响。中国文字在造型上的最大魅力在于以书法的形式将其呈现出来，其中运笔的腾、挪、使、转使笔画发生粗细和弯曲的变化。隶变之后的书法有种反图案的倾向，图案是一种可批量加工的装饰，书法是独一无二的个性作品。瑋头上的文字类图案，以方折、等线等程式化的文字笔画形态，增加图案的机械感，避免书法中的用笔变化痕迹，虽然文字类图案瑋头，不一定都经过批量生产后产生出一大批同样的瑋头个体，但任何一枚瑋头都给人一种可以进行批量生产的感觉，而且这种批量生产是建立在以手工为主的生产技术条件之下的。

（二）在所有常用到瑋头上的文字中，寿字可以保留经典的曲线笔画，并有四种主要的文字类图案外形，给设计者很大的自由

寿字在文字类图案中出现的频率可居第一。寿字的字形也是所有吉祥字中最多变的。寿字字形可以分为四类：一是方形，二是圆形，三是瓠形，四是异形。这四种可能的文字外形给寿字适应各种形状的装饰对象提供了便利。或者说，人们对寿字表达的寓意有最大的需求，希望能够时时看到，所以为寿字设计出了各种形状，寿字的盛行程度，能够在所有吉祥文字中排第一位，这是不是说明古人长期处于争取生存权的状态之下，对于表示良好生存质量的"福""禄"，需要在"寿"的前提下，才能进一步追求？

寿字有与其他文字类图案中的文字一样进行方折变化的方案。方形的寿字主要是在太原瑋头，除了笔画方折，为了多些变化，匠师们改变寿字的字形结构，并引入了寿的异体字。方形寿字在适应方形装饰空间时，为了便于安排，字形被变为左右结构，这样图案就好安排多了。

也有大量的寿字图案呈现上下对称或近似上下对称，圆形和瓠形的寿字就是如此，至少在瑋头上，寿字图案可以说是唯一能够有曲线笔画形态的文字类图案。圆形的寿字在太原瑋头的主题段很少运用，在次要的结构层次上时时可见。榆次刘家坡三官庙正殿平瑋主题图案就是圆形寿字，在前文已经谈过。圆形和瓠形寿字，自古至今不厌其烦地出现在我国传统装饰纹样之中，是中国传统吉祥图案的基本元素之一。

由于寿字图形保持着曲线特征，寿字图案具有了象形的能力，催生出一些

异形的寿字，大多数设计成一种博古器物的样子，以达到既表达寿字的寓意，又表现器物所能表达的寓意，这是一举多得的一种设计。此类寿字多进行瓶、鼎、炉等物件的象形处理，所以也在健康长寿寓意中加入了平安的寓意。寿字进行象形化处理的方案中，在象形的寿字上部，由某些笔画来象形拂尘（榆次辛家坡及太谷城内有实例），使寿字多了卫生洁净并祛除烦恼的愿望或寓意。由于特殊的地理状况，我国人民数千年来一直在与飞尘做斗争，人们觉得尘埃不光是弥漫在空中的土石微粒，心中的烦恼也像尘埃一样，时时萦绕在自己周围，虽摸不着，但时间一长，会给自己的内心蒙上一层多余的东西，有了拂尘，可以将烦恼时时拂去，以保持清静。由此在寿的基础上加上清静，这就是寿字与拂尘组合在一起对寓意进行地扩展，这样长寿的生命才有质量。

（三）使用异体字，是异体字文化的集中体现

文字有文字的具象与抽象，我们认识的字就是具象，不认识的字就是抽象。常见字用规范的方法写出，这其实就是"具象"的文字，以不常用的异体字来表现某字，其实是使文字重归于抽象。抽象之后的文字，设置了文字寓意表达的障碍，但不妨碍其视觉美感的呈现，并保有一些神秘色彩。

在仅次于寿字出现频率的"福"字形态，由于极易辨识的"一""口""田"结构在文字图案中大多保留着，所以福字是最易识别的文字。但人们也还是创造了福字的上百种写法，民间又有百福图和百寿图，这么做究竟有何意义？这不是文字游戏，而是图形游戏，是对福寿文化的极致化强调。

文字类图案和文字本身的寓意之间，有三大重的曲折或障碍：异体字一重，篆书一重，图案设计一重。反正只要让文字变得不容易认识，任何一种措施都是一重。即便是字形较规范，不使用异体字，也有两重，在图案设计一重中，手法运用有时又可以造成两至三重的新曲折。使文字图案的寓意半藏半露，遮遮掩掩，是中国传统建筑设计与布局常用的原则，这条原则也在墀头砖雕的文字类图案中得到了贯彻。

中国的异体字历史很长，古时的异体字与今日的异体字大有不同。古时字形混乱，有可能是在书籍传抄时，免不了出现一些可以理解的错误，产生了一些异体字，另外是由政治原因造成的，由于没有统一政权，所以没有统一的文化政策，以至于没有统一文字基础上的信息交流。而后世的文字类图案中所使用的异体字陷入一种文字字形游戏，但其基础也是曾有的字形混乱、错写或少数人的自以为是。在有些墀头文字类图案中，异体字的使用甚至令对文字学有

所研究的人也很困惑，对文字类图案本义的把握束手无策。从根本上来讲，探究墀头文字类图案的寓意、领会其设计思维是最终目的。

（四）文字规范意识不强

关于文字类图案使用篆体字的问题，自从篆字退出日常使用之后，其成为一种难以辨识的字体，后世以使用此种字体为手段，设计出许多在多种场合应用的图案，其寓意较使用通行字体多出一层曲折辗转，能够使图案寓意不至于过于直白，这种做法一直延续至今日。人们之所以在制作书印时常使用篆书字体，大致是因其有更为明显的象形因素，比后世通行的字体更接近绘画，且在辨识和书写上有一定的难度，使寓意更为深长。但篆书是有规范的，尤其小篆是经过政府官方规范过的字体，字形书写是可以区分对错的。

太原墀头上的文字类图案字体，不是十分规范的篆体，而是在篆字的启发下，借鉴了汉印使文字由圆转变方正的处理技术设计而成。

分析业主与建造者以及图案设计者的心理，能在大庭广众之下摆弄文字的人，定是爱好文化、通晓文字变化规则的人，且对文字图案避免因不规范而出现歧义很有信心。在文字图案化过程中，难道可以不严格遵守文字学规范？作为清代的建筑雕饰，利用被称为"小学"的文字学来辨识和决定图案中的文字有种杀鸡用牛刀的感觉。严格来讲，清代的篆体书法取得了不小的成就，运用到建筑装饰之中是自然之事。图案设计者把图案中的篆字通过异体字的方式弄得难以辨识，透露着一种故弄玄虚的心理。清代墀头上的文字类图案是美术问题，不是文字学问题。所以，以文字为素材，如何运用图案设计规律才是墀头文字类图案探究的主要内容所在。

在文字内容辨识上，需要明确一点，古太原墀头文字类图案之篆法一定是以《说文解字》为标准，因为能够挑战《说文解字》的考古发现在彼时仍未面世。晋中一带没有本土小学硕儒，民居又很世俗化，从这几点原因综合考虑下来，可得出以上结论。但在日常之中，仍可见到图案中的文字辨识困难的情形，这给图案研究创造了一定的阻力。

但难以辨识的文字就可以置之不理吗？不，以一定之原则还原图案本意是必要和可能的。墀头文字类图案所涉及的技法有使用九叠篆、异体字和双关字形等手段，以达到文字类图案设计之目的，在此过程中，设计者的文字规范意识并不太强。

九叠篆是具体的设计手法，同时，基本上又在图案与文字本身及其寓意之间加了一重曲折。

《辞海》第七版中关于"九叠篆"的词条解释：亦称"九叠文"。刻印用的篆字别体。始见于宋。笔画回环重叠匀整，填满印面。盘叠多少，根据字的笔画繁简而定，笔画少的字有多至十叠以上者。所谓"九叠"，乃是形容其盘叠之多。九叠文官印，都作朱文，盛行于宋、元。

比起一些异体字，九叠篆看来还是一种人们普遍认可并在一定场合使用的较规范的字体，因此，采用九叠篆反倒是相对好认的字体，同时，墀头上使用九叠篆更证明了墀头文字类图案与印章之间存在着紧密联系。既然文字类图案在本质上是图案，当以图案规律把握其寓意，不可以用文字规范来胶柱鼓瑟，文字类图案有以下方向，一是一字当作多字解，二是字形变化有寓意，三是所处方位有意义。在这种原则下，对于理解图案寓意是有很大帮助的。文字本身只是图案的一个寓意提示，图案本身不可以等同为文字。

如果是图形的设计，其外形相近，让人容易产生形状联想，即可含有其义，这是一种当今仍然盛行的图形设计思维。概括讲，这种手法利用了不规范文字字形似是而非的特点，达到一字双关或多关的用意，其最接近的字的意义是其主要的寓意，而与其相近的字是本图形的多重寓意。这种设计思维在文字类图案中是比较普遍的，是通用的一种方法。这也体现了图案形式可以进行多种变化以避免单一内涵的设计思想。

太谷武家巷是一条位于古城西南部位十分平凡的街巷，这条街巷上有令人称奇的文字图案墀头。武家巷 32 号上的墀头，门两侧的两枚墀头上的文字图案完全一样，排列未分内外，所以并不对称，同时墀头侧面的文字图案被倒置，笔者解读其寓意为"永留、贵禄到享天寿"。太原墀头文字类图案中的示字旁都变换为永字，有永远的含义。根据图案的排列，倒置的实例并不对称，而是两侧完全一样，这种排列没有影响大门建筑外观上的总体对称，这种倒置与不对称，能否怀疑为是施工人员的疏忽呢？从古人营造做工的水平来看，必有与施工水平相对应的监理，这种低级错误应该是不被允许的，所以这种图案排列只能是有意为之的结果。如果真是砌筑事故，那关于图案布置与安排手法的讨论就会变成一种无意义的妄谈，闹出笑话，但是根据墀头图案的真实状态，又无法不产生这些思考。

本例墀头图案可以使人联想到"福""寿"之外的字有"永""留""贵"等，《说文解字》这样解释"永""留""贵"三字：

永【卷十一】【永部】

永，于憬切，长也。象水坙理之长。《诗》曰："江之永矣。"凡永之属皆从永。

留【卷十三】【田部】畱

止也。从田卯声。力求切。

贵【卷六】【贝部】

物不贱也。从贝臾声。臾，古文蒉。居胃切。

这些文字类图案的最终寓意，并非一个规范的单字能够表达完整，其中有因果关系的"积善得祥，永留福在"等祥瑞意涵，囿于文字规范，则难以达成。

四、文字类墀头浮雕图案的几处特例

（一）改变字的组成结构

在实地调查过程中，发现几处文字类图案在设计上很有个性的特例，这些实例中所体现的设计思维或做法并不常用，但反映了这些图案的设计者们想法相当活跃，常能做出突破常规的创新。这表明，有先进设计思维指导的设计实践，实际上一直在传统建筑活动中进行着，有遗留实物为证。那些做而不述的匠人们的沉默劳动，值得我们重新进行理论上的认识和整理，以供今日的人们借鉴并永远铭记。

文字类图案中的图形不是规范的文字，是由它们的图案属性所决定的。一定要记住它们不是文字，而是图案，是与文字有紧密联系的图形。

太谷老城钱市巷3号院，位于距离古城中心鼓楼西南方向不远处。其内有一门楼，有"福""禄""寿"图案墀头，在形制构造上是典型的古太原墀头。其主体图案为福禄寿三字折线图案（九叠篆），由于三个字分别位于墀头砖雕中间段的外、内、前三个面上，本组墀头"福"字在外侧，"禄"字在内侧，使得这一段砖雕的三面都承载了主题呈现的任务，这种做法在文字类图案墀头上为常见现象，而其他题材图案的主要主题只在前面完成呈现，其他面只是纯装饰性的陪衬。本例的"寿"字位于前方，其独体的结构被打断后变为左右结构，"禄"字在内侧，结构较为传统，"福"字在外侧，其把"示"字旁改为包围在"畐"字外面的结构，这种变化肯定是有所寓意的，但其准确寓意笔者在此不敢妄自揣测。

（二）倒置与反字

以武家巷32号为例，其将"寿""禄"二字图案倒置，是一种此处仅见的

特例。排除掉施工疏忽的可能性，这将是一种值得注意的创新，难道这与民间常见的倒贴"福"字表示"福到了"的现象有异曲同工之处不成？

除倒置外，如前文所述及文字类图案受印章文化的影响，有许多的反字，也是文字图案中比较常用的设计思维。方正的基本形加上反字，使人更加联想到印章的样式，坚定了太原墀头文字类图案受到印章影响的判断。

（三）嵌入相关物象的象形

用字形来对器物等事物进行象形，是在寿字图案中最为常见的形象。在古太原墀头的众多寿字图案中，字形经常象形为一个大瓶，这就把平安的寓意加入进去了，这样的做法并不足为奇。但在太谷古城之内，又有一种不一样的把对象嵌入文字图案内部的做法。钱市巷附近，有一条与之垂直的、建造相当考究的小街巷，为南北向，名为钱隆街。这条街巷之所以考究，是巷口位于一座高楼之下，巷口上方曾大书"钱隆巷"字样，后被凿去。这条街巷中的宅院门楼和房屋上，有多处墀头展现了相当精彩的文字类图案，增加了这条街巷的书卷气息。这巷内的文字墀头图样，有极易辨认的，也有不易辨识的，这些文字类图案运用了不少至今不为过时的设计方法，这些设计思想在智力运用上高于图案精巧的其他类型砖雕，但在最终的视觉感受上仍不及之。近邻钱隆巷门楼的一处厢房墀头，左右墀头上有着相同的文字寿字图案，本例中的"寿"字蕴含着一座房屋形象，屋顶、墙面和门窗俱全，同时，整体的形象与一个斗拱中的栌斗形状很相像，从这些形象因素来理解这个象形的寓意（图7-4由左下角向上第二例），笔者理解为可能是让建筑物坚固长存，并且祝愿住在其中的人可以健康长寿。

（四）结论

文字类图案相较于其他题材的图案来说，本身的做工并不难，在美学上呈现的效果也较为一般，但工匠或设计者在智力上的支出却明显比其他类型图案多得多，所以文字类图案不可根据其视觉效果而轻率褒贬之。

以文字为图案的设计素材，是我国传统图案设计的一大手段。呈现至最终图案中的文字形象，不是标准的文字，其根本属性是图案的一种，不可以单纯的以文字视之，其寓意也绝非文字本身字意所能涵盖的。因处于墀头之上，墀头形制又对其上的文字类图案具体样貌有所限制，方折是与墀头相适应的较合理的方式，可惜传统墀头已经退出实际应用领域，否则其变化与利用的方式会有更多的可能（图7-4）。

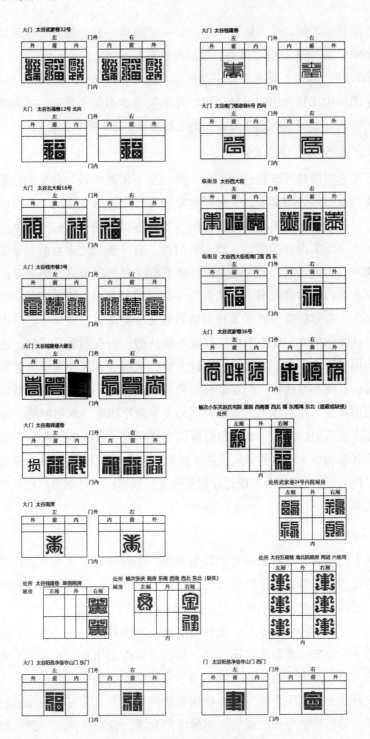

图 7-4 太原墀头文字类图案举例

第三节　太谷县城北乡村

一、南席

南席村的地理位置表明它肯定是一个标准的古太原府中心村落，南席村中古民居的一切特征，都是对古太原民居方方面面进行认识的可靠材料，当然也包括墀头在内。

（一）大门

南席村是一座有传统民居留存，但未经任何旅游开发（修复）的村庄，它位于山西省太谷县北境的 108 国道 653 千米西侧 1.9 千米处，长期是武氏家族聚族而居之处。南席武氏与晋中地区的其他晋商大户善于经营茶叶不同，他们主要通过经营药材特别是东北人参而发家，所获财富支撑起规模宏大的住宅建设工程，这些民居建设工程延续至光绪三年左右才逐渐停止。从那时起，成片的传统民居住宅在缺乏维护的情况下日渐支离破败，又由于旧民居的建筑特点逐渐不适应村民新的居住习惯，人们在改造旧屋和新建民居时对古民居有所伤害。21 世纪初期，距离该村不远的常家庄园实施旅游开发，大量收购古民居建材，加快了南席村古民居的毁坏。

庭院的大门作为整座民居的门面，是整座民居建筑艺术水准的代表，也是业主建筑文化认识水准的外在体现。在此，以久经磨难后仍然幸存且便于考察的数座南席民居门楼为例（其中部分为太原墀头门楼，其余还有带垂花木檐的随墙门和拱券门），阐述传统民居建筑装饰如何发挥其构筑人文风景的作用。

从南席村的自然地形角度来看，其所处的晋中平原腹地，十分平坦，没有什么自然的风景可言，而各种大小门楼制造了不一般的人工风景，弥补了这一缺憾。通过观察可以认为，南席村古民居门楼的造型本身，是充满建筑装饰结构意味的宏观装饰单位。此一层级的建筑装饰主要是完成门楼的整体造型，从而使"门"这一本来再简单不过的方洞拥有了诸如门头（道西街东巷 3 号和北门街 3 号等）、屋顶（南道东街 13 号）、台阶（南道东街 12 号）等附加的造型元素，极大地改善了外墙的造型单调性，使人们可以通过行走于街巷中获得类似于观赏自然风景的体验。这种情况在业已完成所谓修复的晋商大院中形成了旅游吸引力。由于南席村的门楼风景已经被许多新的门楼建筑所打破，它的原始状况只能通过参照那些修复过的大院进行想象了。

各式门户在形成建筑风景的过程中，有意地避免了重复与雷同的情况，使每座门楼都独一无二。批量生产在古代建筑活动中难以避免，但需要雕琢等工艺加工的建筑装饰部件，往往依赖手工完成。在手工劳动占据建筑活动主要地位而人们又重视建筑装饰的时代，每一座门楼都不会被复制，所以每一座门楼都具有了独特的艺术价值和审美含金量。在南席古民居中，门户有大小之别、形制差异，所采取的装饰方法因之不同，但在形制既定的情况下，在什么部位施加装饰以及装饰什么内容有一定规制，比如罪头处，即为观察晋中民居建筑装饰所应着眼之处，它们虽变化多端却也有明显的共性。南席古门楼，凡有砖筑山墙者（东大街18号、道西街东巷3号、南道东街12号与13号），基本都有精美的古太原盛期标准罪头，罪头砖雕的中间雕刻花鸟、吉利文字或瑞兽等主题图案，有些为圆雕，有些为浮雕。

包括南席村在内的晋中地区残存的农村古民居建筑，曾经骄傲地站立在建筑装饰领域技术与艺术的前端，成功地营造了充满田园感的可行、可望、可游、可居的人文风景，所以这些门楼建筑品质值得信任，文化底蕴丰厚，有欣赏与研究的必要价值。反观当下农村的新建民居，似乎被蓬勃发展的建筑设计事业所遗忘，实在与彼时的盛况不可同日而语。

建筑装饰传统在现实中摇摇欲坠，其原因值得反思。首先，建筑装饰曾经是多种建筑技术与雕塑作品的用武之地，如果因传统民居造价昂贵、装饰烦琐而使建造者无力承受，或因格局旧而不再受到人们欢迎，民众在建房时会降低规格甚至彻底放弃装饰，众多的建筑技术与装饰技艺则将处于"皮之不存，毛将焉附"的尴尬境地，民居建筑装饰传统断裂也就在所难免了。其次，在迄今为止的长期社会变革中，民居建设的主阵地——农村发生了人力、财力与文化的流失，这是人们降低或失去民居建筑审美要求的一大原因。因为比较低下的生活水平会使人们割裂审美要求与基本生活所需之间的联系。建筑装饰已然在民居建造中不再活跃，慢慢沉寂于早已破败的古老民居建筑之上，这就是民居建筑装饰传统断裂的现实。

现代民居建筑，如何置身于悠久的建筑装饰长河之内，接续长久而优秀的历史传统，精美的古民居建筑装饰如何具备艺术作品的特征，值得人们以当今的文化观念为立足点重新审视。当今的文化观念具备前所未有的科学性和得天独厚的文化比较条件，善于利用研究中容易得出的新颖结论，帮助人们重新树立文化自尊，这就赋予作为知识守护者与开拓者的传统古民居爱好者与研究者一份不可推卸的责任。诸如南席古民居门楼上的建筑装饰实例，需要高等院校相关专业教师那样掌握相对完备知识系统的人对其进行分析和研究，对建筑装饰做出自觉的文化认识上的补充，阐发其价值，辨清其来龙去脉。在山西省晋中地区，拥有相当丰富的、可靠的、有历史价值的建筑装饰资源，也有足够多的专业和业余的古建筑爱好者与研究者，对建筑装饰的保存与发展是很有利的。

随着人们生活理念的改变，一些在地域上有优势的农村能够重新对广大城乡居民产生吸引力，包括三类：第一类是风光特别秀丽的地区；第二类是传统民居保留比较集中的地区；第三类是距离生活与工作便利的城市不远的地区。这三类地区很可能成为复兴建筑装饰传统的阵地，南席村正好符合以上所言的第二类、第三类农村的特征。

（二）南席古民居院内房屋的墀头

南道东街北三巷1号，院落东墙上遗留一栋低矮卷棚硬山房屋，此房上的墀头为陡砖素方平墀。在村中央新建舞台的西北，亦有一院，院内房屋上也是平墀。这种现象进一步表明，形制简约不分段的平定墀头是太原墀头和形制较繁平定墀头共同的发展基础。

南席村中那么多的残破古民居院落，在墀头上与古太原的民居一样，主要是素方和盛期太原墀头交相辉映，形制很标准，没有太多出人意料之处。村里处处散落着半入土中的精美雕刻，矗立着"皮开肉绽"的残破屋宇，展现着它们曾经的辉煌和当前的衰败。

如今村落中的古民居已渐渐飘零，村南的高楼仍然孑然见证着这一过程，古村为什么会衰落、何时衰落、如何衰落，一幕幕都在它的眼底。

（三）复兴的迹象

在旧屋破败的总基调下，南席村却同时展开了对古建筑的修复、模仿和重建。村中武氏宗祠近年得到了修复，从外部看维护得不错。村中戏台可能为复建，其位置在南席中部广场之南端，外观是仿古做法，总体上其实是现代建筑技术的产物。而戏台对面有一新建的仿古院落，在建筑装饰上基本上使用的是传统元素，但在建筑结构、施工技术和院落布局上都是现代的，不是传统古太原民居的做法。以上这三种情况，都有助于村庄振兴，都能够帮助古民居复兴，且不论美学上的成败，它们至少反映了村民在审美兴趣上开始向传统民居建筑装饰致敬。古村落的复兴，在人的因素上，是要培育出愿意重返古民居居住和生活的人群；在环境的因素上，是要在修复老屋时对其进行适当改造。这两方面相向而行，会创造出传统民居保存与利用的良好局面，这种局面在与南席相距不远的上庄村中已经出现。

二、敦坊村

远望敦坊村西有一处庙宇样的建筑，走近一看，才知道是孟氏宗祠，而且大部分建筑并非古建，而是新建的仿古建筑物。太谷孟氏是一大姓，城东有孟家庄，还有前文述及的孟高村等，皆与孟氏有关。城中的孔宅，实际上是孟氏老宅，后被孔家买去，而铭贤学校的立校之本，也是太谷城东的另一处孟氏老宅。孟氏在太谷如此繁盛，可能助推了本地的孟母崇拜。敦坊是一个在村名上体现不出，实际上却以孟氏为大姓的村庄，本村的老村格局未失，旧民居散落各处，都是古太原的典型老宅。有老宅散落的村庄，于古太原地域之内，甚至是山西全省大部分地域之内可谓比比皆是，但这种情形应该不会再维持多年，因为有些村落的古民居看来不会在未来得到任何维护，等它们消失之后，古老的村庄将会彻底失去其之所以古老的物证。

第四节 太谷县其他乡村

一、东南方向

（一）东里村

太谷县所辖范围，东南部有大片山区，这些山区的西北山麓，有一大片向县城俯冲的土地。这片土地上的村庄，由于受到了此地山河形势的影响，阡陌和村庄的方向以西南为正方向，所以这些村庄民居的建造都是朝向西南的，不过置身于这些村庄，人们并不会觉得方向不正，人们的方向感已经被地理形势所影响而发生了改变。

东里村距离范村上安不算太远，但东里村的民居已经是再典型不过的古太原腹地民居。在硬山房屋墀头上，标准而美观的太原墀头都是经过精心制作的。东里古民居的主人也是姓乔的晋商，但与祁县乔家大院的乔家只是恰好同姓，并无血缘联系。

东里村名之"里"，以及本村的村庄结构，都让人联想到古代城市布局的"里坊"制度。古代城市的里坊制度，其主要目的是为了容易并有效地执行宵禁制度。难以想象，为什么盛唐需要在长安城实行宵禁，但可以理解，像东里村这种靠近山区并且殷实人家集中的村庄，采取"里坊"形式进行村庄建设在安全上有积极意义。这一带远离城市，东南部山区之中情况复杂，盗贼容易出没，但故土实在难离，于是就筑起高墙来防范，而且一圈往往是不够的，需要二至三圈，才能形成完整的防御壁垒。

在漫长的历史过往中，古代中国人的各种人口聚落建设就是用墙画圈圈，大到国家，小到乡村，莫不如是。长城是封建国家的圈圈，城墙是城市的圈圈，坊墙是"里"的圈圈。坊墙在大的城市中消失之后，在乡村中一直沿用，这种墙对于乡村居民来说是有安全上的客观需求。

"里"字在东里村应该不是虚称。东里之名中的里一定很有渊源。历史上作为一层行政单位的里，总是大于一个村庄。"里"作为一级行政单位，历来很是基层，至今在台湾地区，仍有"里"这一级别的行政单位存在，但是有里之名而无里之实，相当于大陆城市中的街道，不过，里可以兼顾农村与城市中民居的单位划分，而"街道"则是城市感十足的行政单位，不适合在农村使用。而在东里，以村为城，以院落组为里，这已经是没有任何行政级别色彩的纯粹地名，一切以方便和习惯为原则。

里在中国古代乡村中的运行可能严格地执行过"五家为邻，五邻为里"，但在东里村的创建时代，应该不会再受此限制。既然东里是整个村庄的名称，那么究竟是以全村为里，还是以村中有共同围墙的几座院落形成的一组为一里，需要分辨。作为村庄名称的东里指的肯定是整村，但在实际上，里坊之上还应有一级围墙，不可能出了里门就到旷野。依这条原则判断，东里应该是由数个里组成的一个集合。

东里的里门在哪里呢？东里村原有完整的城堡城墙，至今南门及其左右的少部分城墙仍然存在，城门肯定是东里村之门，但不应该是真正的里门。里一定小于东里城堡，所以以院落组为一里，里门应为一组院落在共同的围墙上所开之门。东里的村庄结构格局给探索村庄布局提供了一点灵感，那就是从村庄最外层的城门算起，看看究竟需要经过多少个门才能抵达一户人家的正房房门，从门数就可知该村的结构。在英语中，院落墙壁上的大门与房屋上的门分别为gate 和 door，这个探究村庄的过程可以概括为 n 个 gate 逐个进入，最后到 door，可概括为如下的表示方法：

n×gate→door。

这是个很简陋地表示，但成功地将笔者对东里的杂乱布局的最初印象整理成有条理的进阶认识。之所以借助英语，是因为在英语中城门和房门用两个不同的单词表示，但所有的大门都用同一个词 gate 表示，这样就可以有 n×gate 的表述，但在中文中这些门皆为门，无法区别。n 表示墙垣嵌套的层数，一层一门，这正是村庄或任何城市、城堡结构的关键，也就是穿过数重大门 gate 最终进入房门 door，从而来到房主人的生活场所。在东里斜街各户，n 可以达到 4，这四层分别为村城（堡、寨）门、坊（里、堂）门、宅院大门和中门（屏门、垂花门）。进入内院后，所谓 door 实际上是 doors，因为有多个，包括左右厢房两至六个，正房二至三个，太原地区民居的正房，一般是没有耳房的，但在寺庙之中，耳房（殿）会尽量配备，因为这是供奉不同级别"偶像"的需要，所以一院中的 door 会多出两个。

关于 n 的数值，笔者个人认为 4 就是挺大的数字了，只有里坊制才可以达到，现在的城市，其实是失去了最初级的 gate，也就是城门，里坊的大门可以理解为各个小区的大门，实际上变成了每个最终门户的第一道门，最大的 gate。单元门位于楼上，严格意义上是 door，这样看来，现在的城市相较于古代的城市在结构上减少了 gate，增多了 door，反映了以下几个方面的变化：一是城市防卫，在现代社会，用一般土木手段所建的墙壁对于真正的攻击没有任何防卫的能力，何况现在是和平的时代，城市防卫对普通居民个体来说已经无感，因为现代城市没有哪一个可见的建筑设施是为了防止城外的人在未经允许的情况下进入城市，城市的防卫已从城里城外的模式转化为地上地下的模式，人们需要防范的敌对势力除非来自天空，否则是不足以构成威胁的，现代城市已经向所有人开放，任何人借助自助的交通工具进入城市一般都不会遇到阻拦，除非要进入因为利益关系而被围墙封闭起来的特定区域。二是交通，城市道路给机动车辆的通行创造了条件，许多城市的主干道路经过了快速化改造，汽车呼啸着穿越整个城市，中途无须停车，这是只有在反围墙的当代才能做到的事情，而反围墙所带来的结果就是城市结构的改变。

东里的淳朴民风给人留下了极深的印象，即使是在刚刚被盗了精美石柱的人家（斜街 7 号），也对我们这样的不速之客保持友好，并不设防，主人有着辨别善恶之人的根本经验。不过，村庄建筑构件的频繁丢失说明东里曾经严密的里坊结构已然崩坏失效。东里二层堡门上的光绪二十二年（1896）题记，证明了在古代氛围下生活的人们在光绪三年（1877）之后仍然保有进行高规格民居建设的能力。经久不衰的农村富户使村庄的繁荣得以延续。

　　东里的另一特色是本村众多墀头砖雕上的残存颜色，从现在残存在砖雕上的颜色来看，当时使用了大量的青绿色。在榆次什贴的颉纥村，曾见过彩色的墀头，一度认为此件彩色墀头是唯一孤例，如今在东里重见，加上徐沟和太谷等老城中的新旧墀头彩绘，推翻了颉纥村彩色墀头为孤例的揣测。由于东里距离颉纥村颇有些距离，已不是同一县，这让人不得不重新思考各处的墀头砖雕是否均有可能赋色的问题。在徐沟东北关，新修的观音庙墀头描画了鲜明的色彩，但一望便知此处色彩为新画。也许人们会用彩绘手法来改变素方墀头的呆板形状，虽有此猜测，却仍然无法证实。石头巷4号大门，木门与砖雕上的色彩痕迹都较为明显。

　　在砖雕上赋色的情况并不多见，虽然在我国传统雕塑的彩塑中，有"三分塑，七分彩"的说法，雕塑上的彩画起到了加强雕塑表现力的作用，但会对观众感知雕塑所特有的体积感有所影响。而在木质雕塑上施色，不光能够做色彩和细节上的补充，还能起到防腐保质的作用，彩绘因此成为木质雕塑制作过程中的"刚需"。至于在砖雕上施色，恐怕容易画蛇添足，东里墀头上的彩绘现在因岁月较远，当年的面貌实难揣测，这种并不普遍的做法却在东里应该成了必备程序。东里是墀头彩绘痕迹最为明显的地方，不过颜色与油漆确实难以持久，尤其是当其附着在显露于户外的建筑部件时，脱落与变色是其必然的宿命。对我国的古建筑来说，颜色的脱落是建筑物呈现古意的一个方面，古建筑的"修旧如旧"原则保护了这种古意。日本的大部分木构古建筑木材部分并无中国式彩画，许多保持木材之本色，形成一种保持本真木构的特色。

　　东里村中也有像上安学校院中正房那样的，上下隔板皆有，大小两重的太原墀头。东里的这种墀头束腰部分较细，两重隔板对此会有些补救，而且，根据考察中所遇到的众多实例，双重隔板的太原墀头，内层隔板实际上取代了垂花和栏杆，这一点基本上是已经可以确定的了。

　　在东里墀头图案中，最能给人形成深刻印象的是斜街7号院内厢房盛期墀头中段侧面的蝠纹。本院厢房的四枚墀头，中段正面为文字类图案，已经在特殊年代被凿去，侧面图案尚且完好，可能是因丑陋得到保全，这处蝠纹非常写实地展现了蝙蝠的头部和躯干（图7-5），把蝙蝠最美丽的翅膀部分给收敛了起来。这样的设计很是另类。在感叹这位墀头建造匠师造型能力的同时，也为他敢于突破常规而惊奇，但客观地说，这组蝠纹不唯美，敢于表现丑，却因丑而得福，得以躲过有计划的破坏而保存至今，从另一个独特的角度生动地展现了福的含义。

图7-5　东里墀头蝠纹

2018年时，东里村东北部的李靖观正在修复中，李靖观对面的戏台与其他村落常见的戏台形制不一，所以它是一个很特殊的存在。此戏台整座建筑物是一悬山房屋，后台的下部为横穿的街道预留了门洞，舞台由北半部在梁架中不砌墙而自然露出的空间形成，南半部梁架间砌墙封闭围合形成后台。因是悬山房屋，这座戏台没有墀头砖雕的设置空间，而且从梁架中斗拱下面以原木代替普柏枋的情况来看，这座戏台的存世历史应该已经比较长，它修建于硬山房屋尚未流行的时代。

（二）小白和白燕

小白村是乡政府驻地，所以村中有一些城镇特色，但村中古民居院落保存得不多。在村中一处旧屋上，砌着形制独特的平墀，其上下枭是原砖，所做的加工仅是在砖上刻画两条横线，束腰部分是两块小砖卧砌而成。因为那充当上下枭的砖块透露着太原墀头造型的气息，所以笔者从这种形制中判断，主人如此处理墀头只是为了从简，绝非是因为形制更复杂的墀头还未产生。小白村的老屋上，政治宣传内容仍依稀可见，这是老屋经历过不少岁月的一个见证。

白燕村的古民居遗存比小白村又多了起来。白燕村中部的一组盛期标准墀头（图7-6），其图案与孟高朝阳街18号相当类似，但通体遗留着用绿色描画过的痕迹，难道是所有参与描画的颜色中绿色颜料的质量最好所以才留下来了吗？这组墀头的形制也还有其他特殊之处，也就是中段的垂花和栏杆变化为上下薄、中间厚的三层叠涩方块，厚方块的腰棱进行了倒角处理，这个层次的体积不大，但不好描述，相信刚才已经采用了最为简要的描述语句。此方块的前角处有柱洞，这与太谷城中钱隆巷内把垂花和栏杆变为宝函的实例相类似。白燕村的这组墀头在制作上还有可称道之处，在主题段之外的其他段各层上的浮雕都非常的精细，曲线很优美，尤以上段下层前面的图案最能集中体现其制作之精，不是能工巧匠，无法完成。

图 7-6　太谷白燕花卉墀头

新开燕四街33号，曾经是村中的第二卫生所。此院落保存完整，但破败处也尚未得到修缮，此院正房的门窗仍是原装，虽有破败现象，但其原本的结构所焕发的传统窗格的魅力仍然没有消减太多，其具体形制是步步锦加花朵，明间原有四块门扇，东侧两块缺失，但窗扇齐全，西次间东扇下半部窗格缺失。由于门窗完整，院落正房呈现出压倒性的美感。在众多的古院落中，正房比厢房更易遭受破坏，让人一度以为有许多正房的华丽程度不如有墀头装饰的厢房，现在看来这种认识完全错了。在正常情况下，正房一定是院落中最重要的房屋，这一点在建筑装饰上也会有所体现，人们是不会允许在院落中发生喧宾夺主的情况的。此院厢房墀头中段是文字类图案，四枚相同，均为寿字。

　　白燕村诸古院的老屋上分布的大多是素方墀头（图7-7）。素方太原墀头，其具体形制亦有规律可循，一般来说，素方墀头都是双层隔板，中段前角加柱，主体正侧面刻有浅壕，上下段细层前面会有扁讹角图形浮雕，这些图形略有装饰性，无法改变此类墀头的素方本性，而且这些简单的程式化加工，其意义究竟为何，并不容易猜透。中段的划线可能是界格，上下段的讹角图形，也可能是起到画框作用的一种装饰。

图7-7　白燕素方墀头

　　白燕村内还有卷棚硬山大楼两栋，带阁楼的城门一座，这些都是白燕村作为古村落的标志性古建筑遗存。在白燕村的阁楼城门上，重新见到了用枭混和象鼻子单元组成的排水墀头，这让人想起了古太原府东部山区中窑洞上的排水简墀，白燕村的排水墀头除了没有简墀结构之外，与之相同。

二、西南方向

（一）北洸村

北洸是曾经的晋商巨族曹家所在的村庄，曹家大院三多堂已开发为旅游景点多年，现在这里比太谷古城中的任何景点都更有影响力。三多堂开发时，还没有发生迁建别处建筑到这里的情况，所以其真实性还是比较高的。三多堂经过了旅游开发，已经由当年的居住生活空间变为今日的旅游展示空间，其功能发生了根本的变化，它的气息也就随之发生了变化，它的烟火气消散，刻板气增强。由于院内通过旅游开发刻意地恢复并保持着古代样貌，而院外则完全地进入了现代，所以进入三多堂的第一刻，能够感受到其内部的古旧气息与院外的过于熟悉的日常气息有很大的反差：院内、院外的时空，人为地变得不同步。在院内，我们去观看和感受的所有东西都与建筑有关，不外乎是建筑物和建筑物的装饰，在修复一新的三多堂中，木雕与彩画的光彩使墀头砖雕变得相形见绌，而且三多堂中的墀头也是以素方的居多，更不容易成为看点。但意识到古太原民居有其特征，而且墀头就是重要特征之一，也还就是在此类晋商大院之中发现的，这是互相矛盾的。在不容易对墀头这种不起眼的雕饰部件引起注意的场合开始注意它，并将其变为关注点，其中必有使人灵光一现的机缘。

（二）白城村

白城村已经到了太谷的西部边界，好在西边的祁县仍然是古太原地界，不至于很快就来到地域文化差异太大的地方。白城村中有全国重点保护文物——光化寺。光化寺是古建筑爱好者所津津乐道的一处著名古寺。在白城村西南，有一处挂着文物标识牌的庞家巷 15 号民居。这座老宅，是一座规模不大的小型四合院，其西南角就轰然倒塌，人们在瓦砾堆上插上了注意安全的小牌子，之后就没有什么举措了。本院的墀头是素方类型，但在栏杆和垂花上与其他墀头似有不同，似乎在边角处有类似望柱的凸起，因观察不详，无法确定。白城村进入考察视野的老院还有两处，一处是外观被整修一新的古厢房，除素方的墀头外，这座房屋已经被新式材料包裹了个严严实实，直让人怀疑本屋是在新建的房屋上装了一对老墀头。另一处是一座极为残破的院落，院内状况简直如剧烈地震之后的惨状，或大战之后战场上的情景。很多大院残破，也有其限度，像白城村这座如此残破的古院，实属少见。此院内前院古屋上的门窗格也是步步锦，其后有厢房，倒塌得只剩一枚墀头，是盛期雕饰的形制，图案正面为桃子，侧面为文字，隔板也与别处不同，这里是方形宽边隔板，而非大多数墀头上的窄边隔板，墀头上有一根木桩倚着，正好遮住了侧面，使文字的形象不太清晰，但大概率是寿字，从此来看，墀头砖雕被最应该珍视它们的人们所轻忽。

太谷的墀头寻访之旅，有助于建立太原墀头的形制标准，并以此标准来比较其他各处墀头在形制上的特殊变化之处，当然这个标准也只是墀头总体造型的参照系，至于墀头砖雕的题材和雕琢细节，不是这个标准所能够衡量出来的。

第五节　祁县与平遥

一、祁县城内

祁县是古太原府最南端的县份，祁县是在古晋阳湖排干之后的沼泽地上建立起来的县城，故有沼余之称，今天已经雅称为"昭馀"。祁县老城的格局非常之简单，十字形的主要街道连通了四座城门，中间连一座市楼都没有，城池基本上是方形，只在东南角向内凹陷。现在，城墙早已荡然无存，四座城门处建起四座牌坊。祁县城内的古民居留存得不少，但古代的公共建筑基本上被拆除，尤其是西门旁边的旧县衙，除了遗留下一株老树之外，这个区域现在就是一片荒原。

十字形的街道把老城划分为四个区域，其东北区主要是渠家大院，西北区域是大片其他民居以及旧时的县衙，西南部分的古民居在四个区中最少，东南部则有多座大院和竞新小学旧址建筑。

（一）西北部

天合德、古驼书院和丹枫阁都在这一区域。

西北马道 18 号大门，为太原墀头大门，这是一组素方墀头，但却不像太谷那样用双层隔板，而是用仰莲的栏杆和"垂花"，垂花的图案真的是下垂的扇形花朵，或也可理解为松针。西北马道 20 号，大门是随墙门，院内厢房上的墀头，为素方太原墀头，单层隔板，整体造型小巧，深度变深，看来祁县的素方墀头形制也发生了变化，这为进一步对墀头形制的地域进行细分创造了可能。

大门框上贴着"公经002"的标签，看来这里与太谷一样，是公经出租房，院内住户也就与太谷的同类人家一样，会在院中加建些临时的建筑。

祁县古城中的院落与太谷古城中的院落总是有些不同的，在这里会见到更多正房上的半墀，如前文所认识的那样，古太原民居院落的正房容易受到破坏，使其失色，而院落创建时，正房肯定得到了更多的装饰关照，因为单层正房借用了院落的围墙来做自己的后檐墙和两面山墙，影响了完整墀头的安装，所以主人为其砌出了宽度一半的墀头结构，或者换一个角度理解这种情形，也许是正房的山墙或墀头墙一直向外延伸，形成了院墙，前伸的山墙挤占了墀头安装的位置成为厢房的后檐墙，再向前成为倒座的山墙，弯折九十度后又成为倒座的后檐墙，最终形成一个完整的院落，这种院落规模不大，从外部看浑然一体，几乎无懈可击，但可以组合成院落群，最终的规模也可以很大。如果正房是楼房，那一半的墀头就不需要砌了，匠师会在正房的二楼上郑重地安装完整的墀头砖雕，在宏伟的基础上再助以华丽。

祁县城内也有以两块小卧砖为束腰的平墀，这种墀头的装饰性很弱，也没有太多彩画加工的空间，只是一种因陋就简的墀头砌筑做法。当然，这种房屋本身在整体上也比较简陋，此类简陋旧房也会在墀头上使用叠涩，这就几乎完全放弃了墀头对建筑物的装饰作用。

北大街临街商铺，寿字墀头上的隔板为方边，中间段后缩多，隔板前伸多，整体的造型也是较窄而深，这种比例和太原盛期的雕饰墀头是相反的。

长泰泉商行内有七座三合院落，从这些院落大门形制看，有一种批量集中建造的感觉，各院大门虽不一定是完全的原貌，但每座门都有两个字的牌匾，这一点很统一，应该是原本的设计。这些院中，墀头的形制没有过于华丽，是在双层隔板素方墀头的基础上，在中段前面浅浅地用浮雕加了文字类图案，内容不外乎"福""寿""禄"之类。

正廉巷附近太原墀头宅门上，有一组墀头在象鼻子单元的混砖前加降福（蝠）图案，这在其他地方也多有见过，已经不足为奇。另一组砖雕底层模拟底座，垂花与栏杆变形为梯形方块，这在太谷白燕也曾见过。看多了祁县的墀头，可以体会祁县城中的很多墀头就是想在素方的墀头上刻上文字和图案，实际上，素方太原墀头与太原盛期标准墀头在造型比例上大有不同，以拟人化来形容，它们的骨相不同，身材不同，祁县的做法是在模糊这两种墀头的界限。在正廉巷5号观察无雕饰（素方）的太原墀头，可以发现双层隔板的形制变为了垂花层和栏杆层与单层隔板组合的形制，这些垂花与栏杆层并没有垂花与栏杆的形象特征，只是通过太原盛期标准堰头的结构推理出来的，况且垂花与栏杆的刻画本身就是雕饰手法，而素方堰头排斥雕琢，所以素方堰头在这个部位以素方的方块形状为宜。

正廉巷9号旁边有一例宅门（图7-8），这是太原堰头宅门中绝无仅有的孤例，它的堰头是真的被纵剖了一半，纵剖时的砍砸痕迹仍然保留着。这个门，是为了保障门的宽度而逼窄了堰头还是为了建设9号院落而砍削了堰头，无人能够回答，令人称奇。

图7-8　祁县正廉巷半堰门楼

祁县城内院落中时有不分段的素方平堰，当在太原类型堰头砖雕的大本营祁县见到本书所定义的平堰时，让人陡生困惑，虽说是少数，但也应该将这些"平堰"中的"平定"地域属性进行排除，其原因是它们已经远离了平定，而只取其平淡和平整之意。也许这些奥妙都在房屋建造的时间上，如果每一种形制的堰头都有其准确的出现时间和流行时间，那许多问题肯定能够迎刃而解。

正廉巷14号、43号大门为太原堰头大门，14号门中段浮雕花草图案，底层有底座纹，其他层保持着素方堰头的形制特征。43号门较窄，堰头主图案为麒麟，象鼻子单元的混砖上有降福图案。

东廉巷 14 号院内的素方墀头中段前方糊了泥巴，可能是为了掩盖浮雕图形，这进一步证实了祁县在素方墀头上加浮雕的判断，这些添加到素方墀头上的图案不会太复杂，大概率是文字类图案。

东廉巷 12 号院，门上书"敏事慎言"四字，院内墀头正面为圆形寿字，前文述过，圆形寿字在墀头中间段很少使用，但并不表示没有，这是一例，本县西大街还有两例。本例中间段侧面图案也是圆框，如开了一个圆窗，图案是卷草。本院正房原有门厅，从残留的痕迹判断，很可能是重檐构造，其原本的宏丽现在已经无法看到。

（二）西大街

祁县、太谷等县，东西大街比南北街繁华，这是地理因素使然，所以高楼总是在东西大街两旁。祁县西大街上店铺林立，临街大楼面向大街门时，都有宏壮门厅，这种楼的山墙前后都会有墀头砖雕，与太谷县的情形是一样的。这些砖雕体量较大，但并没有墀头墙，墀头盘头更成为一种纯装饰的结构，所以墀头与斗拱有着类似的地位和作用，都是从发挥承重功能最终过渡为纯装饰功能。只不过一是砖一是木，材料不同，形式不同。

在祁县西大街还可以见到做法独特的墀头砖雕。有组墀头由于是四缝上身，看面相当宽，砖雕部分是狗子咬，没有靠外侧，所以墀头上身在外侧就一直向上砌，以填补狗子咬和四缝之间的宽度差，遮住了砖雕的外侧面，这是个很独特的个例。

前文所述的文字类图案，大部分是基于篆体字进行设计的，而祁县西大街，却见到了在墀头中段前面直接使用楷体字的例子，此例两枚墀头，左边一个雕刻"凝"字（此字已经被破坏），右边一个雕刻"瑞"字，在别处没有见过这种做法。

西大街还有一个墀头怪例，枭混与象鼻子中间的砖雕部分采用了类似兜肚的做法，正面嵌着总共四道表示段落分隔的凸起，除底层凸起有仰莲纹外，其余无雕饰，这四道凸起也是把整个砖雕部分分割成上中下三段，像太原墀头一样，中段最长，但砖雕部分并不束腰，侧面无雕饰，砖雕的上下段是纯装饰段，仅一层，前面中段主题图案是牡丹纹，正方构图，有讹角框，上下还有附属的装饰层，这种形制把装饰图案极大化了。从这一例看，古民居的匠师偶然会为一处建筑去专门创造出一种墀头形制，以及专属于这枚墀头的唯一图案，所以当笔者见到这种独一无二的墀头孤例时，觉得它真的快够得上是一件独立的艺术作品了（图7-9）。

图7-9 祁县西大街牡丹纹墀头

（三）东南部

位于南大街附近的何家大院，原来属于祁县城内的南何家族，门牌号为南大街58号。这个大院原来也住满了租房户，2017年住户都已经全部搬走，空余大院，住户废弃的物品满地堆放，十分凌乱。何家大院一进院的厢房墀头是前所未见、形制繁复的太原墀头实例，又一次刷新我们积累的关于墀头形制的认知，因为此处墀头除了体量较大以外，还同时具有双层的隔板、垂花与栏杆的结构，因此我们可以说，是本院把太原盛期标准墀头推向了鼎盛。一进院厢房墀头共二组四枚，图案基本一样，主题段正面为立体感很强的花朵，采用的也是枝叶浮雕而花朵黏贴雕饰组装的方式，其侧面图案，内侧为钟，外侧应该为磬，不敢十分确定。本院过厅山墙上的半墀也制作得非常精美，图案立体感较强，细节清晰，比祁县大街上的任何墀头砖雕制作都精美。二进院实有两进厢房，墀头变为素方形制。院落最后为正房大楼，本楼东梢间前有楼梯供人上下，正楼上的墀头没有一进院厢房墀头那样繁复，主题图案是人物题材，头部不存，身份不明，根据服饰和人物姿势及气质，应该是道家神仙。何家大院保存得相当好，修复的工作量不会太大，正房楼内原装修基本存在，二层楼上砖栏杆情况不错，砖上工匠留下的编号刻痕历历在目。

旧时工匠在处理卷草纹样时总是游刃有余，容易制作出令人赞叹的纹样，何家大院（南）旁边的院落中，墀头正面以及半墀侧面的龙凤图案姿态飘举，神气十足，在有限的空间内容纳了无限的动能。

在小东街114号见到了与太谷白城庞家巷15号民居墀头形制接近的实例，即素方，却有栏杆望柱的墀头。小东街76号，正房楼房墀头上的挑檐与墀头砖雕同宽，而一般情况是挑檐的宽度只有砖雕的一半。

祁县各民居可谓把利用盘头和博缝使檐角起翘的技术运用得相当充分，这种在木构上遗留下来的形制，在硬山上找到了传承的路径，使中国建筑在外形上保留着传统样式，也给相对古板的硬山建筑注入了一些灵动的因素。

祁县小东街上用于开办竞新小学的楼房，应该在学校开办之前已经建成很长时间了，因为学校创办于1919年，此时已经到了民国，而学校所有的楼房院落在现在看来，其做法和沧桑感与其他清代古民居并没有太大的不同，即便是为办学新建也完全用的是古法，在后檐墙与山墙博缝交会处放置墀头砖雕的做法应该是比较晚，这是一种太原墀头砖雕处于盛期的表现，可能也预示着衰落，这种衰落不是自身发展带来的衰落，而是外部因素影响所造成的。

（三）东北部

渠家大院因是景点，所以院内整齐清洁，大院中的墀头大部分形体瘦削，这也是其深度大于宽度所带来的观感。本院中也有半墀的大门，与正廉巷的那一处不同的是这里没有砍削痕迹。也有半墀的房屋，不过这里的半墀更宽，接近于完整的墀头。渠家大院是一处复杂的古建筑群，占据古城东北部的大片区域，使古城东北部基本无其他院落可看。

二、祁县南部及西南部

（一）郜北村

郜北村紧靠祁县南部山区，在村北高坡上有一处泰山庙，山门上有文昌阁，此阁为硬山式屋宇，前后有墀头，均为素方墀头。院内重建仿古配殿，其上墀头为祁县东阳镇仿古建材加工厂所制造，均为批量生产，墀头制好后运到工地安装。修复的房屋使用的是木构梁架，但墙体已经不使用胡基，而是内部用红砖垒砌，表面用青砖贴皮。

（二）梁村

祁县与平遥都有梁村，祁县的梁村位于郜北村之西，村中有洪福寺，这座寺曾经破败不堪，近年经过全面整修，已经重获新生，不过夯土墙垣还是比较残破。本寺布局大致如下：最外圈为夯土墙垣，南墙正中建有砖砌庙门，墙内有东西两套院落，东院为寺庙主体，包括北面的正殿，两侧的配殿和南面的倒座殿宇，西院为原来僧人们活动的场所，有二进院。西院各房墀头各不相同，前院西厢房墀头为枭混重复墀头，正房上是两块小砖做束腰的平墀，后院西厢房是体量较小的太原墀头，中间段正面有福字图案，做工一般。

在梁村村中，有若干古民居遗留，墀头多为素方太原墀头，梁村东南，集中着王氏旧居，规模可观（东头街41号）。

（三）王贤村

相传王贤村是唐代大诗人王维的故乡，是挺有影响力的著名古村。王贤村的古民居遗留较梁村多，村中古屋虽有，却大多已废弃并无人居住。本村万圣寺保存较好，寺对面的昭格楼是一座保存好、规模大的著名古戏台，这座戏台的形制是一座硬山大屋，屋顶把梢间屋脊降低，状如三屋。把北面檐墙敞开，形成舞台，后半部封闭形成后台，舞台部分，于明间和次间处向北突出，屋顶加盖一个小歇山顶，以保护舞台不受雨淋，仅此而已，因是硬山，前后都有墀头，北面为正面，墀头的形制复杂，为太原盛期标准墀头，南面为背面，形制从简，没有上下段，无雕饰，但在戗檐处作了夸张，拉得很高，上有雕饰。

万圣寺山门上是形制标准的太原盛期墀头，主题图案为狮子，与一般墀头上的俯视狮子不同，这组狮子在向着远方嘶吼，神态与众不同。寺内有院两进，头进硬山配殿上为素方墀头，头进正殿弥勒殿为硬山小殿，墀头为太原盛期标准墀头，图案为狮子滚绣球（图7-10），这对狮子的动作特别与众不同，因为墀头中段空间有限，这对狮子把身体倒竖于边框上，把绣球藏于腹下，把头部朝向前方，作嘶吼状，神态和动作都很夸张。两墀外侧图案为兰花，内侧为梅花。

二进院大雄宝殿、耳殿也都是硬山屋，在大雄宝殿的墀头上终于见到了与

图 7-10　王贤万圣寺弥勒殿狮子

宗教有关的主题图案，这组墀头上表现的是手执金刚杵的力士，不过这组力士的威猛气息严重不足，却多了些道家的仙气，墀头的其他部分保持着素方墀头的特征。耳殿墀头的图案重归世俗化，正面是花卉，侧面是寿字等。

万圣寺与戏台之间有广场，广场东南角有砖拱门，门上写着"万寿宫"三字，落款为"道光丁未孟秋月穀旦重修"，查阅历史年表可知此时为公元1847 年。

王贤村内古屋上多为素方太原墀头和平墀，值得注意的地方是素方墀头前角柱比较靠里。

从王贤村向西不远处，有小韩村，村中有古民居，屋上有太原盛期标准墀头。

（四）阎漫

阎漫是祁县西部边界的村庄，从本村向西即刻就进入平遥县。阎漫村在古民居上保持着古太原的地域文化特征，虽然是有平墀的分布，但也不会像邻近的属于平遥县的村庄那样开始单纯使用挑檐和叠涩。

也许是房屋比较低矮，阎漫村中的素方太原墀头与博缝之间没有挑檐，如果墀头处于一个标准的高度，这种情形会把房屋的高度至少降低 15 厘米。

东街圪道 7 号是太原墀头大门，此门高度很高，墀头中段正面原为福禄的文字类图案，不知道何时已经被凿掉。

中街圪道 2 号的厢房很有特点，此房的墀头是三块小砖组成束腰的平墀，整个房子的形状比较独特，一般厢房本身是不必对称的，但这一房是绝对对称的样子，从开间、门窗、屋脊、㞷头各处都可验证。房顶坡度较小，所以站在其前面观察它的时候观感比较奇特。

从阎漫这一带的民居可以感知以下迹象：一是平顶房屋成为趋势，阎漫的房顶坡度普遍很小，接近平顶，可能最终在本地过渡到灰背屋顶；二是院型已经从古太原中部的细长合院变成了比较宽短的院落类型，这可能是山地附近人家的特征；三是简约的平㞷出现频率有所提高，总之在建设民居时阎漫人很注意形制上的从简。

（五）孙家河

祁县孙家河村中的古民居残存墙壁上有平㞷和叠涩，也有残破的素方太原㞷头。

孙家河的戏台体量较大，这造成它与这个小村相比较的反常比例，这座戏台是为其对面的关帝庙而建，但戏台与庙宇是头重脚轻的感觉。这座戏台修复时参考了距此不远的平原村落王贤村中的古戏台，两座戏台的形制几乎一样，㞷头也是太原盛期标准的类型。

孙家河是一个破败的接近无人居住的村庄，即便新修了戏台和关帝庙，也不会把离开的人们重新吸引回来。

三、祁县与平遥交界

（一）高城

祁县西部的村庄，院落形状短而宽，不像城中那些大户人家所营建的院落那样狭长。高城有多座已经废弃的老旧院落，其正房共有五开间，从山墙上可知此类房原本就是平房，厚厚的山墙没有形成环绕整座院落之势，实际上也就是真正的正屋山墙。但是也像附近那些围墙完整的院落一样，在正房两侧的㞷头处砌出了半㞷，这种做法在这个区域非常普遍，包括附近的平遥县境内也是如此。

高城卫生所是一处保存相对完好的院落，位于西后街，从标准的太原㞷头宅门上来看，这个院的营建与本地普通民居有所差异，更多地受到城中大院的影响，院内厢房上是素方太原㞷头。西后街上还有砖雕门楼院落，院内的情况可能与卫生所类似。

在高城普通民房院落中，厢房㞷头已经受到汾州的影响，使用内侧叠涩外侧挑檐的做法。此类房屋建成至少都有近百年历史，房屋各处的规格并不高，维护得当的话今天仍可正常居住，不得不说是一种成本与需求结合得很好的房屋建造方案。

（二）朴村

朴村民居上的素方垾头，隔板边缘圆厚，上下段很短，而在村西的关帝庙，素方垾头的隔板还是薄边的。关帝庙是东西轴线的建筑群，现存建筑有北配殿，正殿及其耳殿。北配殿上的垾头形制与城中同类相似，无挑檐。正殿上是文字图案的太原盛期标准垾头，圆形寿字的设计能够让人想起榆次南要店民居垾头上的寿字，侧面为方形寿字。耳殿垾头与配殿相同。关帝庙的建筑装饰对寿文化有专门的突显，除了垾头正侧都是寿字以外，在正殿木构梁架出头额枋的头部截面上也是寿字图形，可以说建造者对寿字情有独钟。

关帝庙向南有另一处残庙，山门和鼓楼仍然屹立，其他各殿均为断壁残垣。由于都是硬山建筑，所以山门与鼓楼前后都有垾头，形制均为素方，所不同者，鼓楼上为方边隔板，山门上是窄边隔板。本庙配殿则有素方平垾。

朴村这两座庙残破过甚，令人绝望。村中寺庙，能够保存到现在的都是非凡建筑，曾经倾注了一方人民强大的集体力量才得以建成，随着人民意识形态的转变，村中的庙宇必须及时进行功能上的转身，如果有一次转身不太及时，就会落得像朴村诸庙这样的凄惨结局。

朴村村中还有数处比较讲究的民居大院，村中部一院正房的门窗都是上圆下方较宽大的形状，这体现了古太原民居在这一区域产生了一些细节上的变化。

（三）西韩

祁县西韩北街民居的正房是祁县西部区域民房的代表，这种房屋有雄厚的后檐墙和山墙，房顶是角度平缓的单坡，屋面覆盖仰瓦，檐边有滴水，山墙上砌出半垾。这种房屋形制对当地当代民居的建造仍有影响，主要是这种房屋起初就是基于普通人家的财力而设计的，所以长期培养了人们在这种房屋中居住的生活习惯，而这种形制的房屋在建造方法和建筑材料更新的过程中适应性也很强，所以其传承就容易一些。

北街35号院落相对更古老一些，本院厢房仍在，无论正房还是厢房，屋顶没有举折总是觉得规格稍低一些，厢房上是素方太原垾头，西侧的厢房多一进，南面一进房屋规格更降一等，垾头变成叠涩。

较35号院落靠西又有一院，早已被人放弃的正房展示了屋塌墙不倒的奇特景观。此屋的屋顶、前檐墙早已不存在了，主要的梁架、后檐墙与山墙还在，这类房屋的山墙与檐墙中是隐藏着立柱的，墙壁对立柱有所保护，但墙壁与立柱是各自挺立，谁能够在岁月流转中坚持得时间长一些，或许取决于它们各自的命运。

（四）北长寿和南长寿

北长寿和南长寿属于平遥管辖，这一点历来也没有改变，所以这里是古汾州的地界，与古太原不是一个州府。来到这里，主要是看古民居的㫓头随着地域改变其形制的情况究竟如何。

北长寿村北的关帝庙保存和维护得不错，大门上的㫓头是形制完备的太原盛期标准㫓头，中间段主题图案为麒麟，右面的完好，左面的头部损坏，姿态与形象比较平淡，侧面图案为寿字，象鼻子头的处理粗糙，盘头处形制稍异，此处盘头与㫓头砖雕内侧平齐，外侧拔檐与盘头的前方以叠涩形式向上升，二至三层为枭混形式，继续上升为上下枭与束腰形式的三层，上下枭的边缘磨尖，再向上则抵达博缝，应该是原砖陡砌完成，博缝头为卷草龙头。关帝庙院内配殿上的㫓头也是太原盛期标准㫓头，从门外向内看，可见主题段侧面为花草图案。关帝庙与对面的戏台之间距离较远，戏台前后檐墙均有㫓头砖雕，形制与庙门上的相同，北面（前）图案是狮子，南面（后）为麒麟，这两对瑞兽的神态还比较精神。

北长寿的民居㫓头则开始以叠涩和挑檐为主，而且很多叠涩没有与盘头进行区分的意识，一味地用原砖叠至檐口，是比较简陋的做法。在公共建筑上，则比较注意在拔檐与博缝处做出改变，使形制稍复杂一些。大部分古民居正房与附近的祁县村庄类似，并砌有半㫓。

长寿中部靠西保存着一处完整的太原㫓头小院，院门的牌匾上有"福寿宁"字样。本院㫓头盘头做法与关帝庙上相同，㫓头砖雕部分实现了砖木结合，厢房㫓头中间段的垂花柱和角柱都是真正的木柱，包括正房半㫓上的柱子，也有可能是木质。㫓头图案是花草类，做工并不太精细。本院房屋檐墙用陡砖砌，节约了材料，但感觉在建造规格上做了降低。现在许多古建筑表面的贴砖，实际上不是原砖，都经过了裁切，这种方法同样可以节约青砖，因在古代会耗人力，所以用陡砖处理比较现实。此院的外面有更大的院落将其包围，本院位于大院之西北隅，大院的门开在东南，门内有影壁，是保留下来的古建筑物，在影壁阴面有砖雕牌匾，上书"松竹秀"三字。

太原墀头在平遥县中的影响不止于距离古太原如此之近的南北长寿，只是太原墀头在平遥逐渐地只运用到庙宇之中和戏台之上，平遥县中的太原墀头形制还是会发生一些变化，除了盘头，从枭砖上都可以感觉得到。而更多的平遥古民居墀头最终还是钟情于叠涩和挑檐。

（五）西山湖与东山湖

西山湖与东山湖也属平遥县管辖。西山湖村南，021乡道路东有一古庙，因坍塌严重，剩余的建筑物只有围墙和横七竖八的梁架，可以见到此处墀头基本上是太原盛期标准墀头，但所有墀头都被黄泥填塞，为了堵得彻底一些，在泥巴上还嵌上了砖头，所以感觉这种对墀头的覆盖好像是在复仇一般的心态下进行的。

西山湖民居上的墀头有着汾州和太原两个地域的民居的做法，既有叠涩加挑檐组合的，也有正房太原素方式半墀，还有一户，在厢房上为太原墀头在外，单纯挑檐在内的做法，这是太原与汾州互相影响的最佳例证。挑檐一侧，挑檐下面由象鼻子单元加荷叶墩向檐墙过渡，这是汾州中心挑檐上所罕见的。西山湖的素方太原墀头形制更窄更长，中间段的浅槽变成几道凹沟，这些房屋的屋顶大部分也越来越平，平顶这个问题倒不是地域使然，主要由建房预算决定，但墀头的样式却与地域因素很有关联。

东山湖村的民居上有平墀和素方太原墀头，有一例素方太原墀头的柱极粗极长，贯通了太原墀头的三段，这是值得记述的特殊墀头形制。至于民居的正房仍然流行着本地域半墀的样式。

（六）兰村和北营

兰村与北营比东西山湖靠南，是平遥县管辖的村庄。兰村的老屋汾州气息明显加强了，硬山屋上的墀头基本都是叠涩，太原墀头在此快要绝迹了。北营村老屋的叠涩比较讲究，博缝和盘头处理得与平遥城内基本达到同一规格，博缝头有了雕饰。而北营戏台后台檐墙上使用叠涩墀头，舞台侧墀头是极不规范的雕饰墀头，与太原墀头形制作比较，只有下段和中段，这与寿阳太安村中的墀头形制接近，都是偷工减料过的太原墀头。

北营文明街31号民居，厢房上是太原盛期标准墀头与挑檐组合的做法，挑檐在内部山墙上，这种情况只会出现在平遥北部与祁县接近的地方，这是两个地域之间互相影响的结果。此处墀头的主题图案是狮子，但雕工并不理想，狮子神情不清晰，狮毛质感不强。这座院子的正房不再有两侧的半墀，说明当时北营人的造房习惯与祁县和平遥交界处的人们不同。

（七）曹冀和东城

曹冀属平遥，东城属祁县，这两村虽分属两县，在地理上却是邻村，平时两村人员之来往肯定也是不少。

在曹冀村所见的几处老屋，其墀头做法都是里挑檐外叠涩，这是汾州府北部民居所惯常的做法。祁县东城老房子上的墀头，除了街面上有一处很内敛的太原素方墀头外，其他都是平墀。有一处平墀，束腰收束得幅度较大，上下枭之间的空间较大，所以在这中间加了两根角柱。东城还有一处老厢房，其内侧用了叠涩，外侧用了木质挑檐，这是一种与汾州传统民居的大多数做法相反的墀头处理方式，这座房屋的规格较低，挑檐侧的墙身以土坯为主，感觉有坍塌的部分，所以其原貌可能与现在的状态有出入。

（八）梁官与襄垣

梁官是祁县与平遥边界附近的大村，属平遥县。梁官的民居，有些叠涩显得简陋，盘头和博缝比较随意，叠涩和挑檐看似结构简单，但也可以从细节上分出不同的规格。

由于没有漂亮的墀头，古汾州在营建门楼时缺少了墀头门楼的方案供人们选择，所以砖雕随墙门和木檐随墙门就是汾州主要的院落大门形式。梁官的南大街上有数座砖雕的随墙宅门。南大街16号大门上装饰着砖雕垂花，垂花柱后衬着象鼻子单元，这是各类型墀头上容易出现的结构。这座大门的砖雕工艺相当高超，精细地模仿了木构的大小额枋、普拍枋、柱头铺作（二组）和补间铺作（一组）、撩檐枋、檐子头和飞椽头，古太原地区的大门也有这种做法，但古太原地区还有一种选择，那就是把大门建成太原墀头式。实际上，各个地域建设大门都会自然而然地想到在大门上使用本地流行的墀头，对于汾州北部来说，流行的是挑檐和叠涩，单纯地用挑檐做门未曾见过实例，效果应该不会太吸引人，但梁官有叠涩墀头的大门，效果确实一般，此门位于东大街44号。南大街25号是另一种砖雕门楼，大门两侧墙身有形制与墀头砖雕很像的砖雕下碱，有上下枭和束腰，束腰前也有柱，并有雕饰，从这座门楼的现状来看，这种做法埋下了不坚固的隐患。这种形制的门楼在汾州这一地域还是经常可以见到，但这种砖雕的下碱确实不好保存，因为它正好位于脚容易踢到、雨容易溅到和小孩子容易碰到的地方。

东大街南巷21号，东厢房挑檐前有卷杀，下面是只有一层炉口砖的象鼻子单元。

南大街 16 号院内无人居住，院内草木生长得很茂盛，这是个标准的汾州北部院落，厢房上的挑檐比较壮硕，叠涩一侧，叠涩、盘头、戗檐、博缝和拔檐等结构样样俱全。

梁官南庙各殿的墀头都是叠涩，毕竟是庙宇，其做法又比村中简陋的叠涩郑重了许多，在盘头和博缝上做足了功夫。看到这些殿宇，就可以深刻地理解斗拱是中国古建筑的共同语言，而墀头则体现着古建筑的地域特点。对于木构的认识，这是稍有古建筑知识的人们所愿意关注并能够激起很高兴趣的，而对于砖构来说，却很容易被人们所忽视。

洪济寺对面的戏台是一座卷棚的硬山建筑，其上的墀头是太原盛期标准墀头，其形制的特殊处在于砖雕顶层与象鼻子单元之间增加了一层仰莲上枭和前面有图案的炉口。因这层有两砖厚，所以可能是专门预制好后贴在前面的。一如进入平遥的其他地方，此处墀头的盘头遵从本地做法，宽度不减半。

襄垣村东南有一院，在汾州式厢房南面有附属小房，此房两面山墙上都是叠涩墀头。正房有木构前廊，门窗上圆下方，格子是步步锦式。

襄垣的慈胜寺是国家重点保护文物，寺内主要殿堂都是悬山，硬山小殿上都是叠涩墀头。寺庙对面有戏台一座，也是卷棚硬山屋，墀头是太原盛期标准墀头，形制的特殊处在于象鼻子单元的炉口砖前黏贴有圆形寿字图案，象鼻子单元顺边缘刻画一线，在混砖上以螺旋回绕拖尾。

（九）洪善

洪善，是平遥县一镇。本镇古民居建筑的辉煌还可以从残存的古民居上看到。洪善已经距离祁县与平遥边界有一段距离了，所以，古太原地域民居建筑特色的影响已经基本看不到。这一地的民居，檐墙只下碱处用砖贴表面，下碱向上是土坯墙，表面用白灰涂抹，与深色门窗形成明度对比，视觉效果较其他全砖檐墙的民居强烈。

四、祁县与平遥民居墀头的对比研究

（一）祁县与平遥的行政关系

今日的祁县与平遥有许多共同之处：第一，在行政上，它们都处于晋中市的管辖之下，因此在政治和经济区域上同处在所谓"晋中"的范围之内；第二，二县在地理上紧邻，之间并无山川阻隔，民间交流方便而频繁，风俗习惯有诸多相通相同之处；第三，明清时期，活跃在这一区域的晋商给后人们留下了固化经济活动成果的大量民用建筑物，包括民居和寺庙道观等，保留至今者不在少数，是二县引以为傲的历史文化资源。通过对这些遗产进行旅游开发，二县均获益无数，并以此把自身的名声播扬出去。因有以上的这些共同之处，祁县与平遥容易给外界留下比较雷同的印象，人们徜徉在这两座古县城的街巷，深宅大院给游人带来的感受可能会比较类似。但是，当把注意力集中到堰头上时，却可以感受到这两个近邻在建筑审美上存在着历史性分歧。

硬山砖砌房屋是清代中晚期和一部分民国时期山西民居建筑中的主要单体建筑物，堰头是此种建筑物所特有的结构。堰头形制在荷叶墩之上有较大的差异，主要体现在可嵌入砖雕的不同砌法，这使堰头仅在山西省内就有多种具备不同造型样式的类型。各类型的堰头往往在某个地域集中分布，其范围常与行政界线有所联系，这使得该种类型的堰头具有了契合行政单位的地域属性，且以其造型反映着本地域内人民的建筑审美意识状态，祁县与平遥古旧民居内硬山房屋上的堰头即是如此。祁县与平遥虽接壤，但堰头类型并不相同，联系到祁县和平遥在历史上分属不同的州府，这种情况可能是因人们在不同的行政区划之下形成了各自的地域认同和审美风尚，影响了硬山建筑物堰头的类型选择或形制创造。

地域性是传统民用建筑物的一大特性，在当代的各类建筑物上丧失殆尽。因为地域性赖以存在的生产技术水平、信息交流方式和意识形态基础不复存在，地理气候限制也被克服，行政区划调整也使地域单位发生新的变化，在这种情况下，地域属性是堰头保留的重要历史信息，在考察古建筑物时不容忽视。以造型结构的不同区分堰头类型直观且易行，但对在各自分布范围内各行其是的堰头，造型并不是堰头类型判断的全部。对于地域性较强者，堰头类型识别原则应该由地域因素来统领，由造型特征来补充。本文中的堰头实例所依附的古民居建筑物基本建造于清代，为还原历史，地域因素将以府下管辖县的体系为准。在本书涉及的各类型堰头分布范围没有只局限在一县范围之内，有地域属性的类型，大致分布在某府之下数县范围之内，在边界处会零零星星地跨府分布，所以将堰头类型的地域因素上升至府级，则有"太原堰头""汾州堰头"之说。祁县与平遥地处太原盆地东南部，都有一定的山区，本节所进行的堰头类型对比，忽略二县人口稀少的山区，选择县城体现堰头类型的代表性，选择盆地内二县交界线附近的村镇来体现不同类型堰头对接分布的具体细节。

（二）县城

祁县与平遥的古县城区今日都仍基本完好，真切反映着传统建筑地域特征的大量古民居得到了保留。祁县的逊色之处在于失去了古代的城墙，而就县城中清代至民国古民居遗存的量与质来看，二县难分伯仲，这为对比二县民居墀头差异创造了很好的条件。

县城的城市功能决定了县城内会有众多不同类型的建筑物，但与墀头有关的只是硬山砖屋，在街面院内均有分布。

1. 街面

祁县与平遥两县县城分别是太原墀头和汾州墀头分布的中心点，街市是县城之门面，这两县城的街面景观如何，墀头样式的作用相当明显。此二县，建于前清或民国的临街商铺门面房屋大多为一至两层的硬山砖屋，它们是垂直横跨于院落中轴线的特殊房屋，其结构左右对称，所以这种房屋山墙上相同朝向的墀头为一个对称组。祁县古城临街商铺的墀头大多是素方太原墀头，此种墀头较太原盛期标准墀头更为古朴，除祁县外，这种随处可见太原墀头的街市景观在太谷、榆次、徐沟、太原（县）的老城中亦可见到，这也是太原墀头的大致分布范围。

平遥县临街商铺房屋的墀头则基本上使用叠涩。平遥古城临街房屋往往比较高大，为了比例上的考虑，叠涩的层数一般可达到九层，加上二层盘头，则共有十一层。日升昌的门面房叠涩层数比一般的多两层，这可能是叠涩墀头层数的极限。叠涩墀头由未经任何雕饰处理的原砖砌成，对房屋美感的帮助实在有限。现在，平遥古城街道两旁偶有新修的仿古建筑也采用太原墀头，这明显不是汾州地域民居建造原来的做法。

2. 县城古民居院内厢房

在县城的古民居院内，厢房上的对称组墀头均为面对面的朝向，同组的两枚墀头不在同一座房屋上。祁县城内，普通古民居院落中也以大量素方太原墀头为主，它们保持着太原墀头的基本特征，没有华丽的浮雕外衣，较之于盛期的太原墀头少了些主题表现的便利性，但仍然是古太原地域文化和民居类型的明显标志物。

平遥县城乡，民居厢房墀头喜欢用叠涩与挑檐组合式。看来厢房总是墀头的地域性表现最强的地方，而全用挑檐或叠涩者，就容易给人带来不太讲究的感觉。日升昌头进院厢房即为叠涩与挑檐的组合，其墀头叠涩达到九层（加盘头十一层），挑檐厚重，这对体现房屋气派有所帮助。城中另一处院落赵大第故居，它的厢房叠涩层数适中，为七层，加上盘头二层共九层，气势比日升昌院内的厢房输了一些，但该院正房叠涩层数仍然不少，房屋规格以此有所分别。平遥院内厢房上的叠涩层数一般会比同院门面房上的递减两层。平遥民居院落中的厢房内侧用挑檐取代墀头，其原因可能是为了获取更为开阔的由院落入口望向正房的视野，毕竟墀头伸出檐墙，对视线还是有一定的阻碍作用的。为了克服挑檐造型的单调性，平遥人在石质挑檐上做了些有限度的雕饰文章，有些是卷杀，还有些是在挑檐下面垫了一组炉口顶砖（即象鼻子单元），或隐隐约约地加了浅浅的浮雕，这些雕饰手法相较于太原墀头显得不太成熟，但聊胜于纯粹的叠涩与挑檐。

（三）祁县与平遥边界近旁村落墀头对比研究

确认太原墀头和汾州墀头的分布交接线就在祁县与平遥分界线处，可以廓清太原墀头分布范围的南缘部分。以墀头为线索提炼出古太原民居与古汾州民居的类型鉴别特征，是将祁县与平遥的墀头进行比较研究的动力。

在走马观花的县城游历中，已经确知祁县与平遥县的古民居硬山屋墀头存在很大的不同，而两县行政区划的长期稳定性，基本可以判断不同类型的墀头完成变换的区域就应当在两县分界线一带。为了对这一推断进行证实，需要对目标区域进行实地的田野调查。出发之前，虽然知道古民居在晋中盆地俯拾皆是，但仍需要通过卫星地图对区域内的村落卫星图像进行端详，来初步判断古民居建筑在各村之有无。山西古民居院落结构与当前新建民居宅院有很大的不同，古民居院落平面形状狭长，且常有二至三进，房屋上的黑活屋面与当代民居的瓦或其他屋面苫盖材料相较质感有别，色相与亮度也不同，差异非常明显。在院落布局上，大部分古民居院落为四合院，院内有正房、倒座和厢房等，对称的狭长厢房是传统民居的明显特征，即便有一侧厢房已经不存在，另一侧的狭长形状与现在的新建房屋相比较，仍然很富有识别特征。

调查之前应确定目标区域内行政区划的历史变化情况。行政区划的稳定性对于地域性文化的形成与存续非常有利，建筑文化地域性特征的形成以民众的地域认同心理为基础，以自身文化有别于其他区域为自然之事。今日两县界线与旧县志所载无甚出入，可见这条界线的历史稳定性较高，这对界线两面人民在生活的各个方面形成有差异的区域性提供了时间保障。

笔者对本区域的考查共进行了三次。

2017 年 10 月 19 日到平遥县梁官村与襄垣村进行考查。这两村位于祁县与平遥分界线平原段的中段，梁官村在平遥边缘，与之相邻的祁县村庄为东城村。

2018 年 9 月 22 日对（祁县）闫漫、孙家河、（平遥）郝开、洪善进行调查。这是祁、平边界线平原段的东段，孙家河已经位于山区，洪善是距离界线稍远的镇点，其民居的汾州属性比边界村庄又明显一些。

2019 年 2 月 13 日，沿（祁县）高城、朴村、西韩、西建安、（平遥）北长寿、南长寿、西山湖、东山湖、兰村、北营曹冀（祁县）东城的线路进行了调查。此次调查的路线迂回在祁县与平遥县境内。

祁县的炮守堡有东西之分，表 7-1 中的为西炮守堡，2019 年 5 月 2 日到该村考察，因本村在汾河西，1956 年与上曲等村一起划归文水，汾河之西自彼时起再也没有祁县辖地，但有理由相信，这些村的古建筑保持着太原府的特征。

表 7-1　祁县与平遥交界村庄墀头类型表

村名	今属	旧属	太1	太1庙	太2	太3	挑	汾挑	汾叠	叠	平墀
西建安	祁县	太原府祁县				✓				✓	✓
朴村				✓	✓					✓	✓
西韩					✓	✓				✓	
高城			✓		✓					✓	✓
东城					✓	✓		✓	✓	✓	
闫漫			✓								✓
孙家河			✓	✓							✓
炮守堡	文水		?	✓							
长寿	平遥	汾州府平遥	✓			✓		✓	✓	✓	
西山湖				✓	✓	✓	✓	✓	✓	✓	
东山湖					✓	✓		✓	✓	✓	
北营			✓				✓	✓	✓	✓	
兰村								✓	✓	✓	
曹冀								✓	✓		
梁官								✓	✓	✓	
郝开								✓	✓		
洪善								✓	✓		
襄垣				✓					✓	✓	

太原盆地内祁县与平遥界线两侧几乎每个村庄都或多或少地遗留着未经改建的古民居，所以各型墀头实例在此区域均可见到，从调查所得的各种类型墀

头的分布简表（表7-1）中可以看出，太原墁头类型在一进入平遥境内就开始明显减少，直至消失，而"汾挑"与"汾叠"比较整齐地分布于平遥境内。在各种墁头中，这是实际分布与地域界线划分最相匹配的类型，这是叠涩与挑檐组合最有明显汾州地域性特征的有力证据。对于有些地域性墁头分布仍然冲破行政界线的情况，试分析原因如下：

第一是每个地域都有分布的叠涩，在祁县古民居中，房屋配太原墁头是理所当然之事，如果使用了叠涩或挑檐，基本是基于简便易行的考虑，不一定是受到汾州的影响或启发，不宜将在古太原地区偶然出现的叠涩看作具有汾州府属性，所以在表7-1中简称为"叠"和"挑"，以体现其不具有地域性。

第二是在紧贴两县边界的祁县东城村见到的叠涩与挑檐组合，此处应具有汾州地域性，是汾州府硬山房屋墁头做法偶然影响到界线另一侧的表现，但东城的这一例叠涩与挑檐里外颠倒，这说明东城毕竟处于汾州府之外，其叠涩和挑檐的做法都比较草率。

第三是各式的太原墁头在平遥的南北长寿、东西山湖、北营等村落均有所分布，这种情况是太原墁头向汾州的渗透，在东山湖和北营出现了以太原墁头代替叠涩与挑檐组合使用在厢房上的情况，是两地民居各自特征的杂糅现象，这在两县界线附近是可以理解的。平遥境内更深处（如梁村），仍有太原盛期标准墁头零散分布，但它们并不使用于普通民居，而是仅用在寺庙道观的戏台或其他硬山房屋上。寺庙道观是一类特殊的建筑装饰使用场合，总是比民居建造得更为郑重，为追求华丽，平遥人向相邻区域借鉴一些手法，很是便利，这一过程使太原墁头在平遥变得尊崇，因此有必要将寺观中的太原墁头（太1庙）单列为一种类型，以区别于民房上的实例。值得注意的还有祁县等太原府内各县中常见的太原墁头硬山门楼，一入平遥基本绝迹，这也是古太原与古汾州民居与墁头相关的重要差异。

（四）结论

1. 关于墁头的分布范围

祁县的太原墁头与平遥的叠涩墁头与挑檐，可以分别代表太原府与汾州府，这是由不同类型墁头实际分布区域所决定的。历史上，太原府与汾州二地州府并立的时间很长，在长期不同的行政区划之下，形成能够有外在表现的差异性地域文化合乎情理。明万历二十三年（1595）五月，汾州升府，两地的行政地位更为对等，这可能进一步巩固了两地人民不同地域的认同心理，从而影响建筑文化各自的地域性形成与延续。太原府的范围较大，至今调查未能涉及西北两面，太原墀头分布范围的真正大小尚不明朗，但有迹象表明本文所言的太原墀头在太原府的西或北面较为稀少，大略知道太原墀头分布于府城及其南面诸县，向西可分布至现在的汾河西岸交城部分区域以及清徐等。太原墀头是山西古民居各类型墀头造型中较为美观繁复的品种，且太原在山西中部，为山西首府，这种墀头的代表性就更强。

祁县在历史上一直是太原府的南缘，被析出省府只有区区几十年时间而已。太原墀头的分布基本局限在古太原府范围之内，在祁县与平遥交界处得到部分证实，这是将其称为太原墀头的根本原因。因为太原墀头的广泛使用在祁县与平遥分界处停止，所以太原墀头分布区域的南缘就在祁县与平遥的分界线上。零星渗透至平遥境内的太原墀头，使用场合有限，并未能实质开拓太原墀头的分布范围。

汾州在升府之前范围较小，升府后地域面积大增，但汾州的中心仍是相当于今天的平遥、介休、汾阳和孝义，外加太原府下的文水县这一带区域，此地民居的墀头大致均以叠涩和挑檐为主，南部介休除了叠涩和挑檐之外，会有一种造型复杂夸张的墀头来补充，这种情况可能是受到来自更南区域的影响。

祁县与平遥二县墀头类型的对比表明，有共同地域性特征的传统建筑分布范围与行政区划范围会有重合性，建筑类型分布范围与行政区划的重合性有时是因为某些边界段落有地理地形依据，山川阻隔对人类活动的影响会造成地域文化之不同，这一点很好理解，但不能说明祁县与平遥之间的情况。祁县与平遥的界线，大部分是划在平坦无碍之处，能够成为不同建筑类型的大致分界线，又因此段界线长期稳定，并且同时是太原、汾州二府分界线，必定会加固不同州府治下人们不同的地域认同，形成有差异的审美意识在民居建筑物中表现出来。

根据对汾河以西不充分的调查发现，同样是在太原府与汾州府的交界线上，历史上素为太原府所管辖的文水县在民居建筑上呈现较多的汾州特征，把太原墀头的分布范围向东北方压缩了至少一县之远，这是汾州墀头向太原渗透的极大化，看来汾州与文水的交往相当密切，以至于深刻地影响了文水人的审美习惯。

2. 墀头是民居类型的重要标志

山西全境的古民居留存量较大，相信在得力地保护措施之下，会不断创造民居保存年限的新纪录。以古民居的客观存在为基础，对民居的类型认识应走向精准化，为此，在民居类型区分实践中，要找准类型特征体现的点位。祁县与平遥所处的太原府与汾州府地域，由于地理、气候、风俗等因素比较接近，本地区民居现在被统称为晋中民居，是否可再细分为不同的类型，其类型特征体现在哪些方面，目前并未成为人们所关注的问题。通过对这两县墀头的观察，可以发现墀头是民居类型的标志性区别特征。以墀头为线索，同时将行政区域还原到对象民居建造时的状态，可将民居类型的地域单位进行由县到府的升级，把祁县等有太原墀头的古民居概括为太原类型，把平遥等地喜好使用叠涩和挑檐的古民居概括为汾州类型，如此，对民居的认识就会更加符合历史真实。根据对其他地域古民居的零星印象，用这个方法在山西的其他地方进行古民居类型鉴别，应该同样适用。

第八章

汾河之西民居墀头考察

第一节　文水县

一、文水县与汾州的关系

（一）汾州叠涩

今天的吕梁市东南部和晋中南部在清代都是"汾州府"的辖地，这块地域曾经属于比较古老的太原府，明代设立了汾州府后，就离开了太原府的管辖。在地理上，吕梁山也将吕梁和处在盆地平原的太原地域区别开来，处在黄土包围中的吕梁山区人民至今深爱着窑洞形式的民居建筑，所以有其自身的民居文化。即便是今天，在吕梁山上黄河沿岸游历，也能够轻易地看到保存了数百年的窑洞民居，这种情形与古太原地区很多老屋极其类似，山区中的古民居有自己的特色，但并不容易马上被把握。如果困惑于这些山中的民居究竟与太原府民居有什么区别，观察它们各自的墀头不失为一个很有效的方法。

古代汾州府全区域内的民居并不单一，与太原府关系密切的是汾州北部的民居。这些民居中的房屋，只要是从平地起造，就少不了要以有墀头的硬山屋为主。从对大量本地区的民居观察来看，这些房屋上喜欢使用叠涩和挑檐。叠涩不是砖雕，但叠涩墀头却属于墀头的一种，如果是为了纯粹地研究砖雕而注意墀头，叠涩墀头是完全可以忽略的。叠涩墀头的意义是，在地域上形成与砖雕墀头相互包围、相邻的关系，使其分布也成为一个区域。另外还有一种渗透到砖雕墀头分布区域内部的叠涩墀头，还有处在遥远他方的叠涩墀头，从这些端倪来看，如果没有叠涩与其他类型墀头的组合与对比，单纯的叠涩墀头是没

233

有地域属性的，它是各个地域都会使用的通用做法，以最简约的方式使077头等建筑结构向前向上伸去。

枯燥无味的叠涩是一种纯粹的"结构"，是不需要太强的想象力和太好的建筑施工技术的房屋出檐支撑方式，而在汾州，流行了这样一种在077头处将叠涩与挑檐石或木组合至一座房屋上的普遍做法，这使两种结构变得有了地域性。这是一种饶有趣味的现象，不是结构本身的地域性，而是结构组合的地域性，其内容是如果把叠涩与挑檐组合到一座厢房上，这座房屋可以马上被识别为汾州房屋，这种做法在汾州府的平遥及附近一带几乎成为硬山厢房的标准。

（二）文水县与汾州府

文水，历来属于太原府所管辖，但从其境内民居的077头样式上来看，却与汾州接近，这是一个令人困惑的问题，不得不让人想要思考文水与汾州究竟是什么关系。下面准备从三个层面来考虑它与汾州在地域上的异同，这三个层面是民居的地域特征、行政区划以及自然地理上的天然地域。

1. 民居的地域特征

在民居的地域特征上，文水的古民居与汾州古民居（目前主要是考察了平遥）相当一致，以叠涩与挑檐在院落厢房上的组合为一大特点，太原077头罕见。再向北继续发展，则有纯挑檐和纯叠涩增多的趋势（开栅），不过这种变化，总体印象仍然是汾州味儿。古民居是人工制造出来的事物，会表达人的内在审美意识，民居建成之后，变成一种客观的东西，人的意识固化于上，也成了客观的一部分，展现出来就成为"表"，但促使其形成的内动力还是"里"，也就是审美意识加上生存所需，这个"里"如果没有客观的人造物来表现，最终是会消散的。

文水人在民居建造上选择了来自汾州的技艺，或者说，文水人参与了汾州古民居样式的设计。笔者认为，务实的传统民居建筑设计解决是技术性问题，对于样式人们有约定俗成的现成方案，在某一工程开始实施时，把已经实行很久的方案拿来，根据建筑基址的具体情况对方案进行适应性改造，达到可以实施的程度设计就完成了。所以，我们现在才能看到在广大地域中有特征类似的众多民居建筑。文水在建造房屋时，与山水相依的汾州一起创造了民居的样式，这就是汾州样式民居。

2. 行政区划

文水古民居的地域特征与行政区划等人为的、主观的因素相矛盾，其矛盾表现在行政区划为太原府，但民居区域为汾州，此矛盾可能受制于自然条件所决定的自然地域，而自然地域因素是真正的客观因素。

从目前的行政区划来看，文水与古代汾州的众多辖地已经划在一处，属吕梁市所管辖，与古汾州真正地处于相同的地域了。而在古代，文水从太原划出是十分短暂的。在康熙十二年版的《文水县志》中，有这样的沿革陈述：

"……唐武德三年隶汾州，六年属并州，七年又隶汾州，贞观元年复旧……"①

不仔细阅读方志可能就不会了解文水县与汾州府的这一段渊源，通过行政区划证明一个地方在事实上属于什么地域有可能不如诸如民居之类的遗存实物来得方便。武德三年为公元620年，贞观元年为627年，这七年是文水在古代真正隶属于汾州仅有的一段时间，且距离现在较远。现代文水却与原来的汾州各县处于同一行政区域已有不少年头，文水在区划上终于归队吕梁区域，并且会在未来很长时间之内保持此种状态。文水与汾州的区域联系不是因几十年行政区划改变形成的新联系，而是长期在地域之内各部分之间的互相联系。古代文水历来在行政上归于太原，但在人文地理上更接近汾州，这从民居风格上看得出来。

3. 自然地理

文水的这种境况使得讨论本县民居的墀头会比较尴尬，那就是在古太原府境内讨论汾州类型的古民居，如何合理地解释这种现象？不得不从本地域自然地理的角度来入手。影响该地域地理环境的，首先是汾河，其次是吕梁山。汾河将古代晋阳湖排干后露出的太原盆地分为东西两半，巧合的是，到古太原南界地方，汾河东西的盆地最宽阔，由此向北，河西地方受吕梁山影响，西边逐渐收窄，为清源镇（徐沟）、太原二县；由此向南，逐渐宽阔，最南端可容纳两县市。如此一来，位于汾河之西的文水，南面开阔平坦，北面越来越窄，人往宽处走，这是人之常情，所以文水就与汾州的平遥和汾阳来往密切了。

---

① （清）郑立功，等. 文水县志 [M]. 台北：成文出版社. 1976：97.

二、汾河两岸的墀头分布

结合已经大致了解到的墀头分布情况来看，汾河之西的情况是：汾州墀头在交城境向太原墀头过渡，至清源徐沟完全成为太原墀头区域，交城、清徐（清源镇）和太原县的平原部分是汾河之西的太原墀头区域，此区域平坦而狭窄。

太原墀头与汾州墀头分布基准点与辐射点如下：

太原墀头分布基准点——太谷县，辐射点——榆次县、徐沟县（含清源）、交城县、祁县。

汾州墀头分布基准点——汾州府城汾阳（未经考察证实，只因其是汾州首府），辐射点——平遥、文水、孝义、介休。这里需要注意，介休南部有了新的精彩墀头（张壁等处）样式：兜肚墀头。

晋中盆地（太原盆地）诸县如榆次、太谷、祁县、文水、交城等无一不发生过县城地址迁移的现象，位于盆地较南部的平遥城相对比较稳定，该城相传在春秋时即已奠基，虽然名称有过变化，但至今城址未曾改易，城墙未曾废弃，真可谓是奇迹。

按说，叠涩与挑檐的使用使清代民居失去了砖雕的一大用武之地，导致房屋外观变得索然无味，比较平淡，叠涩与挑檐并不值得从美术角度出发去讨论，但它们作为颇有美学价值的太原墀头的对比物，主要是表明所处的地方不是太原墀头分布的地域。从实地考察的结果来看，文水境内的村庄乡镇中遗留的古民居也有不少，但由于使用挑檐与叠涩，使它们缺乏了不少的观赏性，所以文水的古民居在外界并没有什么声誉。而在考察过程中，竟然发现有些案例经过弥补挑檐短板的努力，平遥洪善、文水开栅都有组合的砖雕装饰的挑檐，甚至挑檐材料本身也经过了雕琢美化，这对挑檐来说是一个好消息，如果这种趋势能够继续拥有历史赋予的发展机会，说不定会使挑檐像墀头砖雕一样大放异彩。

地域文化的形成受到错综复杂因素的影响，其复杂性也使人们的生产活动产物呈现出多样性。文水就是这样，被两种墀头的分界线和州府分界线钳夹在中间，好在建筑物上的装饰于人们来说基本上是根据当地风俗来选择，在很大程度上取决于从众心理因素，在建造房屋的过程中，主家应该不会因地域问题而过于纠结。

三、文水县的墀头考察

(一) 西炮守堡与上曲

西炮守堡原来属于祁县,中华人民共和国成立后才划归到文水。本村有一所中西结合的学校建筑,砖砌校门有三开间,只明间开门,两侧为圆柱,梢间实为影壁,外侧为方柱,明间上有葫芦形顶,梢间有等腰三角顶。东梢间上书"孝、悌、忠、信",西梢间上书"礼、义、廉、耻",校名是"西炮守堡×级小学校",整体看,民国味十足,但进入学校后,内部却是一座传统古寺,看来只有校门为后来改建。本寺两侧配殿为硬山,墀头是太原盛期标准类型,形制标准,无特殊处,南组图案为八卦炉,北组图案为狮子。

学校对面有戏台,虽年久失修,但情况不算太差,墀头是太原盛期标准墀头,中间段花草图案被人涂以颜色,戏台梁架上有 20 世纪六七十年代的油漆痕迹。

上曲以前也属祁县,本村有戏台一座,墀头上有琴棋书画图案。本村旧民居上也是太原墀头,正房形制与河东诸村相同,显示了行政区划对建筑风格的影响力。

(二) 刘胡兰镇观音庙

观音庙正门上的墀头为太原盛期标准式,其戗檐处略有些特殊,是正方形的寿字砖雕。院内配殿、正殿墀头不明,耳殿上是素方太原墀头。从庙的外围可见,正殿后檐墙上有墀头砖雕,带挑檐,无墀头墙,耳殿后檐墙有挑檐,挑檐下有象鼻子单元,无墀头墙身。

(三) 下曲与东庄

下曲和上曲只差一字,但下曲一直属于文水,所以在本村的民居中,墀头马上就变成了叠涩和挑檐。

东庄村离文水县城已经很近,本村有一保存良好的院落,外院大门为拱券大门,门上有砖雕"凝瑞气"匾,内院为砖雕屏门,门上字牌书"务我本"。院内厢房为汾州做法,墀头是内挑檐而外叠涩。本村大部分的古屋都是这种制式,但有两处仍采用了太原墀头,一处是村中部一座庙宇,一处是一所民居。庙宇上的墀头形制完备,民居上的素方太原墀头,做工较粗。本院是太原墀头影响到此的证据,但相当破旧,不知道还能维持多久。

237

（四）文水县城

文水县城曾经有过规格很高的城墙，如今早已灰飞烟灭。在县城中还保存着的古民居，见证着本县曾经是处在何种地域文化的影响之下。县城中的叠涩很多采用了枭混重复式，太原墀头在这里已经看不到了。叠涩与挑檐组合在一起，这是汾州民居厢房所采用的墀头组合方式，而枭混重复的墀头相比纯粹的叠涩，有了对砖头的加工处理，比平遥县的墀头更精致一些。

（五）开栅

知道开栅镇，是通过林徽因、梁思成两位先生的《晋汾古建筑预查纪略》一文，该文关于开栅的章节是考察位于该镇的圣母庙，圣母庙现在早已没有踪影，但传统民居却仍有遗留。本镇的东西大街还留有一定数量的古民居。当地百姓历来将自己的小镇誉为"小北京"，其曾经的繁华是可以想象的。就墀头来讲，开栅的民居上主要是木质挑檐，因木质挑檐木材中的水分丢失，干裂、变形使挑檐老化过甚，而临街店铺则较多装配了粗壮的石质挑檐，比木质挑檐房屋呈现出更多的奢华感觉。石质挑檐的前端经过了卷杀处理，下面衬着象鼻子单元，挑檐前端有些图案较为复杂，挑檐上面有二层盘头与戗檐，侧面有双层拔檐和博缝，博缝用博缝砖砌，虽形制完备，但总体上挑檐的艺术性还是较差，房屋的看点往往集中不到此处。

开栅街上又见一种墀头，形制自下向上如下：

三破中上身、在荷叶墩处内侧用马莲对上身继续向上砌六层、荷叶墩上枭混重复两次、七层砖高象鼻子单元、回缩一皮、盘头、戗檐加博缝头。在象鼻子头上把结构回缩可能是对象鼻子头的承重能力信心不足。

在开栅能够见到与官式墀头形制相当接近的墀头，二者的区别主要在枭混上，山西的枭混比较短促，为了补足，开栅的墀头枭混常重复两次，在本镇上，这种形制的墀头也常与石质挑檐结合使用，使房檐挑出距离更远。

（六）谢家寨

沿着文水和交城交界线向东走，会在两个县的地界之间出出进进，到谢家寨时，看到本村中古民居的墀头主要是太原墀头，可能会以为本村属交城，实际上这个村属于文水。谢家寨在文水县最东的南安镇，在本村西部006乡道拐弯处附近，有一座残破庙宇，院内各屋墀头为太原盛期标准类型和素方太原墀头，中间段正面图案为圆寿字，侧面为卷草龙纹，其余各层不事雕饰，仅刻画横线，素方墀头上下段各层有倒角处理，使体积变圆浑。

本村又见缺失了砖雕而仅保留荷叶墩、枭混和象鼻子单元的墀头，这种墀头把能展现个性的部分去除，把墀头形制共性的部分留下，节约了建造成本，保留了墀头的基本功能。

谢家寨古民居上有保留着木柱的墀头，据此可以了解，凡有柱洞的墀头上原来都有木柱，后来都因糟朽而失去。

本村之北还有一座庙，保存状态好于村西面那一座，其院内墀头有素方太原墀头和枭混重复等类型。

第二节　交城县

由于至今没有去过交城县城内，对于该县县城中古民居遗存缺乏实地地探访，所以，笔者对交城县民居墀头的情况不能妄断，但可以相信，本县古民居比文水县的更接近古太原地域类型。为了提高考察效率，笔者顺着文水与交城的交界线，寻找一些能够说明太原墀头与汾州墀头分布范围的节点村镇。从考察的情况来看，可以说基本上探着了太原墀头分布范围的西部边缘。

一、广兴与西营

广兴距离文水开栅镇仅一步之遥，村中墀头的情况也与开栅镇基本相似。临街老房上的墀头只有荷叶墩和象鼻子单元，或在象鼻头上加粗大的石质挑檐，院内则是以木质挑檐为主。

西营是一个镇，规模比广兴大得多。西营民居厢房老屋上仍以木质挑檐为主，或枭混重复叠涩与挑檐相组合。木质挑檐在晋中一带老屋上是最简陋的屋檐支撑方式，其上的屋顶做法也比较简单，这种方式的流行，可能就是房屋建造者经济实力较为普通的体现。

二、段村

段村是交城县城东近郊村庄，段村村中有多座挂有简介牌的古旧民居，根据牌上介绍，多为民国建筑，这就只能算是老房子，不好称古民居。从民居的样式上看，完全是延续了清朝民居建造风格与技术。本村民居上的墀头，太原墀头占多数，加上本村距离清徐贾兆村不远，所以感觉这一区域应在太原墀头民居分布的范围之内，包括近在咫尺的交城县城。

段村的墀头形制有以下特点：

（1）至少有两个院落中的太原盛期墀头缺失重要部件——象鼻子单元，它们砖雕的部分十分完备，但没有象鼻子单元，砖雕的顶部通过两层叠涩的混砖连接盘头和戗檐。这些院落中，墀头北繁而南简。

（2）有象鼻子单元的太原盛期标准墀头，象鼻子炉口前面有蝠纹浮雕，最下层也是炉口，不是混砖。

段村中部的一座太原墀头大门，墀头象鼻子之上是宽阔的石质挑檐、盘头和戗檐，此处的戗檐真是少见的宽，以至于每块上面可容纳两个汉字，两块共四字，左为"云耕"，右为"雪读"。本院还有一座夹在两面高墙之间的房屋，因有一间屋辟作通道，所以兼有过厅功能，此房前后皆有墀头，因该房上的这两组墀头外侧紧贴墙壁，并不可见，所以估计也没有图案。南面一组左墀正面为"福"字，内侧为"祯"字，右墀正面为"禄"字，内侧为"祥"字，这四个面的字连起来为"福禄祯祥"。北面一组，左墀正面为"满"，内侧为"富"，右墀正面为"堂"，内侧为"贵"，这四个面的字连起来为"满堂富贵"。文字连读顺序为先前面后内侧，这两组墀头的存在，表明古太原墀头绝非都是批量预制后供人挑选，而是匠师们根据民居建造工程的实际情况对墀头图案进行专门的个性化设计。

第九章

辅助性墀头考察

第一节　虎头蛇尾的太原墀头考察

一、阳曲县

到阳曲县寻访太原墀头基本上是无功而返。阳曲县的民居墀头形制让人们感受到了太原府城对建筑地域文化的巨大阻隔作用。阳曲古民居的墀头与太原府南部诸县的差异太大，这里的众多硬山砖屋不尚装饰，墀头简单地用叠涩来处理，太过敷衍，所以基本无甚可观。由此可知，阳曲人与太原南部诸县的人们也鲜有来往。

阳曲县青龙镇周围的仿古建筑工地上，基本上都是枭混重复墀头。古建筑设计人员对当地传统民居常用的墀头是有研究的，如果没有注意，不尊重建筑的地域特征，就会在仿古建筑上张冠李戴，搞乱地域。

阳曲县的乡村中最惹人注意的不是古民居，而是座座高耸的教堂。西龙庄村天主教堂因为高度突出，成为当仁不让的村庄标志，其外在是通过建筑物占领视觉制高点，其内在是进行意识形态宣示，人们的意识形态通过建筑形态得以完全反映，并会促使自己采取实际行动，来使建筑形态符合意识形态的期望。到诸如阳曲西龙庄这样的乡村后，可以看到教堂建筑高大宽敞，旁边的观音堂则显得分外局促，这些建筑各自所代表的信仰在人们心目中的地位一目了然。观音堂并非古建，而是在原址上新修的，是一个很小的院落，其山墙上又建一单坡小厦，为五道庙。

西龙庄村中部一座旧硬山屋后檐墙上有叠涩，位置很高，这种房屋屋顶分前后两坡，后坡较短而无举折，前坡长而有举折，这样使前檐有所降低。村中其他硬山古屋上，除了叠涩，再无其他墀头可见。

西龙庄北的韩寨村有一门，门上有叠涩墀头，下碱为砖砌上下枭和束腰，这种形制跟汾州府的很像，但只是砌出束腰，而没有雕饰，其合适的高度和门顶屋檐的防护，对雨水的侵蚀起到了很好的预防作用，所以门的保存状况很好。韩寨的古民居院落集中于村西村南，村南的建造时间可能更早，有些房屋木构的成分多，为悬山屋，窑洞和砖造平房都无墀头，偶见硬山房屋，其上也是叠涩墀头，这里的叠涩角度比汾州大，出檐近。村西有一座废弃的砖构楼院，有两重院门、左右厢房和正房楼体尚存，有遭受过火灾的痕迹。厢房原来也是二层，一层檐墙上有冰盘檐，西厢房二层尚残余部分山墙，东厢房已经成为一层的平房。正房楼房二层上的砖雕栏杆保存得较好，雕刻的题材是人物典故和花草。二楼有墀头，其形制自下向上：上身、木质挑檐、头层盘头、浑面起线（《营造法原》术语）、枭混、戗檐，这枚墀头上的挑檐薄，与盘头之间的空隙大，所以在此有些填充物，其外侧山墙上用陡砖防护，由此判断这种墀头上的挑檐可能原本有更多防护。侧面二层挑檐和博缝均为原砖砌成，博缝头和戗檐都已经不存在了，悬鱼山花为砖浮雕。

二、兴县、岚县、岢岚县

太原府曾经的两县一州，如今分属吕梁市和忻州市，这是考察未及之地，这里通过本书所建立的墀头结构体系，来分析这几地代表性的墀头形制，从而推断这些地方在建筑文化上属于什么地域。

1. 兴县现在属于吕梁市，从北坡中共中央晋绥分局旧址修复后的硬山房屋来看，有理由相信这一地区的硬山房屋上常常使用的是枭混重复的叠涩墀头。

2. 岚县现在也属于吕梁市，岚城镇有遗留古民居，其硬山屋上的墀头形制大致如下：荷叶墩和混砖这两个层次为下层，中间为夹有炉口的高度较高的枭混，最上部为混砖与炉口组合而成的二层没有硬棱的结构，厢房上无戗檐，正房上有戗檐。

3. 岢岚县现在属于忻州，本县寺沟会村刘家大院主楼上的墀头形制如下：荷叶墩与混砖上面为高度递增的三组枭混，第三组枭混前面有浮雕，其上再接两组短促枭混，最上面为有浮雕的戗檐。从这种形制来看，岢岚地方的墀头就是枭混重复墀头及其变体。

通过以上分析，基本上可以判断兴县、岚县和岢岚县的古民居墀头都是处在枭混重复叠涩地域之中，与古忻州和代州比较接近，细微的差别无法改变这种状态。以上这些分析虽然是通过间接材料分析进行的，但笔者相信其可靠性，缺陷是细节掌握明显不足，不过，笔者仍然对自己能够具备墀头形制的地域敏感性而欣喜，也为有了一套快速掌握它们形制的方法而自豪，这并不高深，只是培养起了兴趣，从而促使自己不厌其烦地观看罢了。

三、省会府城

省城太原作为全省的中心，极不利于地域文化的生成和延续，这里总是集中了来自全省各地的人民，都带着自己家乡的生活习惯。对于自己原来所生活的地域的文化和习惯，虽然无法尽情施展，但总归会磨合古太原的地域性文化，并使之变成一个能够有较强兼容性的中性的省城文化。所以在省城的古民居中找寻地域性的东西，不如到郊区。

太原永兴路有几处古民居，其大门上的墀头乍看是太原盛期标准墀头，认真一分析就会发现似是而非。

永兴路 21 号民居上的墀头，没有荷叶墩和混砖，此处先是在上身加一层浮雕底座纹的砖，向上马上束腰，再向上为三面枭砖托着一块隔板，上面是太原墀头的底层，然后又是一块隔板，隔板上面为中间段，这一段还算规范，再向上又是一块隔板，上段被压缩至很短，象鼻子单元比别处高大，层数多两层砖，相应地，向前伸得也多。戗檐面积很大，为正方的浮雕砖雕。戗檐这一部分被强调和夸张，成为整枚墀头最醒目的结构，所以这种墀头，除了中间段，其余各部的每个细节都与太原盛期标准墀头有出入。

近旁另一处大门上的墀头，在象鼻子单元和戗檐上与 21 号类似，在下段和枭混处不一样，墀头的隔板之下无束腰的段，只有一层前面有底座浮雕并与枭砖齐平的砖层。

这条路上还有一例墀头的象鼻子单元和戗檐与 21 号墀头类似，砖雕部分为平墀墀头，荷叶墩与下枭之间有两层前面有浮雕图案的砖块。永兴路的墀头主要是夸张了象鼻子单元和戗檐，其砖雕部分的形制与南部诸县太原墀头相比较有明显差别，不过它们本身也可以算作太原墀头，只是形制有特殊变化。

第二节　山西其他地域墀头考察

一、平定州的中心

小河村和大阳泉村位于阳泉市近郊，这是平定州的核心区域，而且小河村距离当年的平定州城更近，掌握了这二村的墀头，基本上就把平定墀头的形制本质掌握住了。

（一）小河村

小河村的墀头一般没有荷叶墩和混砖这种砖雕与上身之间的过渡。充当上下枭的砖雕切割出衔接束腰的斜面，有雕饰时，束腰相当于画面，上下枭相当于画框。最简单的束腰是素方砖块，形制进一步复杂，前角可以有砖雕的柱，柱可圆可方，其形状模仿竹节。如果墀头从素方向繁复的雕饰过渡，下一步就是在束腰的各个面雕出讹角的方框，这在太原墀头上也常是如此。小河村170号的厢房墀头在束腰的各个面都布置有浮雕图形，并把上下枭的内棱磨圆，把方柱变成圆柱，这是雕饰平墀逐渐走向繁复的又一步，普通人家的墀头也就止步于此了。

小河村241号大门上有石刻门楣，里外都横刻着文字，外面为"重门挺秀永作内屏"，里面为"筑室于兹聊抒夙愿"，反映了民居建造者重视房屋建造并为之做了长期准备的事实。

当在小河村看到平墀配上砖雕底座，上下枭变得华丽，束腰也刻有浮雕图案时，我们就知道大户人家到了。小河村石家大院入口处的门并不大，但墀头已经达到这种规格，其上的象鼻子单元可达11层砖高，一般为9层，很大气。小河村243号大门上的墀头采用了不一样的形制，把上下枭连成一体，形成大框，把束腰部分放在框内保护起来，同时又不影响展示图案。框底周围再加竹节圈，最下面加上华丽的底座，使整枚墀头像是在模仿一个展示柜，柜边上再加一些重复的装饰，使整枚墀头华丽至极。

虽然有不同的地域特征，但各地民居主人心底的传统文化意识是同一的，小河村古民居中悬挂着"诗礼传家"的牌匾，就说明了这一点，这是各地域古民居共同的文化属性。

（二）大阳泉

大阳泉村与小河村相距不远，民居建筑为同一体系，村中厢房上的墀头在束腰前角处加了外方内圆的双重立柱。又有几例，如大阳泉村 32 号，门上墀头加了双层圆柱，这些额外加的柱可以横向加，也可以纵向加，这种做法比较多余，不知道因何而起。

小河村与大阳泉村的墀头图案制作水准都非常高，完美地满足了人们对雕饰图案的生动和优美要求，是传统工艺美术的优秀资料。

二、晋南

（一）丁村

襄汾丁村的民居建成时间较早，所以有很多悬山建筑。硬山建筑上的墀头以大象鼻子为特征。晋南古民居大门上的墀头形制相当复杂，丁村 1 号院的墀头略带八字，兼有八字影壁的功能，分两段，下段墀头是普通的象鼻子单元与盘头的结构，上段先以三层叠涩收到下段上身叠涩处，并在叠涩处朝前放置脊兽，再向上为带有垂柱的混砖加一组炉口的结构，然后再向上砌，至最高处以四层叠涩抵达檐口。这种墀头之所以分两段，原因是下段担负了八字影壁的功能。影壁上有砖雕对联，左书"庭中寻杵答"，右书"牖下听鸡谈"。3 号院门是小门，门上墀头形制极简，是叠涩加一组炉口，每层向前出的程度都很小。

丁村硬山房屋上的墀头是下带垂花柱的高大象鼻子，此种墀头的形制前文已经述过。

丁村村南观音堂上的墀头形制与官式墀头相似，只是把枭混换成山西本地的象鼻子了。左墀头墙身内侧嵌有道光二十九年（1849）重修碑记，其时距2021 年已经 172 年。

（二）阎景

阎景的民居墀头形制前文已经做过分析，通过参照丁村古民居的墀头，可知晋南墀头的最大特征就是象鼻子比较高大，同时在房屋上没有墀头墙，象鼻子是从檐墙上直接隆起来的。把丁村和阎景两个地点连接起来，大致就是这种墀头分布范围的骨架。

三、晋北

浑源永安寺中的墀头所代表是山西北部的墀头形制。这种墀头也没有荷叶墩，在砖雕的下面浮雕出桌布图案，砖雕部分实际上是由两个半须弥座摞起来而组成的，这些须弥座都带有角柱，最下面的为半个，因它没有上枭，实际上是底座，所以这一段比上面两个完整的须弥座多了中间柱，以示支撑。上面两个须弥座，上面的高，下面的矮，因此上须弥座是主体，主题图案也会在此段前面。砖雕以上通过七层叠涩抵达檐口，其中第三、四层做成枭砖。

应县佛宫寺北院配殿上的墀头与官式墀头相当接近，但是枭混短促，无挑檐，戗檐很宽且有浮雕，博缝是用原砖砌成的，这些都是不同于官式墀头的地方。

以上所列其他地域墀头的考察，再一次检验了墀头形制分析方法的有效性，也为太原墀头提供了更多的横向参照。

第十章

古太原墀头考察与研究结论

第一节　古太原民居墀头评价

一、太原墀头质量比较

笔者对古民居的基本态度是：必须努力保护这种承载着我们本民族、本地域人民审美意识和生活印记的历史见证实物，不可满足于一部分民居得到了保护，而要尊重前人留下的一砖一瓦，精心呵护，并长久地继续在古民居中洒扫庭除。如此做，在当今时代世界各民族经常能够有机会横向进行文化状态比较时，我们的信心才会更足，我们也会获得更多的尊重，否则只能是痛失根脉，贻笑世界。

通过本书中所进行的考察，笔者可以给所谓的太原墀头一个较为准确的判断了。古太原墀头是在古太原府范围内造型最复杂的墀头类型，主要分布于太原府南部诸县，这种墀头在其分布范围内被独享，对周边地域的影响有限。使用这种墀头的民居可以被称为古太原民居，这种民居是所有古民居类型中较重视墀头的。

横向地比较笔者所了解的所有墀头类型，古太原墀头的美观程度处于中上，因为这种墀头的图案主题多变，同时又有无雕饰的方案，所以其复杂程度可变，但有基本的形制遵循。

二、墀头是古太原民居的识别特征

现在的古民居类型划分通用的方法是以当下的行政区划为依据，这种划分方法虽简单但不合理。古民居是有其形象的，所以，识别其类型当然还是从其外形入手比较有效。

如果不同类型的古民居所处的位置相距很远，古民居的外形将发生较大的差异，此时无论用什么样的原则来划分民居类型，都不太容易出现形制上的混淆，同时在行政区划历史沿革变化上也不会有任何纠结，也不会存在地域文化与行政区划的错位。在山西省内，足够远的距离最起码要横跨两地以上，难就难在今天的山西中部，这一区域的行政区划历史变化较大，民居类型却比较接近，当我们无法通过布局、门窗、屋顶、影壁、梁架、砖瓦来把握民居类型特征时，将会再去依靠什么？答案就是墀头。

当将目光聚焦到墀头上时，笔者被古太原地区传统民居对墀头砖雕的运用所吸引，发现了太原民居的最大识别特征。随着考察的深入，这一特征越发明显，太原墀头俨然可以作为太原民居的"身份证"，古太原民居墀头砖雕在该地区运用之普遍、制作之精美都是非常直观的，对其进行造型的分析难度并不大，其难度在于搞清本地域内不同类型墀头砖雕是否存在形制发展的先后逻辑。

墀头可以作为民居类型识别特征是因为墀头有以下特点：一是现存古民居硬山建筑多，有墀头存在的基础；二是地域性强，其分布范围与历史的地域范围匹配度高；三是不同类型的墀头外形差异大，有利于视觉识别。这些在前文的考察中已经证实，不必多讲。

太原墀头是古太原人民的发明创造，所以古太原地区是古太原墀头的原产地。太原墀头必定存在由简至繁的发展过程，其发展必定与清朝经济文化发展同步，必定会在一定程度上影响和辐射周边。因周边的墀头在形制上与古太原墀头存在差异，所以一定是不同的类型。综上，墀头也必定可以作为区别民居建筑类型的一大特征。

太原墀头砖雕中最奇特的形制特征：三段式。三段式在多种类型的墀头中都有采用。经过对比可知，太原墀头上的隔板是没有雕饰的，隔板上有雕饰的只在太谷见到一例，把握住这一点，就把握住了太原墀头的特征。至于三段式墀头砖雕到底在哪里被发明，因为在古太原境内可以列出完整的墀头形制演变链条，据此可以判断三段式墀头砖雕的故乡还是在古太原。对此，前文的墀头进化论已经有所叙述，在此不妨再做一次强调。

三、告慰平凡的古代匠师

古太原民居在建成之初，匠师们肯定十分得意，主人们也肯定十分满意。他们肯定想象不到他们的精心之作，会有一天被人们漠视、抛弃，可这种情况现在真实而普遍地发生了。古人在劳动创造时的心理与我们现代人是一样的，都希望自己的成果被人珍视，被人欣赏。笔者现在所做的，多少能够告慰那些被弃置于蔓草杂树间精美古民居的建造者们，古代匠师如果知道他们的创造被后人所欣赏，所赞叹，也一定会相当欣慰。

第二节　当代民居的建筑装饰

一、断裂中的继承

古民居的建造法是古法，其用料充分，做工精细，建造者往往不惜工本，所以古民居对于建筑材料的消耗相当大，这使得古民居成为后世规格变低的新建民居房屋的建材库。太谷白燕村的老者说，拆除一间古屋所得的建筑材料，可以建造新式普通房屋五间。因此，许多古民居在易主后，纷纷遭到拆除，改建为在样式上平淡无奇的新式民居。

在晋中市城区南郊的近城村，有新建民居的大门墀头上砌出了对古民居墀头表达致敬的一个龛，用水泥、瓷砖和不锈钢柱精心地对传统墀头进行了现代化的"改进"，因为没有分段的隔板，在基本造型上这种龛更接近平墀的特征，外贴的瓷砖只能裁割，无法雕琢，完全失去了传统砖雕的本意。近城村东部还有一例，大门墀头的龛内放置了写实的雄狮，是现代批量生产的工艺品，只是其大小与龛的空间还算匹配，也是一种有意思的但艺术性不高的设计。

当前农村中的众多新建宅门光亮而俗气，大块瓷砖所包裹的是砖块砌筑结构或是混凝土结构，其美学的价值和所承载的审美意识，都无法跟当地安装了砖雕的传统砖造门楼相比，但是从墀头位置安装的不锈刚圆柱上，又看到了人们对传统墀头的尊重。

二、新民居在美学上的失败

新建的民居在美学上的失败基于五点原因：

（1）在砌砖工艺上，黏合剂采用砂浆，砖与砖之间的灰缝变宽，无须磨砖对缝。在施工过程中对砖进行打磨切削，磨砖对缝、"五扒皮"等操作，其实是最起步的砖雕手段，与组成简墀的各个砖块成形所采用的手段完全一致，但不得不说，这些操作大大加长了工期，增加了工程造价，普通的农村居民是无法承受这样的投入的。砖缝放宽势在必行，这也无疑增加了建筑物的粗糙感。

（2）新砖的材料标准有两大变化：一是尺寸变小，二是密度变小。这两种变化都不利于雕琢。以砖为主要建材却无法进行美化，这是砖雕衰落的材料原因。

（3）新民居基本上完全告别了木材的使用：梁架结构由水泥浇铸；木质门窗容易变形，密封性也不如新式材料；木雕则彻底失去其存在的基础。至于石头材料，同样被水泥所替代，水泥全面取代了木材与石料，并在一定程度上取代了砖，这就扼杀了"三雕"。

（4）建筑装饰材料预制化、瓷砖化，建筑物的美观决定权掌握在建材商手中，普通用户只可选择，不可设计。

（5）传统民居文化断裂。材料的更迭只是形而下的原因，真正造成传统建筑文化断裂的是人们文化意识的改变。百年以来，中国社会的变革对国人，特别是在文化层级上处于较低地位的农村居民来说，影响十分巨大，他们把生活中的诗意几乎完全抛弃。同时，手艺失传，工匠缺乏，也是造成民居建筑物美感下降的原因。

三、新民居建筑美学问题展望

山西地区在经历了诸多社会动荡之后仍然普遍性地留存众多的古民居，且有许多仍然发挥着庇护人民的功能，这充分说明，明、清时期的山西省曾经出现过社会经济与文化发展的较好局面。当今世界，当下社会，文明与愚昧有新的定义，发展与繁荣有全新的标准，人类社会的发展在一时看来似乎有一个阶段性的新目标，比如我国现阶段的目标是实现中华民族伟大复兴的中国梦，在这样的目标愿景下，回头审视许多古民居的破败状况，恐怕多少会有些酸楚。

民居建造是一种注定不断进行，且会随着人们生活方式的改变不断变化结构形式和外观样式的民生基本工程。古太原地区民居建造在民国之后所经历的是一种衰落性的巨变，民众放弃了瓦片的生产，民居也不再采取硬山的形式，房屋的屋顶大多改为灰背平顶，造型粗陋。房屋形式的改变，使建筑装饰之"毛"失去了本体建筑物的"皮"，灰背屋不用瓦，勾头、滴水、砖雕屋脊和脊兽退出，没有堽头，堽头砖雕退出，没有外露的梁架，彩画退出，几乎所有的传统建筑装饰全部退出。人们的建筑审美意识事实上处于低谷，中国北方当代的新建民居已经与艺术绝缘，且在可预见的未来，农村普通民居与艺术也不太会有什么新的关系。

重振有品位的民居建设，这样的自觉和这样的文化需求在断裂形成太久的情况下无从着手，民居建筑与历史的重新衔接难度非常之大，这需要一种信仰的力量，如果不是古时人民有所信仰，就不会有散布于各村中的这么多庙宇道观，也不会有另一种方式来承载人们的公共审美观点与艺术创造。人们在从事任何有形事物的创造时，总会有审美方面的考虑，当代人应该有新的科学而美的信仰，来进行科学而美的新民居建设与创造。

参考文献

[1] 凤凰出版社. 中国地方志集成·山西府县志辑: 第一卷 [M]. 南京: 凤凰出版社, 2005.

[2] 梁思成. 梁思成全集: 第二卷 [M]. 北京: 中国建筑工业出版社, 2001.

[3] 梁思成. 梁思成全集: 第六卷 [M]. 北京: 中国建筑工业出版社, 2001.

[4] 刘敦桢. 中国住宅概说——传统民居 [M]. 武汉: 华中科技大学出版社, 2018.

[5] 谭其骧. 中国历史地图集 [M]. 北京: 中国地图出版社, 1987.

[6] 王峰. 古建筑瓦石工程技术 [M]. 北京: 化学工业出版社, 2013.

[7] 续修四库全书编纂委员会. 续修四库全书·六四一·史部·地理类. 山西通志 [M]. 上海: 上海古籍出版社, 2002.

[8] 姚承祖. 营造法原 [M]. 张至刚, 增编. 刘敦桢, 校阅. 北京: 中国建筑工业出版社, 1986.

[9] 政协榆次区委员会. 榆次乡村简志 [M]. 太原: 山西人民出版社, 2016.

[10] (日) 伊东忠太. 中国建筑史 [M]. 廖伊庄, 译. 北京: 中国画报出版社, 2017.